新时代贵州精神与文化自信研究

THE STUDY OF GUIZHOU SPIRIT AND CULTURAL CONFIDENCE IN THE NEW ERA

贺梦依　著

社会科学文献出版社
SOCIAL SCIENCES ACADEMIC PRESS (CHINA)

摘 要

新时代贵州精神的提出是习近平总书记对贵州的厚爱和殷殷嘱托，亦是贵州各族干部群众涤旧气、求革新，砥砺前行、赶超跨越，倾心把文章写在贵州大地上的生动写照，更是全省人民决战脱贫攻坚、决胜同步小康、续写新时代贵州发展新篇章的强大精神动力。贵州是全国的贵州，当前决战脱贫攻坚和决胜同步小康是贵州最大的民生。在贵州发展进入全面攻坚的关键时期，需要补齐“精神短板”。“内动力”和“软实力”不足是对贵州脱贫攻坚、决胜同步小康的制约，增强和提升“内动力”和“软实力”是决胜脱贫攻坚、决胜同步小康的必由之路。新时代贵州精神和文化自信就是这种“内动力”和“软实力”。

文化自信是新时代贵州精神的基础，新时代贵州精神是文化自信的现实表现。贵州文化自信建设的现实途径主要包括：充分挖掘和传承中华优秀传统文化中的“阳明文化”；弘扬和践行中国革命文化中的“长征文化”；总结和推广社会主义建设中的“四在农家·美丽乡村”文化；提升和发展少数民族优秀文化。新时代贵州精神植入人心的路径主要有：用新时代贵州精神引领贵州脱贫攻坚战；用新时代贵州精神引领贵州生态文明建设；用新时代贵州精神引领大数据的崛起与发展；用新时代贵州精神引领大旅游、大健康协同发展。

新时代贵州精神和文化自信蕴含着丰富的当代价值。新时代贵州精神不仅属于贵州，也属于全中国。新时代贵州精神是当代中国文化在贵州的缩影，是贵州干部群众在结合贵州自身实践过程中，总结、凝练出的精神价值理念，是新时代中国特色社会主义文化的重要组成部分。新时代贵州精神和文化自信为西部欠发达地区增强文化自信提供贵州范例，并丰富着当代中国文化自信的内容，同时有利于加快当代中国文化自信建设步伐。

关键词： 新时代　贵州精神　文化自信　当代价值

目 录

第一章 新时代贵州精神与文化自信概述

一 新时代贵州精神内容和演进历程

新时代如何建设发展好贵州，如何打好贵州的三大攻坚战（精准脱贫攻坚战、防范化解重大风险攻坚战、污染防治攻坚战），唯有用新时代贵州精神来具体指导贵州各项工作，唯有让新时代贵州精神根植人心，才能真正开创百姓富、生态美的多彩贵州新未来。党的十九大期间，习近平总书记在参加贵州代表团讨论时指出，近5年来，贵州认真贯彻落实党中央的决策部署，各方面工作不断有新进展。综合实力显著提升，脱贫攻坚成效显著，生态环境持续改善，改革开放取得重大进展，人民群众获得感不断增强，政治生态持续向好。贵州取得的成绩，是党的十八大以来党和国家事业大踏步前进的一个缩影。这从一个角度说明了党的十八大以来党中央确定的大政方针和工作部署是完全正确的。习近平总书记希望贵州的同志全面贯彻落实党的十九大精神，大力培育和弘扬"团结奋进、拼搏创新、苦干实干、后发赶超"

的“贵州精神”，守好发展和生态两条底线，创新发展思路，发挥后发优势，决战脱贫攻坚，决胜同步小康，续写新时代贵州发展新篇章，开创百姓富、生态美的多彩贵州新未来。贵州省委十二届二次全会强调，这十六字精神就是新时代贵州精神，是全省各族人民共同拥有的精神支柱和宝贵财富，并对新时代“贵州精神”进行了解读：“团结奋进”就是要心往一处想、劲往一处使，万众一心、奋发作为；“拼搏创新”就是要攻坚克难、敢为人先，推陈出新、敢闯新路；“苦干实干”就是要不惧辛劳、脚踏实地，担当实干、狠抓落实；“后发赶超”就是要不甘落后、跨越发展，弯道取直、赶超进位。之后省委又强调：“全省各级党组织和广大党员干部要切实增强新时代意识和感恩意识，主动找准认清贵州所处的历史方位，大力培育和弘扬‘团结奋进、拼搏创新、苦干实干、后发赶超’的新时代贵州精神，奋力走好新时代的长征路，续写新时代贵州发展新篇章。”“习近平总书记要求我们在解放思想上有新进步，在改革开放上有新突破，在后发赶超上有新成效，在全面建成小康社会进程中有新跨越。习近平总书记强调，贵州要持之以恒、善作善成，把管党治党的螺丝拧得更紧，把全面从严治党的思路举措搞得更加科学、更加严密、更加有效，推动全面从严治党向纵深发展。”“大力培育和弘扬新时代贵州精神。‘团结奋进、拼搏创新、苦干实干、后发赶超’的新时代贵州精神，是广大干部群众不畏艰险、奋力攀高、赶超跨越的真实写照，是决战脱贫攻坚、决胜同步小康的强大精神动力，是贵州各族人民共同拥有的精神支柱和宝贵财富。要将新时代贵州精神融入全省各行各业各个方面，引导各行各业对标对表，将新时代贵州精神内化为攻坚克难的品格要素，外化为后发赶超的强大动力，转化为全省各族人民迈进新时代、开启新征程、谱写新篇章的坚定信念。”[①]

新时代贵州精神是一个有机的统一体，十六个字所代表的四个方面是彼此联系，相互贯通，互为促进的，它是贵州精神、贵州人文精神、贵州时代精神的继承和发展，是开创多彩贵州新未来的精神源泉和动力，是决战脱贫攻坚、决胜同步小康的需要。[②] 要领会新时代贵州精神的深刻内涵，这四个方面是实践与理论、战略与战术、肯定与希望、鼓励与要求的有机统一。团结奋进是根本保证。团结就是要万众一心，不会成为一盘散沙，向同一目标使劲。奋进就是要求共同奋斗。高举旗帜，凝聚全省各族人民，团结一致谋发展。拼搏创新是根本路径。要敢为人先，突破传统思维，保持拼搏创新的精神状态，结合时代发展提出的要求创新发展，闯出新路。苦干实干是根本要求，就是要求发扬艰苦奋斗的作风和不惧艰难的勇气，撸起袖子加油干，用尽全力拼命干，以脚踏实地、实事求是的工作态度来推动时代的发展和推进社会主义事业的前进。后发赶超是根本目的，就是要求有不甘落后的精神，干在实处，冲出“经济洼地”，弯道取直实现产业的转型发展。重点发展交通基础，实现经济发展与生态保护齐驱并进。必须有“后发赶超”的必胜的信心和决心，抓住新时机，牢记嘱托，感恩前行。

新时代贵州精神的提出是习近平总书记对贵州的厚爱和殷殷嘱托，亦是贵州各族干部群众涤旧气、求革新，砥砺前行、赶超跨越，倾心把文章写在贵州大地上的生动写照，更是全省人民决战脱贫攻坚、决胜同步小康、续写新时代贵州发展新篇章的强大精神动力。任何一种精神现象的出现，绝不是偶然的，新时代贵州精神的

---

① 《中共贵州省委关于认真学习宣传贯彻党的十九大精神和习近平总书记在贵州省代表团重要讲话精神的决定》，《贵州日报》2017 年 11 月 15 日。

② 吴一文：《培育和弘扬新时代贵州精神三论》，《贵州日报》2017 年 12 月 20 日。

形成是一个历史的过程，有它自身的演进历程，是继承性和创新性的统一。对于贵州精神内涵，有过几种提法，此处我们采用追溯法进行梳理。①2011 年 11 月贵州省委召开十届十二次全会，会上通过了《中共贵州省委关于贯彻党的十七届六中全会精神推动多民族文化大发展大繁荣的意见》，并概括、提出了以“开放创新、团结奋进”为核心的贵州时代精神。[①] 2012 年 3 月 7 日上午，第十一届全国人大五次会议贵州代表团对媒体开放。时任贵州省委书记栗战书指出：“我始终觉得贵州要想冲出经济洼地，必须要构建精神高地”“要弘扬创新开放、团结奋进的贵州精神”“更应该有一种不甘落后、奋勇争先的精神状态”。同年 12 月，栗战书在《求是》志杂发表题为《构筑“精神高地” 冲出“经济洼地”》的署名文章，并在文章中提出：一要弘扬自尊自重、自信自强的精神；二要弘扬改革创新、锐意进取的精神；三要弘扬不畏艰苦、百折不挠的精神；四要弘扬团结协作、互帮互助的精神。②2010 年，天违人愿，贵州省遭遇了百年罕见的旱灾，万事多艰，在抗旱关键时刻，时任国务院总理温家宝深入黔西南指导抗旱工作，概括了“不怕困难、艰苦奋斗、攻坚克难、永不退缩”的贵州精神。[②] ③2007 年，贵州省委十届二次全会（扩大）明确提出要大力塑造“自强自信、开放创新、能快则快、团结和谐”的贵州精神。④“特别能吃苦、特别能战斗、特别能忍耐”的贵州精神。⑤背篼干部精神：践行宗旨、务实苦干、克难奋进、永不懈怠。2012 年 3 月，中央电视台连续 5 天对贵州省长顺县敦操乡的背篼干部事迹进行报道，背篼干部精神和井冈山精神、延安精神、长征精神、大庆精

① 蔡永生：《对大力弘扬贵州时代精神的几点思考》，《理论与当代》2012 年第 1 期。

② 蔡永生：《对大力弘扬贵州时代精神的几点思考》，《理论与当代》2012 年第 1 期。

神、大关精神等精神一起，丰富了党的精神宝库，充实了党的精神史册。⑥大关精神：自力更生、艰苦奋斗、坚韧不拔、苦干实干。[①] ⑦黄大发精神："当代愚公"黄大发36年，绝壁凿天渠，彰显其"一个人、一辈子、一方百姓"的共产党员本色，也体现了其心系群众的"为民"精神、攻坚克难的"学习"精神、公而忘私的"廉洁"精神、忠诚于党的"感恩"精神。

以上几种对于贵州精神的提法都凸显了共同内涵：自信自强、奋发实干、开放创新、团结协作。新时代贵州精神是在以往贵州精神基础上的继承和创新，今天的贵州是昨天贵州的继续和发展。事实上，摊开历史画卷，我们可以从贵州特有的地理环境、历史沿革、民族迁徙和文化变迁中探寻新时代贵州精神的基因。

（一）地理环境

贵州处于云贵高原东侧的梯级大斜坡地带，地势起伏，差别较大。全省面积为17.6万多平方公里，占全国总面积的1.77%。贵州是山地大省，山地占全省面积的87%，丘陵占10%，盆地占3%。历史上，贵州天末遐荒，地处万山丛中，是个边陲山地，是中原逐臣和谪官的栖身地。从明朝时任兵部主事的王阳明贬谪龙场时对贵州自然环境的印象诗词中可见一斑：客行日日万峰头，山水南来亦胜游。布谷鸟啼村雨暗，刺桐花暝石溪幽。蛮烟喜过青杨瘴，乡思愁经芳杜洲。身在夜郎家万里，五云天北是神州。连峰际天兮，飞鸟不通。游子怀乡兮，莫知西东……[②]同时，历

① 谌贻琴：《精神的力量很重要》，《当代贵州》2008年第1期。

② 王阳明：《王阳明全集（新编本）》，浙江古籍出版社，2010，第731、998页。

史上，贵州远离中原文化，中央对贵州往往鞭长莫及。贵州万山重重，交通阻隔。秦汉时期，当中央在北方大修宽可平行数马车道或四通八达的交通网络时，贵州只能修容单人单马通过的“五尺道”或原始性的南夷道。艰难困苦，玉汝于成。正如贵州本土学者刘学洙在 2008 年所言：贵州诸多不利的内部、外部条件，固然给贵州人带来消极影响，但更锻铸了贵州人特别能战斗的品格，形成了艰苦奋斗、自强自主的精神。[①]

（二）历史沿革

贵州虽说落后，但其发展同样也是按照客观规律进行的，经历了原始社会、奴隶社会、封建社会和半殖民地半封建社会以及社会主义初级阶段。贵州拥有辉煌的旧石器时代、持续发展的新石器时代历史。在新石器时代之后，人类进入铜器时代。商周是我国青铜器发展的鼎盛时期。贵州已发现的商周重要遗址有两处，体现贵州在新石器时代萌动的文明。春秋、战国时期，主要依据方国“牂牁、夜郎”勾勒贵州的历史框架。作为方国名的“牂牁”一词，始见于《管子》，根据其《小匡篇》，可以得知，牂牁应出现在春秋时期，并与吴、越、巴等并列，皆南夷之国号也。当今，六盘水市六枝特区境内留存的牂牁江、牂牁寨、牂柯江风景名胜区是全国唯一沿用“牂牁”命名的一条江、一个村寨和一个风景名胜区。大多学者认为，完全可以用牂牁来代表春秋时期的贵州。春秋晚期，牂牁衰微。迟至战国，夜郎崛起。汉文献《史记》曰：西南夷君长以什数，夜郎最大。秦朝以降，今贵州境内尚有夜郎等在南方影响较大的方国，至汉朝，夜郎竹王被

---

① 刘学洙：《贵州精神的历史轨迹》，《当代贵州》2008 年第 1 期。

杀。两汉时期，在贵州设置郡县，四大族系分合、演变、迁徙。隋、唐、宋时期，经制州、羁縻州并存。到元代，实行土司制度、设置站赤。现在的贵州省和历史上的贵州疆域范围不一致。历史上贵州疆域包括而今的湖南、广西、四川、云南的不少边境地区，或者确切地说，历史上并无“贵州人”的概念，只有繁衍生息在贵州高原境内的牂牁人、夜郎人、播州人、巴人、蜀人、湖广人和云南人。

明朝是贵州历史上浓墨重彩的一个重要时期。永乐十一年（1413），贵州建省，成为全国13个行省之一，具有里程碑意义，开启了贵州与中原内地政治上的并轨时代。贵州建省的过程也是一个改土归流的过程。明朝对土司制度进行了一定的改革，全面派遣流官治黔，干部客籍化，还实施了军屯、民屯和商屯，中原先进的政治、经济、文化得以大规模地、长久地进入贵州。改土归流始于明代，完成于清代，并在清雍正四年（1726）达到高潮。明清两代500多年，中央入黔县级以上官员达2173人。[①] 政治变迁带来的是民族迁徙和文化变迁。明朝建省是中国多民族大一统国家建设过程中的一次政治体制改革，是实行边远少数民族地区与中原政治一体化，加强中央集权、巩固多民族统一国家的重要之举。至此贵州的政治、经济、文化发生了巨大变化。

（三）民族迁徙

贵州是个多民族省份，也可以说是个移民省份。不论是明朝建省后的四次移民潮还是秦汉时期的四大族系，人们都可以说是

---

① 刘学洙：《15世纪中国一次地方政制改革——贵州建省与明清官员客籍化》，《贵州社会科学》2004年第2期。

从外地迁徙到贵州境内的，这与贵州的地理位置密切相关，也与政治紧密相连。根据《当代贵州》（2005 年第 7 期）《贵州历史上的四次移民潮》一文，贵州自明朝建省后共有四次较大规模的移民潮。第一次为明朝的 80 万名军事移民，因其居住在屯堡中，也称屯堡人。明朝洪武四年开始，中央在贵州设立二十四卫和两个直隶各户所，加上未记录在案的湖广都司所辖的“边六卫”和在黔北遵义增设的“三卫”，共 20 万名以上卫所官兵先后进入贵州。每个官兵的后面就是一个家庭，每户家庭至少 4 人，因此明朝到贵州的军事移民至少在 80 万人以上。第二次则为清朝时期由于经济动因招来的数十万名“客民”。此次移民不再是政府组织前来“实边”的“屯民”，而是随着“改土归流”、贵州“开放”，在经济利益驱动下招来的移民，相对于已成“土著”的前代移民，他们被称为“客民”。第三次则是 1949 年为解放贵州，南下西进支黔的干部，共 15000 多人，他们是建立贵州新政权的骨干队伍。这批干部就是冀鲁豫根据地南下支队和中国人民解放军第二野战军第五兵团西进的同志，其中多数为江西人。第四次为 18 万名三线建设迁黔者。20 世纪 60 年代初，为加强战备，调整我国生产力布局，由东向西转移，进行战略大调整，建设的重点在西南、西北，其中贵州为三线建设重点省份。在“备战备荒为人民”“好人好马上三线”的号召下，18 万名工人、干部、知识分子和解放军官兵来到西南边陲贵州省贡献力量。事实上，除了这四次移民潮外，汉武帝时期，在朝廷的主导下，在今贵州境内新设郡县及其附近也有大规模的汉族移民进入。

值得指出的是，被称作贵州先民或“土族”的濮、夷、蛮、越四大族群也都是从外地迁徙到贵州境内的，而且这发生在秦到元代千年间。

（四）文化变迁

贵州的文化变迁与贵州的历史沿革息息相关。抑或说，贵州历史沿革造就了多元的贵州文化。明朝建省前的贵州主要表现为喀斯特生态文化和少数民族文化。贵州是中国乃至世界面积最大、发育最强烈的喀斯特高原山区。喀斯特养育、影响着贵州人，形成独特的喀斯特文化：具有封闭性、原生性和多元性。① 少数民族文化主要表现为贵州很早就成为我国西南各民族交往的结合处，贵州境内最早有牂牁方国与夜郎国和濮、夷、蛮、越四大少数民族族群的繁衍生息，并演化出多种民族文化。秦汉时期，中原文化开始进入贵州，尤其是在汉朝，出现了规模较大的移民，加强了贵州与中原地区的交往，更为重要的是中原文化在贵州传播，因此出现了历史上的“汉三贤”——尹珍、舍人、盛览。尹珍成为贵州文化教育的创始者，对贵州文化影响深远。明清时期，一是汉族移民大量增加，二是贵州文化与中原文化的双向交流更为密切。同时随着“土流并治”“改土归流”，很多流官带来了先进文化，其中最为著名的是明代逐臣王阳明，其在贵阳修文龙场悟道，开创了阳明心学，并在贵州开办了龙冈书院，积极讲学，形成了黔中王学，对贵州的文化影响至今。另外，有名的遵义沙滩文化群体也从蜀地迁入。沙滩人才蔚起，代有传人，形成了“清三儒”——郑珍、莫友芝和黎庶昌。沙滩文化至今还是贵州文化的亮点。再者，明朝屯军 80 万人，形成了谜一样的屯堡文化。有学者认为，贵州的屯堡文化现象不唯在中国，即便在世界上也属罕见。② 抗战时期，北

① 顾久主编《中国地域文化通览（贵州卷）》，中华书局，2014，第 32、248 页。

② 范同寿：《600 年积淀的文化品牌》，《当代贵州》2010 年第 10 期。

京、上海、南京等地大批学校纷纷内迁，出现了波澜壮阔的“文化西迁”。贵州是战乱中还可安放书桌的一片乐土，许多大学、中学、军事院校迁到贵州，最为典型的是迁到湄潭的浙江大学，它被誉为“东方剑桥”。文化西迁，使贵州培育了大批文化精英。20世纪60年代三线建设，在贵州大地上孕育了三线建设文化。另外，在中国共产党领导的革命运动中，贵州有着光荣的传统。遵义会议精神、长征精神等红色文化成为贵州文化不可或缺的篇章。

二　贵州文化自信主要内涵及其表现

党的十九大报告强调：“没有高度的文化自信，没有文化的繁荣兴盛，就没有中华民族伟大复兴”。文化自信，是一个国家、一个民族、一个政党对自身文化价值的充分肯定，对自身文化生命力的坚定信念。[①] 文化自信这个命题正式提出是在2014年的全国两会上，习近平在参加贵州代表团审议时强调：“我们要坚定道路自信、理论自信、制度自信，最根本的还要加一个文化自信。”2016年5月17日，习近平在哲学社会科学工作座谈会上的讲话中进一步强调：“我们说要坚定中国特色社会主义道路自信、理论自信、制度自信，说到底是要坚定文化自信。文化自信是更基本、更深沉、更持久的力量。”这些论断表明：文化自信举足轻重。新时代中国特色社会主义文化自信中的文化是一个文化系统，其内涵包括：源自中华民族五千多年文明历史所孕育的中华优秀传统文化，熔铸于党领导人民在革命、建设、改革中创造的革命文化和社会主义

① 石文卓：《文化自信：基本内涵、依据来源与提升路径》，《思想教育研究》2017年第5期。

先进文化。它们植根于中国特色社会主义伟大实践，即“中华优秀传统文化”、“革命文化”和“社会主义先进文化”这三种文化。

落实到贵州文化自信这个议题上，首先贵州文化自信离不开中国文化自信这个大框架，同时贵州文化自信又是中国文化自信的具体表现。贵州有着自身的省情，一方水土养一方人。贵州文化是一种地域性文化，它是汉文化和少数民族文化相混杂的文化，其文化的主体是汉文化。[①] 贵州是一个多民族省份，在贵州这片多情而又深沉的土地上居住着48个少数民族，少数民族人数占全省人口总数的37.85%。[②] “多元性”和“共存性”是贵州文化的特点。同时决定贵州文化特点的诸因素还包括自然环境和“土流并治”“改土归流”政策等。就自然环境而言，贵州地形复杂，为高原、山地省份，是典型的喀斯特地形，贵州文化是一种山地文化。同时谪官王阳明留下博大精深的优秀传统文化——王阳明文化。中国共产党领导的革命战争期间铸就了辉煌的红色文化——以遵义会议精神为主体的长征文化。在社会主义建设大潮中，贵州又率先提出了“四在农家·美丽乡村”文化，为乡村战略工程提供了经验。因此，贵州文化自信的内涵主要包含：中华优秀传统文化中的“阳明文化”、中国革命文化中的“长征文化”、社会主义建设中的“四在农家·美丽乡村”文化以及优秀少数民族文化。

贵州文化自信首先表现为一种文化自觉。费孝通先生认为：“文化自觉是指生活在一定文化中的人对其文化的‘自知之明’，明白它的来历，形成过程，在生活各方面所起的作用，也就是它的意义和所受其他文化的影响及其发展的方向。”[③] 文化自觉既是文

---

① 申满秀主编《贵州历史与文化》，西南交通大学出版社，2015，第130页。
② 叶浪英：《贵州少数民族语言的演变与发展试析》，《贵州民族研究》2009年第2期。
③ 费宗惠、张荣华：《费孝通论文化自觉》，内蒙古人民出版社，2009，第5页。

化自信的基础，又是文化自信的体现，即文化自信是建立在高度文化自觉的基础上，反过来，文化自信又会促进、表现出高度的文化自觉。贵州文化自信充分体现在对贵州大地上孕育出的中华优秀传统文化中的“阳明文化”、中国革命文化中的“长征文化”、社会主义建设中的“四在农家·美丽乡村”文化以及优秀少数民族文化这四种文化的高度认可和自觉。这种文化自觉包含两个层面的内涵：一是贵州人民对阳明文化、长征文化、“四在农家·美丽乡村”文化和优秀少数民族文化的体认传承和创造性转化；二是传承发扬文化中的精华，摒弃其糟粕，让文化自信、文化自觉成为推动贵州经济社会发展的强大动能。

贵州文化自信其次会表现为对贵州经济社会发展的认同和信心。贵州曾是贫困、落后的代名词，贵州人民一度对自身缺乏信心。近些年来，贵州经济社会取得飞跃性发展，正如谌贻琴省长在贵州省第十三届人民代表大会第一次会议上所做政府工作报告讲到的：“今天的贵州不再垫底，不再是落后的代名词，贵州正在撕下贫困的标签，贴上亮丽的名片。”2017 年贵州五项指标增速全国第一，贵州正在团结奋进、拼搏创新、苦干实干、后发赶超中崛起。贵州文化自信具体体现为对贵州发展模式、贵州发展道路的认同和充满信心。贵州在社会主义建设中创造的“四在农家·美丽乡村”文化，坚定了贵州实践出的乡村振兴模式，坚定了绿水青山也是金山银山的发展理念，坚定了贵州发展走新路，即“拼搏创新、后发赶超”。贵州大地上孕育出的阳明文化之天人合一、知行合一、心即理等思想构成了贵州人文精神的内核，王阳明的一生就是立志的一生，阳明文化坚定了贵州发展要立志，即要“奋进、拼搏、赶超”的新时代贵州精神。贵州优秀少数民族文化的基因坚定了贵州发展要团结，即“团结奋进”的新时代贵州精神；中国革命文化中的“长征文化”涉及的吃苦耐劳精神坚定了贵州发展要脚踏实地、辛勤付出，即“苦干实干”的新时代贵州精神。综览贵州的四种主要文化，这种文化自信既是新时代贵州精神的基础，也会加强人民对新时代贵州精神的认可，进而推动新时代贵州精神在贵州大地开花结果。“新时代贵州精神是贵州各族干部群众不畏艰险、奋力攀高、赶超跨越的真实写照。‘团结奋进’，要以习近平总书记在参加党的十九大贵州省代表团讨论时发表的重要讲话精神为引领，进一步激发贵州干部群众干事创业的奋斗激情，把干事创业热情落实在推动贵州改革发展的行动上。‘拼搏创新’，就要攻坚克难、敢为人先，推陈出新、敢闯新路；就要创新思路、凝聚力量、突出特色、增创优势；就是要推动贵州的改革开放不断深化。当前，贵州正处在脱贫攻坚决战决胜期、后发赶超的战略机遇期，唯有发扬新时代贵州精神，才能实现‘后发赶超’，实现跨越式发展。”①

三　弘扬新时代贵州精神和加强文化自信的重要意义

新时代贵州精神是贵州发展的强大精神动能，为贵州发展指明了方向。中国特色社会主义进入新时代，是贵州的重大发展机遇期，这是贵州各族干部群众万众一心、奋发作为的时代，这是贵州摆脱贫困、实现全面小康的时代，这是贵州后发赶超、开创未来的时代。在贵州发展进入全面攻坚的关键时期，需要补齐“精神短

① 《时代旗帜　奋进动力——新时代贵州精神理论研讨会专家观点摘录》，《当代贵州》2018 年第 19 期。

板”，“内动力”和“软实力”不足是对贵州脱贫攻坚、决胜同步小康的制约，提升“内动力”和“软实力”是决胜脱贫攻坚、决胜同步小康的必由之路。新时代贵州精神就是这种“内动力”和“软实力”，它能为我们决战脱贫攻坚、决胜同步小康、续写新时代发展篇章提供强大精神动力。非凡之伟业必须有非凡之精神来成就。曾经，贵州就是落后和不自信的代名词。然而，近些年来贵州各族群众凭借敢为人先的干事创业劲头，从“洼地”走到“平地”，有些领域甚至冲向了“高地”，这就是精神的力量。新时代贵州精神将进一步激发贵州经济社会发展的动力和活力，是全省各族人民共同拥有的精神支柱和宝贵财富。新时代贵州精神体现了习近平总书记对贵州的厚爱，同时也为贵州的发展指明了方向。习近平总书记对贵州提出的十六个字既有宏观方面的指导，即人心、精神状态上的“团结奋进”，又有微观上的指导，即工作、操作上的“拼搏创新、苦干实干和后发赶超”。“新时代贵州精神构筑了指向明确的精神高地。新时代贵州精神的提出，为走在决战脱贫攻坚、决胜同步小康伟大征程上的贵州人民构筑了精神高地，确立起了精神家园中的根与魂。新时代贵州精神提出了切实可行的行动纲领，体现在问题意识和现实针对性上。团结奋进针对的问题是一盘散沙、懒散懈怠；拼搏创新针对的问题是得过且过、因循守旧；苦干实干针对的问题是拈轻怕重、作风浮夸；后发针对的是现实，赶超针对的是目标。可行体现在抓关键上，具有很强的实践意义。团结奋进是基础，拼搏创新是方法，苦干实干是作风，后发赶超则指明了实现路径。”[①] 新时代贵州精神的时代价值，用省委宣传部常务

---

① 《时代旗帜　奋进动力——新时代贵州精神理论研讨会专家观点摘录》，《当代贵州》2018 年第 19 期。

副部长徐静的观点来概括甚为经典：一是为新时代发展铸魂；二是为新时代发展聚力；三是为新时代发展引路。

新时代贵州精神是中国精神在贵州的体现，彰显了伟大民族精神。中国精神在不同的历史时期有不同的强调点和侧重点。中国特色社会主义进入新时代，意味着近代以来久经磨难的中华民族迎来了从站起来、富起来到强起来的伟大飞跃，迎来了实现中华民族伟大复兴的光明前景。习近平总书记指出，实现中华民族伟大复兴的中国梦必须弘扬中国精神。这就是以爱国主义为核心的民族精神，以改革创新为核心的时代精神。这种精神是凝心聚力的兴国之魂、强国之魄。弘扬中国精神需要各地结合自身实际践行，也就是要探索中国精神在不同地域的具体表达方式、表现形式和实践路径。徐静认为："新时代贵州精神诠释了中国精神的现实性特征。"习近平总书记在总结过去探索的基础上，高屋建瓴、高瞻远瞩地提出，希望贵州大力培育和弘扬团结奋进、拼搏创新、苦干实干、后发赶超的精神，为推进中国精神在不同地方具体化实践做出了重要指导，指明了地域精神构建的前进方向，这是推进中国精神在贵州实践的行动指南。在这个新时代，我们不仅要强调以爱国主义为核心的民族精神，还要强调以改革创新为核心的时代精神，这是鞭策我们在改革开放中与时俱进的精神力量。在这个背景下，习近平总书记强调，大力培育和弘扬新时代贵州精神，特别在内容上更多强调要干起来、闯起来、拼起来、超起来，更加突出了在新时代实现新飞跃的新特点和新要求，更加彰显了中国精神的时代性特征。同时，新时代贵州精神也是伟大民族精神在新时代贵州的生动体现。[①] 伟大民

---

① 《续写新时代贵州发展新篇章——新时代贵州精神理论研讨会发言摘登》，《光明日报》2018 年 5 月 15 日。

族精神给予新时代贵州精神以丰厚营养，新时代贵州团结奋进、拼搏创新、苦干实干、后发赶超的精神，充分展现了中华民族的伟大创造精神、伟大奋斗精神、伟大团结精神、伟大梦想精神。“伟大人民创造伟大民族精神，创新实践孕育新时代精神。中国人民在长期历史中形成的伟大民族精神，是由各个历史时期的人民接续培育出来的，也是由各个地区、各个民族的人民共同熔铸而成的。团结奋进、拼搏创新、苦干实干、后发赶超的新时代贵州精神，就是伟大民族精神在新时代贵州的生动体现，是贵州人民在新时代为丰富伟大民族精神提供的重要源泉、做出的重要贡献。在伟大民族精神引领下，大力弘扬新时代贵州精神，是实现新时代贵州大发展大变化大跃升的精神动力，是深入学习贯彻习近平新时代中国特色社会主义思想的重要内容。”①

弘扬和实践新时代贵州精神是贵州贯彻落实党中央战略部署，“不忘初心、牢记使命”的实际行动。新时代贵州精神饱含着习近平总书记对贵州各族人民的关怀厚爱，同时也是为贵州提出了要求和殷切希望。贵州是全国的贵州，要把贵州发展放在全国这个大局来统一考虑，贵州的脱贫攻坚、同步小康在全国的发展中举足轻重，具有战略意义。党的十九大为全国人民绘制了宏伟蓝图，但这个蓝图能否变为现实，需要靠全国人民奋斗、拼搏。其中贵州担负着艰巨的使命，肩负着繁重的任务，面临严峻的挑战，要把新时代贵州精神作为贵州发展的抓手，解决贵州存在的突出问题。打赢脱贫攻坚战，如期实现贫困人口全部脱贫，贫困县全部摘帽，是贵州向党中央、向习近平总书记立下的军令状，也是新时代贵州精神落地的最好体现。习近平总书记强调，“全面实现小康，少数民族一

① 颜晓峰：《伟大民族精神的贵州样本》，《贵州日报》2018 年 6 月 27 日。

个都不能少，一个都不能掉队”“小康不小康，关键看老乡”。如期全面建成小康社会，民族地区、农村是重点，也是难点，在全国贫困地区的脱贫攻坚任务中，特别是民族地区、少数民族的脱贫是一块十分突出的短板。贵州由于历史与环境的因素，又是少数民族聚集地区，农村占据大部分地区，面临与全国人民一起同步小康的艰巨任务，贵州的全面小康关系到全面小康的如期实现，所以贵州的全面小康不仅是贵州的全面小康，也是全国人民的全面小康。因此，应把贵州人民的富裕放在全国的大背景中考量，更加凸显贵州的重大时代意义。“打赢脱贫攻坚战，是全面建成小康社会最艰巨的任务，是以习近平同志为核心的党中央向国内外做出的庄严承诺，事关人民群众民生福祉，事关第一个百年奋斗目标的圆满实现，事关党在人民群众中的威信和中国在国际上的形象。要深入学习贯彻落实习近平扶贫思想，将之作为发起总攻夺取全胜的强大思想武器，切实增强发起总攻夺取全胜的责任感使命感紧迫感，进一步凝聚‘牢记嘱托、感恩奋进’的坚定意志，焕发‘团结奋进、拼搏创新、苦干实干、后发赶超’的强大精神，汇集向脱贫攻坚战发起总攻、夺取全胜的磅礴力量。”[①] 要把弘扬新时代贵州精神放在贯彻落实党中央战略部署，不忘初心、牢记使命的高度来审视、实践。

文化自信是一种软实力。1990 年，美国哈佛大学教授约瑟夫·奈提出了“软实力”的概念。其代表作是一部名为《美国实力的悖论——世界唯一超级大国为何不能单干》的专著。软实力可以被定义为“权力施动者的非物质性、无形的资产所产生的，

① 《大力培育和弘扬新时代贵州精神　坚决夺取脱贫攻坚战全面胜利》，《贵州日报》2018 年 6 月 27 日。

通过某种非强制性方式使权力受动者对施动者实现其目标的努力采取自动合作行为的能力”，文化、制度和政策三个基本要素是软实力的重要资源因素。[①] 约瑟夫·奈指出，一个国家的综合国力既包括由经济、科技、军事实力等表现出的“硬实力”，也包括以文化和意识形态吸引力体现出的“软实力”。他认为文化“软实力”是国家“软实力”的核心因素，是指一个国家或地区文化的影响力、凝聚力和感召力。“近年来贵州扶贫工作取得一系列历史性、标志性、阶段性的重大成就，靠的是‘贵州精神’鼓舞下的贵州人为家乡不断奋斗奉献、忘我拼搏的无畏精神，靠的是‘内动力’和‘软实力’双轮驱动下产生的无穷力量。习近平总书记提出‘团结奋进、拼搏创新、苦干实干、后发赶超’的新时代‘贵州精神’，孕育着贵州各族、各行、各界人民内化于心、生生不息、源源不断的‘内动力’，打磨铸就了贵州得天独厚、个性自信、令人刮目的软实力。”[②] 文化自信是一个国家、一个民族发展中更基本、更深沉、更持久的力量。文化是民族的血脉，是人民的精神家园，也是政党的精神旗帜。在新时代中国特色社会主义建设浪潮中，只有坚定文化自信，推动文化发展，才能使中华民族屹立于世界民族之林长盛不衰。“新时代贵州精神，具有真理的力量、奋斗的力量。站在新的起点上，我们必须汲取‘万众一心’‘攻坚克难’‘脚踏实地’‘不甘落后’等丰富要素和优秀基因，坚决打赢打好脱贫攻坚‘四场硬仗’（以农村公路‘组组通’为重点的基础设施建设硬仗、易地扶贫搬迁硬仗、产业扶贫硬仗、教育医疗住房‘三保障’硬仗），牢牢把握‘八要素’（产业选择、培训农民、技术服务、资

① 秦亚青等：《国际体系与中国外交》，世界知识出版社，2009，第6页。

② 华岚：《新时代“贵州精神”是贵州决胜脱贫攻坚的强大“内动力”》，《智库时代》2018年第48期。

金筹措、组织方式、产销对接、利益联接、基层党建），把培育和弘扬新时代贵州精神成效体现在来一场振兴农村经济的深刻的产业革命、奋力开启乡村振兴新征程上，确保如期脱贫不掉队，冲刺在前当先锋。”[①] 在决战脱贫攻坚和决胜同步小康、后发赶超的关键阶段，坚定文化自信对贵州具有特别重要的意义。文化将越来越成为贵州经济社会发展重要的战略资源，文化将越来越成为民族凝聚力和创造力的重要源泉。文化自信建设对贵州当前、今后发展的引领、推动、保障作用亦越发凸显。文化自信将成为新时代贵州精神扎下深根的源泉。

① 李裴：《在增强文化自信中推动新时代贵州精神扎根、开花、结果》，《贵州日报》2018年6月5日。

第二章
新时代贵州精神与文化自信相互关系

一 文化自信是新时代贵州精神的基础

（一）新时代贵州文化自信的来源

1. 贵州文化自信背靠中华民族文化自信之坚强后盾

中华民族在悠久的历史长河中孕育了璀璨的文化，中国是世界四大文明古国之一，四大发明等为人类的发展起到了极为重要的推动作用，中华民族五千年的文化积淀了中国人民的精神追求，习近平强调：“中华优秀传统文化是中华民族的精神命脉，是涵养社会主义核心价值观的重要源泉，也是我们在世界文化激荡中站稳脚跟的坚实根基。”[①] 中华民族历来都有着强烈的文化自信，中华民族创造了自己优秀的传统文化，中国人民传承了中华民族优秀文化的基因，在革命时期形成了独特的革命文化，在社会主义建设和改革

① 习近平：《在文艺工作座谈会上的讲话》，《人民日报》2015 年 10 月 15 日。

开放中形成了具有中国特色的社会主义先进文化，习近平说：“当今世界，要说哪个政党、哪个国家、哪个民族能够自信的话，那中国共产党、中华人民共和国、中华民族是最有理由自信的。”[①] 今天我国经济社会的发展取得了举世瞩目的成就，比如国民生产总值早已跃居世界第二，中华文化日益走向世界，孔子学院遍布全球，并且中国人民充分利用本民族文化中蕴含的特有的思想智慧为世界人民解决国际问题提供了“人类命运共同体”等方案，在中国特色社会主义新时代，中国人民更加注重理论自信、道路自信、制度自信和文化自信。党的十九大报告指出：“文化是一个国家、一个民族的灵魂。文化兴国运兴，文化强民族强。没有高度的文化自信，没有文化的繁荣兴盛，就没有中华民族伟大复兴。要坚持中国特色社会主义文化发展道路，激发全民族文化创新创造活力，建设社会主义文化强国。”“中国特色社会主义文化，源自于中华民族五千多年文明历史所孕育的中华优秀传统文化，熔铸于党领导人民在革命、建设、改革中创造的革命文化和社会主义先进文化，植根于中国特色社会主义伟大实践。发展中国特色社会主义文化，就是以马克思主义为指导，坚守中华文化立场，立足当代中国现实，结合当今时代条件，发展面向现代化、面向世界、面向未来的，民族的科学的大众的社会主义文化，推动社会主义精神文明和物质文明协调发展。要坚持为人民服务、为社会主义服务，坚持百花齐放、百家争鸣，坚持创造性转化、创新性发展，不断铸就中华文化新辉煌。”“主旋律更加响亮，正能量更加强劲，文化自信得到彰显，国家文化软实力和中华文化影响

① 习近平：《在庆祝中国共产党成立 95 周年大会上的讲话》，《人民日报》2016 年 7 月 2 日。

力大幅提升，全党全社会思想上的团结统一更加巩固。”[①] 贵州文化是中华民族优秀文化的有机组成部分，中华优秀传统文化是涵养贵州文化的重要源泉，贵州文化传承中华优秀文化最基本的基因，贵州人文精神是贵州和中华优秀传统文化、革命文化的重要表现，也是对中华民族优秀传统文化的创新性发展，它既具有历史性、区域特色，又具有强烈的时代特色。如今“天人合一”和“知行合一”作为贵州人文精神的核心内容，是中国历史和贵州历史发展的必然选择，它们的产生、发展、升华与中华优秀传统文化有着固有的、深厚的、悠久的历史渊源，两者是支与干、流与源的关系。就如有学者认为的那样：“‘天人合一’‘知行合一’作为当下贵州人文精神的核心内容，是历史发展的必然选择，它们的产生发展与中华优秀传统文化、革命文化、社会主义先进文化有着深厚的历史渊源。二者是流与源、支与干的关系。中华优秀传统文化是涵养贵州人文精神的重要源泉，而贵州人文精神是弘扬中华优秀传统文化的重要表现，也是对中华优秀传统文化的创新性发展，它既具有历史性，又具有强烈的时代特色。”[②] 革命文化更为贵州文化和贵州精神增添了亮丽的底色，贵州境内的革命文化是中国革命文化的核心之一，红军长征时期在贵州体现出革命精神，遵义会议更是中国革命的转折点。“贵州之所以被称为‘多彩’，是因为这片土地不仅积淀了丰富的民族文化，更积淀了同样丰富的红色文化、生态文化、历史文化。红色文化是多彩贵州之魂，‘转移、转折、转型’是贵州红色文化的核心记忆，大力彰显红色文化的时代价值，是进

① 习近平：《决胜全面建成小康社会　夺取新时代中国特色社会主义伟大胜利——在中国共产党第十九次全国代表大会上的报告》，《人民日报》2017 年 10 月 28 日。

② 石静：《论贵州人文精神与中华优秀传统文化的关系》，《贵阳学院学报》（社会科学版）2018 年第 1 期。

一步深化‘多彩贵州’品牌建设重要举措。”[①] 又比如人们说“王阳明属于中国也属于贵州”,[②] 贵州精神是中华民族精神在贵州地域的体现，贵州精神在中华民族整个优秀文化体系之中孕育、产生、发展，贵州精神既传承了中华民族的核心精神和优秀文化内容，又展现了中华民族精神的实质，也就是说，贵州精神彰显了中华民族文化和精神的内涵和特质。从现代文化来看，贵州文化建设的成就为社会主义文化发展和繁荣做出了重大贡献。在社会主义建设和改革开放时期，伟大的贵州人民开拓进取，艰苦奋斗，谱写了一曲曲惊天动地的时代赞歌，比如先后铸就了“三线”精神、“顶云精神”、毕节试验区精神、大关精神、文朝荣精神、黄大发精神等时代精神，这极大地丰富和充实了以改革创新为核心的时代精神。近些年来，贵州省委大力倡导“冲出‘经济洼地’，构筑‘精神高地’”，在改革开放中极大地丰富和提升了贵州思想文化建设的内涵和层次，凝聚了跨越发展、后发赶超、同步小康的满满正能量。没有千千万万个贵州文化就没有中华民族优秀文化，没有千千万万个贵州文化自信就没有中华民族文化自信，没有中华民族文化这个大河就没有贵州文化的繁盛，没有中华民族文化自信就没有贵州文化自信。无论是过去、现在，还是将来，中华民族文化自信都是贵州文化自信的坚强后盾。

2. 贵州人民创造的悠久灿烂文化是贵州文化自信的来源

贵州省是一个众多民族聚居的省份，18 个世居民族长期生产和生活在这块神奇的土地上，历史悠久。除世居民族之外，贵州这块土地上还生活着其他大大小小的民族、族群，50 多个民族在贵

---

① 徐静:《红色文化与多彩贵州》,《贵州大学学报》(社会科学版) 2015 年第 2 期。

② 刘学洙、史继忠:《历史的理性思维: 大视角看贵州十八题》, 贵州教育出版社, 2004, 第 93 页。

州这块土地上均有身影。多民族创造了丰富多彩的民族文化，这些民族的传统文化构建了一个历史悠久的天然的民族文化博物馆，其内涵丰富、内容充实实属罕见。

2014 年 3 月 7 日，习近平总书记来到参加十二届全国人大二次会议的贵州代表团，与代表一起审议《政府工作报告》。审议中，习近平总书记说，一个国家综合实力最核心的还是文化软实力，这事关精气神的凝聚，我们要坚定理论自信、道路自信、制度自信，最根本的还要加一个文化自信。中华民族历来有很强的文化自豪感，只是到了鸦片战争时期，在西方的坚船利炮下，中国沦为半殖民地，文化自信被严重损害。中国共产党领导中国人民开创了中国特色社会主义，今天，我们不仅要坚定“三个自信”，也要大力弘扬优秀传统文化，去其糟粕、留其精华，增强文化自信。明朝时，王守仁（王阳明）曾经在贵州参学悟道，贵州在这方面还是很有优势的，希望贵州在这方面继续深入探索。[①] 贵州丰富多彩的文化资源大致可以分为历史文化资源、民族文化资源、城市文化资源、地貌文化资源等，包括辉煌的史前文化，数量众多的省级、国家级重点保护文物，精彩夺目的非物质文化，历史长河中形成的独特夜郎文化，以及土司文化、屯堡文化、沙滩文化、阳明文化、长征文化等，无不向外界展示贵州文化的良好精神风貌，大力助推了贵州文化的自信。

贵州是我国古人类最早的发祥地之一。20 多万年前贵州境内就有早期人类活动的踪迹，远古的先民们在这块土地上生息繁衍，同时创造了远古文化，例如旧石器时代文化的中国南方代表——黔西观音洞就在现在的贵州黔西境内。白寿彝所著的《中国通史》

---

① 《习近平总书记：增强文化自信贵州很有优势》，《贵阳文史》2015 年第 1 期。

所载："在我国南方，属于更新世中期的遗址首推贵州黔西观音洞。"在我国长江以南众多的旧石器时代文化遗址中，黔西观音洞是最有代表性的、材料最丰富、目前为止发现的最重的遗址之一，并被命名为"观音洞文化"，它与陕西西侯度文化、北京周口店文化交相辉映，形成旧石器时代早期中国三个重要不同类型的文化区。有学者"基于钟乳石样的铀系年龄，提出了华南旧石器时代重要遗址贵州黔西观音洞的年代界限；A 组堆积小于 4 万年；B 组第 3 层小于 5 万年；B 组第 4 ~ 8 层 5 万 ~ 24 万年，如地层研究能证明 B 组堆积物的一致性，其年代应可限制在 10 万 ~ 19 万年"，"数据不支持地层古生物研究关于观音洞 A、B 二组堆积分属中更新世中、早期的假设，但证实了 B 组堆积的下部应属中更新世的晚期，为含嵌齿象科的大熊猫—剑齿象动物群迄今最晚的地史记录。观音洞以其丰富的内涵，有可能成为我国南方跨越旧石器时代早、中、晚期文化的代表"，[①] "观音洞文化的发现，以铁的事实打破了陈旧的观念，雄辩地证明，早在 20 多万年以前，贵州高原就有了人类居住、活动，并创造了辉煌的史前文化。在此之后，在贵州发现了许多古人类化石、古文化遗址，使贵州历史线索突然向前延伸了 24 万年"。[②] 贵州境内其他如桐梓人、威宁鸡公山、大洞人、穿洞人、兴义人等也是那个时代文化的杰出代表。

在贵州源远流长的历史文化长河中，贵州人民创造了丰富多彩的文化，并且贵州人才辈出，绵绵不绝的贵州历史杰出文化名人在我国文化史上筑立了一座座丰碑。早在战国、秦汉时期，贵州神秘的古夜郎文化开始繁荣起来，据《汉书》《水经注》《华阳国志》

---

① 沈冠军、金林红：《贵州黔西观音洞钟乳石样的铀系年龄》，《人类学学报》1992 年第 1 期。

② 史继忠：《举世闻名的黔西观音洞》，《当代贵州》2013 年第 16 期。

等史料记载，夜郎文化的主体先民是僚人、濮人，后发展成仡佬人，多元化是夜郎文化最大特点，“从地域上看，夜郎文化涉及的范围有宽有窄。狭义的夜郎文化区域仅指夜郎国统辖的范围，大体在今黔西北及滇东北一带；而广义的大夜郎文化圈，则包含了现在的滇黔渝楚桂及相邻地区，可以说完全不是一个概念”“从年代上看，夜郎文化影响的时间有长有短。夜郎国的诞生约在公元前3世纪中叶至汉成帝河平年间，约二百五十余年的历史。但对于一个文化的产生消亡而言，不会就这么简单，其源与流都有一个发展阶段和延续过程，夜郎文化的形成肯定经历了其建立君国前的漫长时期，并且它的文化影响也不会随着其政权的倾覆就立刻灰飞烟灭，一定会在一个相当长的时期内以不同的方式传承下来”“从表象上看，夜郎文化的特征也有强有弱。在其个性强烈的方面，夜郎民族文化的风格特点可以展露无遗，而当其与其他相邻文化发生交流融合时，这种相互间的影响造成的多文化因素就会使其自身特点弱化”“从结构上看，夜郎文化的组成可以是一个核心族文化，也可以是一个政权模式的集中反映，还可以是在一定范围内若干个族群或旁小邑的集合体”“从内涵上看，夜郎文化的概念亦有广有狭，其间包含了多种不同的分划与界定，不同时空条件下不尽相同的文化层面”“凡此种种，不一而足，充分说明我们所面对的‘夜郎文化’，是一个多姿多彩的多元结构”。[①] 据《后汉书》所载，战国时期夜郎包括的地域有：“东接交趾，西有滇国，北有邛都国。”西汉时尹珍、盛览、舍人等“汉三贤”不甘家乡落后，回归故乡、办学授业、奋发自强、传播当时先进文化。古夜郎文化是贵州文化的源头和重要基因，“夜郎文化是贵州文化的重要组成部分，更是

① 宋先世：《关于夜郎文化的多元性》，《南方文物》2009年第4期。

中华文化的重要组成部分，她同巴蜀文化、滇文化、楚文化、越文化等共同构成了灿烂的中华文化”，“夜郎文化不仅是贵州少数民族物质生活变化发展的体现，还是其精神生活的展现，作为一种文化符号，更是少数民族社会生活诸方面的反映，她不仅仅指两千多年前存在于夜郎古国的文化，而是泛指当时及以后生存于夜郎地区的少数民族以及外来民族在其生存繁衍、生产生活、对外交往过程中所形成的、有民族特色的文化，是一种有别于相邻的巴蜀文化、滇文化、楚文化、越文化系统而独立存在的多姿多彩的民族文化体系。涵盖了少数民族的图腾崇拜（竹图腾），居住状况（干栏式建筑）、服饰（椎髻、文身、桶裙等）、饮食（以稻谷为主食、喝牛角酒、咂酒等）、丧葬（岩葬、悬棺葬、洗骨葬、铜棺葬等）、婚俗（游方对歌、行歌坐月、吹笙求偶、木叶传情等）、生育（水生、产翁之俗等）等显性的物质文化。但显性的物质文化是夜郎文化得以存在的躯壳，而隐性的精神文化才是夜郎文化赖以生存和发展的灵魂，没有灵魂附体的躯壳只能是行尸走肉，缺乏生机与活力。因此可以说，夜郎文化是贵州少数民族文化不可或缺的基因和源流，她体现在少数民族生产生活、日常行为和思想观念等方方面面，代表了少数民族文化的过去、现在和未来，也深刻地影响着和必将对少数民族历史和文化产生深远影响”。[①] 自魏晋以后直至唐、宋、元时期，贵州与域外的经济文化交流频繁、联系密切，贵州文化吸纳周边地域文化和广纳中原文明，历经融会贯通和创新转化，明清时达到繁盛，于是有了土司文化、阳明文化，经过共同发展，贵州形成了文化多元并存、文化同中有异的特殊景象，如安顺特殊的屯堡文化。“清三儒”黎庶昌、莫友芝、郑珍等著书立说，成果

---

① 任健：《“夜郎文化”之哲学思考》，《贵州大学学报》（社会科学版）2012 年第 2 期。

丰硕并造就了灿烂的沙滩文化。“‘沙滩文化’内涵深厚，包容广博。已刊行论著80来种600多卷，未刊者近百种。已刊论著中，有诗词集、文集、小说集、书画集、经学专著，以及文字学、音韵学、方志、农学、泉布学、教育学、社会学诸多方面。其中不少论著受学界很高评价”，“以诗词而论，郑珍的《巢经巢诗集》，被晚清‘同光体’诗派推尊为‘不祧宗祖’，吴敏树、梁启超、郁达夫、钱钟书等极为推崇，有‘有清一代冠冕’、‘清诗第一’之誉，钱仲联有‘清诗三百年，王气在夜郎’的赞语。莫友芝的《亭诗集》，足以翼、子尹，为‘偏师之雄’。词则有黎兆勋、黎庶焘、黎庶蕃、莫友芝、莫庭芝诸家，他们的作品被多家全国性选本录载，足以跻身全国名家之林。散文以黎庶昌为代表，是桐城—湘乡派重要作家。其《拙尊园丛稿》《西洋杂志》流传颇广。庶昌族侄黎汝谦刊有《夷牢溪庐文集》《诗集》，成就不凡。郑珍、莫友芝各有文集，作品被多种全国性选本录用，足称名家。此外，黎安理（庶昌之祖父，‘沙滩文化’首创者）有笔记小说集《梦余笔谈》，黎汝谦（与译员蔡国昭合译）有《华盛顿传》，洋洋30万言，印行后有相当影响。”① 沙滩文化还在书画篆刻、经学研究、文字和音韵学研究，以及地理学、农艺学、生物学、纂修方志等诸多领域成就斐然。

贵州阳明文化是贵州文化的又一个里程碑。阳明文化的知行合一和阳明心学是中国优秀的传统文化，阳明文化在中国思想史、文化史乃至世界思想史上都有着极其重要的地位和意义。明代儒学家王阳明贬谪至贵州时在龙场参学悟道，提出“知行合一”的学说，把中国儒家文化推到了一个新的高峰。对于王阳明的“知行合一”

① 黄万机：《浅谈“沙滩文化”资源的评估与开发》，《贵州社会科学》2001年第5期。

人们多予以很高的评价，当代美国著名历史学家伊恩·莫里斯评价说：“只要我们实践了，就能够获得智慧。这个顿悟非常适合发展中的社会。王阳明成为新的文艺复兴人，跻身于时代一流的思想家、哲学家、文学家和军事家行列。”[①] “之后，黔中王门汤伯元、孙应鳌、李渭、马廷锡、陈尚象等积极践行‘知行合一’的人文精神，为贵州文化、教育和社会的发展做出重要贡献。到了现代，在‘宁在苦中干，不在苦中熬’的文朝荣和‘女愚公’邓迎香身上也充分展示了‘知行合一’的人文精神。这是贵州人民宝贵的人文精神财富，永远值得汲取”。[②] 在面对西方列强的入侵时，出生于兴义府（现贵州安龙县）的清朝大臣张之洞力主“中学为体，西学为用”，此主张后来成为洋务运动的思想源头，李端棻是现代教育先行者、戊戌变法领袖、北京大学首倡者，对于推动近代中国教育和政治的重大进步做出了自己的贡献，“李端棻身为清政府重臣，以开放的心态，借鉴日本国明治维新以来所取得的成功经验，大胆推荐人才，积极参与变革维新，尤其对隋以来科举取士制度下形成的传统教育体制进行了革新，提出了一系列受西方教育思想影响而形成的教育改革主张，在很大程度上为中华民族的复兴、民族文化的传承、民族精神的弘扬起到了积极的推进作用。这些复兴民族的新思想，在后来李端棻返回故乡贵阳创办新式学堂中得到进一步实施，为处于信息闭塞的贵州境内的教育文化事业注入了新的活力，培养出许多受新式教育思想影响的各类人才，从而使贵州广大地区，尤其是民族地区的教育文化添加了新的内涵。在民族危亡的紧急关头，李端棻的革新思想和变革精神，为民族复兴和民族教

① 〔美〕伊恩·莫里斯：《西方将主宰多久》，钱峰译，中信出版社，2014，第272页。

② 肖立斌：《贵州人文精神与文化自信》，《孔学堂》2017年第4期。

育、民族文化的发展做出了卓越的贡献”。[①] 这样的例子不胜枚举。从革命文化方面来看，贵州更是中国革命的圣地和文化摇篮，这里蕴藏着极其丰富的宝贵的红色文化资源。贵州在革命战争年代，产生形成了长征文化、抗战文化，其中遵义会议、四渡赤水更是作为红军长征途中具有标志性的事件而载入史册，因为遵义会议挽救了中国革命、中国共产党和红军，因而贵州在革命文化中具有举足轻重的地位。“贵州是中国工农红军长征途中转战时间最长的省份，红军长征期间在贵州开展的革命活动形式多样、规模空前，留下了多达 454 处的革命遗址、无数珍贵的革命文物、革命精神，如遵义会议会址、黎平会议会址、猴场会议会址、苟坝会议会址、强渡乌江遗址、娄山关战斗遗址、青杠坡战斗遗址、四渡赤水渡口、丙安红一军团旧址、长征精神、遵义会议精神等，留下了太多中国工农红军长征史上的鲜活而生动的历史见证，书写了‘历史转折、出奇制胜’的壮丽篇章。这些类型多样、异彩纷呈的长征文化遗产，是贵州省璀璨的革命历史文化和精神财富。贵州长征文化遗产作为革命历史文化的载体，涵盖了红色文化遗产涉及的所有内容和要素，使贵州成为红色文化容量巨大的精神宝库，成为提供丰富、生动的先进文化、革命精神教育的大课堂，成为红色旅游的重要目的地。”[②] 以遵义会议为代表的长征文化、以遵义会议精神为代表的长征文化精神，随着时代的发展，依旧显现它的伟大历史价值与文化价值。“遵义会议是中国共产党 90 年历史上第一次伟大的转折。其伟大转折意义在于正确地改变了党中央领导核心、改变了党的思想路线、改变了党的军事路线。遵义会议精神内涵可以初步表述

① 颜建华、颜勇：《论李端棻对民族复兴的贡献》，《贵州民族研究》2015 年第 11 期。

② 张新、李晓蓉：《贵州长征文化遗产作为重要教育资源开发利用的有效途径》，《沧桑》2014 年第 5 期。

为：坚定信念，忠诚革命；坚持真理，实事求是；顾全大局，民主团结；独立自主，实现转折。遵义会议精神的当代价值在于，它集中展现了中国共产党人的优秀品格，是建设中国特色社会主义事业的强大精神动力；是推进社会主义核心价值体系建设和在新的历史条件下提高党的建设科学化水平的重要历史参照；它作为民族精神的一个组成部分，对于实现中华民族的伟大复兴也提供了历史之镜。”[①] 邓恩铭、周逸群、王若飞、林青等革命先烈在中共党史上印下了不朽的篇章，在中国革命史上留下了光辉的足迹。从现代文化来看，贵州人民大力发展社会主义文化，在全国率先进行了社会主义新农村建设探索，形成了“四在农家·美丽乡村”文化，为社会主义文化建设和繁荣增光添彩。创建精神高地是贵州省对革命、建设、改革时期的文化积淀，更是新时期贵州省广大干部群众多年艰苦创业的生动写照，遵义市余庆县创造性地开展“富、乐、学、美”四在农家活动是贵州人民追求美好生活的伟大创举，也是贵州人民构筑贵州精神高地的又一次生动实践，它极大地丰富了“贵州精神”和贵州时代精神的内涵，这一典型经验得到了中央领导同志的肯定和认可，必将为贵州省实现后发赶超提供强大的精神力量。“由贵州省遵义市农民首创的富、学、乐、美‘四在农家’活动，是建设社会主义新农村的生动实践，它为当地农民增加了收入，为农村发展注入了活力，为改善乡村环境面貌和提高农民文化素质提供了动力，为全国各地建设社会主义新农村探索出了可资借鉴的成功经验。”[②] 贵州这些文化长河中独特的像素展现和代表着

① 石仲泉：《再谈遵义会议——刍议遵义会议精神》，《中国延安干部学院学报》2012年第4期。

② 张剑鸣：《铺就新农村的阳光大道——贵州省遵义市“四在农家”创建活动纪实》，《党建》2006年第4期。

过往历史时期贵州人民在固守本土文化中与外来文化的融合，同时对中国历史文化产生了重大影响。以上贵州人民创造的悠久灿烂并对中国和世界都具有重大影响的文化，构成了贵州文化自信的来源。

（二）贵州文化自信孕育了新时代贵州精神

1. 文化自信孕育了贵州精神

文化是民族的血脉和灵魂，是人民的精神家园，是维系国家统一和民族团结的精神纽带，是民族生命力、创造力和凝聚力的集中体现，是一个国家最鲜明的精神旗帜。文化软实力对于社会进步和发展始终起推动作用。“文化是民族生存和发展的重要力量。人类社会每一次跃进，人类文明每一次升华，无不伴随着文化的历史性进步。中华民族有着5000多年的文明史，近代以前中国一直是世界强国之一。在几千年的历史流变中，中华民族从来不是一帆风顺的，遇到了无数艰难困苦，但我们都挺过来、走过来了，其中一个很重要的原因就是世世代代的中华儿女培育和发展了独具特色、博大精深的中华文化，为中华民族克服困难、生生不息提供了强大精神支撑”[①] “欲废一国，必先废其文化”，可见文化自信是一个民族生存的坚强精神支柱和人民紧密团结的无比强大力量。自古以来许多民族在蒙受巨大挫败后依然能够凭借其文化力量生生不息，例如犹太民族遭遇灭国之重创后流散而遍布于世界，可是它的独特民族文化使这个民族依然保持下来并复国。相反，在第一次世界大战结束后的美国国内产生“迷惘的一代”就是因为当时的美国民众从参加战争时的“牺牲”“民

① 习近平：《在文艺工作座谈会上的讲话》，《人民日报》2015年10月15日。

主”“光荣”等资产阶级抽象和空泛的号召的欺骗中醒悟过来，当西方资本主义精神幻灭后，他们找不到可以安身立命的观念和价值取向，实质上这是其精神家园废灭后带来的结果，更是美国深层文化断裂引发人们的精神没有归宿，进而出现失落、彷徨、迷惘。

中华优秀传统文化是中华民族赖以生息的根脉与灵魂。五千年中华文化绵延不绝、薪火相传，在悠久的岁月里孕育形成了中华民族独特的文化，并且赋予中华民族无比强大的精神追求和生命力。习近平总书记强调指出，中华文化源远流长，积淀着中华民族最深层的精神追求，代表着中华民族独特的精神标识，为中华民族生生不息、发展壮大提供了丰厚滋养。我国优秀传统文化，包括革命传统文化是中华民族的精神之魂、生存之本，中华民族不断从中吸取精神滋养，才有深厚的、坚固的民族根基。贵州各民族的精神追求沉淀在本民族文化之中，在悠久的历史文化长河中，贵州各民族积淀了自己最深沉的精神追求，并且源源不断从中汲取丰富的营养从而得以生息。比如“夜郎文化蕴含了深刻的精神特质，根据夜郎文化的特点，可以把夜郎文化精神概括为：团结和谐的协作精神、自信自立的乐观精神、奋发图强的拼搏精神、勤劳勇敢、艰苦朴素、自强不息的精神等。夜郎先民在艰苦的生存条件下，生存繁衍，创造了灿烂的夜郎文明，其团结协作、自信自立、奋发图强、自强不息、勤劳勇敢、勇于进取、艰苦朴素的品格深深地影响了一代代黔中儿女，对黔文化的开拓和发展做出了巨大的贡献。其影响至今尚存于少数民族地区，如彝族、仡佬族、布依族、苗族、侗族等少数民族同胞的住房建筑形式仍为干栏式‘巢居’，吊脚楼，多户集寨而居，房屋之间以走廊相通，‘夜不闭户’，体现了友爱和谐互信的精神和艰苦朴素、团结协作、自强不息等精神”。[①] 又如贵州“沙滩文化精神”体现在“淳厚的家风”“悯民爱国的清正操守”“刻苦自励、自强不息的进取精神”“虚怀若谷，涵纳殊方的气度”[②] 等诸多方面。贵州人民创造的文化蕴含着积极的精神，这是共同之处，又体现着不同时期的精神特质，展现不同时期的精神风貌。贵州是多个民族聚居之地，素有“民族之都”和“文化千岛”之称。长久以来，贵州由于错综复杂的民族分布格局和特殊的地理环境，形成了地域分布上各具特色的“文化孤岛”，“孤岛”文化不仅与周边的文化形貌不一样，也有别于外界文化，它奇中有奇，不同凡响。各民族能歌善舞，贵州是“歌的海洋，舞的世界，节的天堂”，民族歌舞、民族节日是贵州民族文化和民俗风情的外在集中表现。“三里不同风，五里不同俗；大节三六九，小节天天有”[③] “无论是民族音乐、民族舞蹈、民族戏剧、民族风俗、民族技艺、民族信仰等均呈现千姿百态的形态，彼此互相交融，和谐共生。各民族你中有我，我中有你，相互学习、相互借鉴，不断地开拓创新，形成贵州丰富多彩的民族文化局面”。[④] 贵州文化形成了千姿百态的文化景观，这里有全世界最大的苗寨——位于贵州黔东南苗族侗族州的西江千户苗寨，被誉为保存苗族“原始生态”文化完整的地方。这里的苗族“鼓藏节”绵延最长，其特点是“十三年过一次、一次过三年”，还有东方最古老的“姊妹节”，也有世界上延续时间长达 49 天的水族端节，还有可能是最后的象形文字——水书。这里“侗族大

---

① 任健：《“夜郎文化”之哲学思考》，《贵州大学学报》（社会科学版）2012 年第 2 期。

② 黄万机：《浅谈“沙滩文化”资源的评估与开发》，《贵州社会科学》2001 年第 5 期。

③ 中共贵州省委宣传部、中共贵州省委党史研究室：《贵州改革开放 30 年》，贵州人民出版社，2008，第 187 页。

④ 刘吉昌、聂开吉：《贵州文化自信发展路径之思考——以做大做强“多彩贵州”文化品牌为例》，《贵州民族大学学报》（哲学社会科学版）2018 年第 6 期。

歌”中外闻名，“八音坐唱”——源于宋代的布依族说唱艺术如今仍在流传，至今仍存的“行歌坐月”是侗族青年的传统婚恋习俗，其他如傩戏等歌舞说唱艺术数目众多。这些歌舞节日不仅展现的是文化的外在形态，而且其蕴含的更是贵州人民的文化自信，以及隐于其中的贵州精神。

习近平总书记指出：“中华优秀传统文化是中华民族的精神命脉，是涵养社会主义核心价值观的重要源泉，也是我们在世界文化激荡中站稳脚跟的坚实根基。”[①] 新时代，贵州精神之根深植于中华民族和贵州文化沃土，“文化自信的基本和深沉属性、持久属性、民族基础和认同属性、稳定和相对独立属性”，[②] 赋予贵州精神深层、持久、广泛、稳定的力量，新时代贵州精神由此获得深层次的凝聚力、广泛的智力支持和持久的发展动力。新时代贵州精神回应了时代的号召，它是对中华民族精神的彰显和传承，是对中华民族精神和贵州历代精神的创新与发展，为构建和谐贵州和实现贵州省经济社会的快速和健康发展提供了精神动力和智力支持。

2. 文化自信奠定了新时代贵州精神的坚实基础

新时代的贵州是往昔贵州的继续，新时代的贵州文化自信是千百年来贵州不同时期文化自信的积淀、延续和升华。文化的核心是民族精神和价值观，文化自信是民族精神的来源，文化自信奠定了不同时期贵州精神基石，新时代贵州精神是自古以来贵州精神在21 世纪的升华。全国政协文化文史和学习委员会副主任叶小文解读新时代贵州精神时认为，新时代贵州精神既有“资本”又有

---

① 习近平：《在文艺工作座谈会上的讲话》，《人民日报》2015 年 10 月 15 日。

② 万英、杨芳：《文化自信与社会主义意识形态的凝聚力引领力》，《中学政治教学参考》2019 年第 6 期。

"底牌"。"资本"就是"绿色"，这个资本比起"金山银山"更加宝贵、更加重要，"绿色资本"是贵州后发赶超、弯道取直、后来居上的资本。贵州依赖这个"绿色资本"，能够继续走出"生态建设、开发扶贫"的道路，贵州具有的山幽、水清、林茂、气净之生态、美丽、健康的人居生存环境，是当今可持续发展的资本。新时代贵州精神的"底蕴"是"天人合一，知行合一"，这是贵州现在的历史人文底蕴。当今贵州的"团结奋进、拼搏创新、苦干实干、后发赶超"就植根于这个历史人文底蕴，这样贵州精神就显得更有劲道、更加厚实和更加持久。贵州后发赶超，靠的是"天人合一"，而不是"人定胜天"，要守好生态、发展这两条底线，协调好发展与绿色发展。贵州新时代精神，既是"志智双扶"的普遍要求，也是有贵州"底牌"和"底色"的"量身打造"的特殊要求。[①]"新时代贵州精神，与新时代贵州发展要求相契合，与守底线、走新路、奔小康的工作总纲相适应，有着源远流长的历史缘由和扎实深厚的现实依据。"[②] 在新时代贵州精神中，团结奋进体现了贵州历代先民文化中的伦理精神之精华，互助互爱、团结协作是贵州多民族文化谱系中最基本和根本的道德要求。贵州人民不论是侗族、苗族、布依族、水族、彝族、仡佬族，还是其他民族，只要一家有事，那么众邻都会前来帮忙，并已约定俗成。"贵州各民族由于共同的利益、共同的命运形成了世世代代相互依存的关系，这种关系既是道德共同体，也是政治共同体，秉持民族团结、守土爱国、维护祖国统一的共同信念。"[③] 拼搏创新则展现了贵州

---

① 王远柏：《叶小文：新时代贵州精神既有"资本"又有"底蕴"》，《贵州日报》2018年5月12日。

② 徐圻：《新时代贵州精神：历史缘由与现实依据》，《当代贵州》2018年第14期。

③ 徐圻：《新时代贵州精神：历史缘由与现实依据》，《当代贵州》2018年第14期。

文化的精神特质。1895 年，康有为等人发起历史上著名的“公车上书”。“据统计，参与题名上书的举人中，贵州籍共 95 人，占题名总人数的近 1/6。此后，维新运动在全国蓬勃展开，贵州人踊跃参与其中，张之洞、黎庶昌、李端棻等来自贵州的朝廷要员、社会贤达，积极宣传维新思想、传授先进的科学知识和新思想，革新政治、开办实业，壮大国家综合实力。”① 改革开放以来，贵州人民更是展现了“敢闯敢试、敢为人先”的伟大创新精神。早在 1977 年，关岭顶云公社的农民，创新“定产到组”“包产到户”，这被称为中国农村改革“北凤阳、南顶云”。如今，贵州人民更是创造了生态文明试验区、多彩贵州文化旅游品牌、大数据综合试验区等。而苦干实干则展现了贵州人民历代以来持有的良好精神风貌，苦干实干是贵州人固有的精神风貌。“从古到今，面对艰苦的生存条件，贵州各族人民没有怨天尤人、自暴自弃，而是埋头苦干、艰苦奋斗。一部贵州史，就是一部贵州儿女面对恶劣自然环境筚路蓝缕、以启山林的历史。奢香夫人率领各族同胞‘伐薪焚石’‘凿山刊木’，开‘龙场九驿’，打通了贵州与周边三省连接的驿道；葛镜矢志不渝，倾尽家资三次建桥，立下‘桥不成兮镜不死’的豪迈誓言，终于建成葛镜桥，留下‘义垂千古’的美传；‘三线’建设者扎根大山、毕生奉献、无怨无悔，为贵州奠定了现代工业基础，铸就了宝贵的‘三线’建设精神；大关人劈石造田，改善生存条件和生活环境，造就了闻名遐迩的大关精神；兴义冷洞村人，抗旱中创造了土法滴灌，以最低的成本获取了决定性的生存回报，折射出贵州人顽强拼搏、战胜困难的大智大慧。还有 36 年带领群众绝壁凿天渠的‘当代愚公’——黄大发精神，如此等等，不胜

---

① 徐圻：《新时代贵州精神：历史缘由与现实依据》，《当代贵州》2018 年第 14 期。

枚举。”[①] 后发赶超则展现了贵州人民独特的精神标识。贵州地理环境、交通等多个因素的影响，造成了贵州“欠发达、欠开发”的局面，但贵州人民从来不甘落后，而是奋起直追、勇于开拓进取，在脱贫攻坚中后发赶超。近年来，贵州经济连续以两位数增长，一直名列全国前茅，实现在西部地区率先“村村通客运”“县县通高速”，大数据成为全国的示范样板，著名的贵州“中国天眼”领先世界，生态文明举世闻名……在“后发赶超”的激励下，贵州经济社会日新月异，“弯道取直”正是今天贵州的最好写照。贵州与全国人民一起进入了新时代，站在一个新的历史起点。“后发赶超”是新时代贵州的最强音，它能够引领贵州人民、感召贵州人民、激励贵州人民，使贵州人民在新时代满怀自信、满怀激情、满怀干劲，与全国人民一起实现同步全面小康，实现现代化的第二个百年奋斗目标。

回顾贵州精神在历史上各个时期发展的主要表现，在古代有“不甘落后、千里求学、热爱乡土、献身教育”的尹珍精神，在近代有“解放思想、实事求是、独立自主、务求必胜”的遵义会议精神，到现代有“不怕困难、艰苦奋斗、攻坚克难、永不退缩”的抗旱精神。在社会主义建设和改革开放时期，贵州人民艰苦奋斗，开拓进取，谱写了一曲曲感天动地的时代赞歌，先后铸就了“三线”精神、毕节试验区精神、背篼干部精神、大关精神、文朝荣精神和黄大发精神等，丰富和充实了以改革创新为核心的时代精神。在文化自信的坚实基础上，贵州精神呈现与时俱进、积极向上、丰富多样的形态，不断地丰富内涵。人们不断凝练“贵州精神”的丰富内涵，这样发展下来的“贵州精神”的内涵越来越丰

---

① 徐圻：《新时代贵州精神：历史缘由与现实依据》，《当代贵州》2018 年第 14 期。

富，不同时期有着不同的表述。贵州本土学者刘学洙将贵州在历史长河中积淀构成的精神归纳为“坚韧不拔、自强自信的品格，不怕压、不信邪的铮铮铁骨，乐于接纳外来人才、外来文化的开放胸襟，以及维护民族团结、祖国统一的民族大义”,[①] 认为这些一直是贵州经济文化发展的动力。

没有文化自信，贵州构筑“精神高地”、冲出“经济洼地”就无从谈起；没有文化自信，推进贵州守底线、走新路、奔小康就会失去精神支撑；没有文化自信，建设多彩贵州民族特色文化强省就会流于形式。在文化自信的基础上，提出和弘扬“天人合一、知行合一”的贵州人文精神，对于传播贵州文化、发出贵州声音，更好地体现贵州人民的文化自觉和文化自信，意义不可估量。没有文化自信，贵州构筑精神高地就失去了深层次依托，就根本不能形成以上内涵丰富的贵州精神。

二　新时代贵州精神是文化自信的现实表现

（一）文化自信必然在现实中体现为民族精神

文化是民族的血脉和灵魂，是人民的精神家园，是维系国家统一和民族团结的精神纽带，是民族生命力、创造力和凝聚力的集中体现，是一个国家和一个民族最鲜明的精神旗帜。传统的观念认为文化是人类在社会历史发展过程中所创造的物质财富和精神财富的总和。狭义的文化指社会的意识形态以及与之相适应的制度和组织

① 刘学洙：《贵州精神的历史轨迹》，《当代贵州》2008 年第 1 期。

机构，但文化更是“观念形态，是理论世界，价值世界、意义世界”。[①] 文化自信是人们对自己所创造的物质财富和精神财富的自信，更是一种观念与理念的自信，是一种信念的坚定，这种理念要回到现实中回应现实问题，解决现实问题，才能够得到自信，否则就难以成为民族精神。文化自信的核心是对自己文化中的核心价值观和民族精神的自信。“精神，在许多时候，确实是物质不可取代的。为什么美国的西点军校要挂雷锋画像来教育部队官兵？也说明了精神的重要”“当前，欠发达、欠开发是我省最大的省情，加快发展是我们第一位的任务。要在‘两欠’的省情下实现历史性跨越，除了要有一定的物质支撑外，还特别需要一种精神来凝聚人心，需要一种精神来激励斗志，需要一种精神来激发大家的工作激情”[②] “新时代贵州精神，是贵州各族人民长期奋斗的生活写照，是对贵州人民价值取向的高度总结，也是贵州民族传统文化所倡导和弘扬的精神追求。在贵州决战脱贫攻坚实现与全国同步小康的新时代，新时代贵州精神将是行动的引领，是奋进的思想动力”[③] “新时代贵州精神是伟大民族精神在新时代贵州的生动体现，是贵州人民在新时代为丰富伟大民族精神做出的重要贡献。贵州充分发掘自身传统资源、生态资源、文化资源，将各种发展要素聚焦到推进新时代发展上；贵州从‘洼地’‘平地’到‘高地’，依靠艰苦奋斗、接续奋斗、开拓奋斗创造美好生活；团结精神是新时代贵州的凝聚力，各民族相互尊重、平等互助，全面小康一个民族都不能少；与全国其他省区共同实现现代化，把我国建成社会主义现代化国家，是全体贵州人民的共同梦想，通过发扬新时代贵州精神，把

---

① 陈先达：《文化自信与中华民族伟大复兴》，人民出版社，2017，第1页。

② 谌贻琴：《精神的力量很重要》，《当代贵州》2008年第1期。

③ 黄晓：《加强新时代贵州文化自信》，《贵州日报》2018年10月23日。

梦想变成现实”。[①] 如此种种充分说明，民族精神来源于民族在历史现实中如何处理问题，更要观照当今现实，解决现实中的重大问题。

在《德意志意识形态》中，马克思、恩格斯指出一个阶级为了自己的利益，这个阶级最早是“作为全社会的代表出现的”，辩称其观念是“全体群众”的，将自己的观念打扮成具有普遍意义的且是唯一合理的理念。它这样做，是因为这个阶级开始和其他阶级确实存在某些联系和共同利益，但其目的更是聚集最大多数的群众，形成合力实现自己在政治、经济上的目标。当他们成为统治阶级之后，其观念越来越仅代表占统治集团或阶级的利益，价值观念对其他民众来说就越来越抽象和虚假了。西方以“民主、平等、博爱”等抽象观念诱惑群众，在现实中对群众而言却是否定性的和具有虚假意识的。这种观念自然在现实中成不了民族精神，导致在西方社会只用简单的话语解释世界并产生“简单化的、浅薄的”现象，产生“与其说是依赖于价值观的深层一致及社会障碍的明显消失，不如说是依赖于一致承诺的缺失以及社会分裂的蔓延”和“恰恰不是同质化和统一化，而是碎片化和分裂化，才引发西方自由主义民主政治中的社会内聚力”[②] 来整合全社会的结果。这就是说西方社会没有文化自信，现实社会的整合不依赖文化的一致，也就在现实中没有民族精神。而我党不仅以“三个有利于”“三个代表”“科学发展观”“共享发展”等先进理念来凝聚人民，而且在现实中，其得到充分践行，习近平总书记提出“不忘初心”，

---

① 《时代旗帜　奋进动力——新时代贵州精神理论研讨会专家观点摘录》，《当代贵州》2018 年第 19 期。

② 〔英〕约翰·B. 汤普森：《意识形态理论研究》，郭世平等译，社会科学文献出版社，2013，第 24 页。

并将其诠释为“中国共产党人的初心和使命，就是为中国人民谋幸福，为中华民族谋复兴”。这些理念落实到现实中，表现为改革创新的时代精神。所以文化自信必然在现实中体现为民族精神。贵州以文化自信特有的品质来解决各个时代的现实问题，新时代，贵州文化自信落实在现实中就要以贵州精神来解决重大问题。“习近平总书记心系贵州发展、情系贵州人民，亲临贵州考察指导，多次对贵州工作作出重要指示，党的十九大期间参加贵州省代表团讨论并作重要讲话，充分肯定我省经济社会发展取得的成绩，提出‘团结奋进、拼搏创新、苦干实干、后发赶超’的新时代贵州精神，明确新时代贵州工作的总体要求，为我们指明了前进方向、提供了根本遵循、注入了强大动力！”[①] “过去一年能取得这样的成绩，是以习近平同志为核心的党中央掌舵领航、对贵州关怀厚爱的结果；是省委坚强领导的结果；是省人大、省政协监督支持的结果；是全省各族干部群众牢记嘱托、感恩奋进，大力弘扬新时代贵州精神的结果。”[②] 新时代贵州精神落实到当前现实中就是要摘掉贵州贫困落后的帽子，实现党的两个奋斗目标。

（二）新时代贵州精神是文化自信的现实表现

1. 新时代贵州精神的内涵

习近平总书记对贵州提出的“团结奋进、拼搏创新、苦干实干、后发赶超”十六个字就是新时代贵州精神。贵州省委十二届二次全会对新时代“贵州精神”进行了解读：“团结奋进”就是要心往一处想、劲往一处使，万众一心、奋发作为；“拼搏创新”就是

① 谌贻琴：《政府工作报告》，《贵州日报》2018 年 2 月 5 日。

② 谌贻琴：《政府工作报告》，《贵州日报》2019 年 2 月 11 日。

要攻坚克难、敢为人先，推陈出新、敢闯新路；“苦干实干”就是要不惧辛劳、脚踏实地，担当实干、狠抓落实；“后发赶超”就是要不甘落后、跨越发展，弯道取直、赶超进位。新时代贵州精神秉承历代贵州精神和革命精神，统一于新时代中国精神之中，是我党坚决践行马克思主义理想信念、践行一心一意为人民服务的宗旨、贯彻以人民为中心的思想在新时代的最好诠释。因此，必须牢记我党的初心和使命，始终贯彻为中华民族谋复兴和为中国人民谋幸福的使命，始终把实现人民对美好生活的愿景作为前进动力和奋斗目标，在贵州各项改革创新事业中、在中华民族伟大复兴的进程中弘扬贵州精神。改革创新是新时代贵州精神的核心所在，要勇于攻坚克难、拼搏创新、敢为人先、敢闯新路、推陈出新、后发赶超。用好用实改革开放这关键的一招，创新是发展的第一动力，在创新中破解改革发展有关机制不畅、观念不新、工作不力等痼疾，大力推动贵州在新时代的改革开放不断深化。新时代贵州精神是否贯彻到位关系到贵州的持续发展，只有发扬新时代贵州精神，才能如期实现贵州人民全部脱贫、摘掉贫困之帽、实现与全国人民同步小康，才能完成新时代赋予我们的崇高历史使命。

贵州人民和其他各界人士在把握新时代贵州精神实质的前提下，还对新时代贵州精神进行了进一步的思考，不断深化其实质，不断将其融入自己的事业当中。“新时代‘贵州精神’的内涵深刻而俭朴，其本质是勤奋，核心是实干”，主要体现在“自强不息的精神品质”“勤劳实干的实践品质”“敢为人先的担当精神”“艰苦奋斗的拼搏精神”“以民为本的人民情怀”。[①] 辛鸣认为“新时代贵州精神是一种与生俱来的历史禀赋，是在贵州连绵不绝的历史长

① 姚启超：《丰富内涵拓展新时代贵州精神》，《贵州日报》2018 年 1 月 16 日。

河中积淀下来，在贵州人民前赴后继的拼搏中凸显出来，在贵州千百年灿烂文化中生长出来的。让人民群众过上更好的生活，已经成为今天贵州党员干部的高度时代自觉。这样的时代自觉让他们真正意识到，团结奋进是真正道路，拼搏创新是发展的‘金刚钻’，苦干实干练本领，后发赶超是硬道理。如果没有这样的自觉意识，没有这样的精气神，不可能有今天贵州的三大奋斗目标、三大战略行动，不可能有信心去打四场硬仗。更重要的，没有这样的精气神，又怎么敢于进行制度变革的创新”[①] “认真把握新时代贵州精神的内在联系”“新时代贵州精神不是可以分割的、彼此孤立的，而是实践与理论、战略与战术、肯定与希望、鼓励与要求的有机统一，十六个字四个方面相互联系、相互贯通、相互促进”。“团结奋进是根本保证”“拼搏创新是根本路径”“苦干实干是根本要求”“后发赶超是根本目的”[②]“在理论与实践的辩证统一良性互动中弘扬新时代贵州精神”“在民族精神和时代精神的有机结合中弘扬新时代贵州精神”“在打好脱贫攻坚战和污染防控攻坚战的相互促进中弘扬新时代贵州精神”“在不忘初心和以人民为中心的紧密结合中弘扬新时代贵州精神”。[③]

2. 新时代贵州精神的特点

首先，贵州之“贵”，尤在于精神。[④] 新时代贵州精神是中华民族和贵州人民的伟大精神在贵州新时代的鲜活实践，也是历代贵州优良传统及历史禀赋在贵州新时代的升华。新时代贵州精神是站

---

① 《时代旗帜　奋进动力——新时代贵州精神理论研讨会专家观点摘录》，《当代贵州》2018 年第 19 期。

② 韦兴生：《对培育和弘扬新时代贵州精神的思考与认识》，《贵州日报》2017 年 12 月 13 日。

③ 郭建宁：《新时代贵州实践的精神动力和思想引领》，《贵州日报》2018 年 7 月 17 日。

④ 《新时代贵州精神理论研讨会举行》，《光明日报》2018 年 5 月 10 日。

在新时代的起点，立足贵州新时代的发展现实提出来的，更是高瞻远瞩，以全国为视野提出来的，它充分体现了马克思主义原理的部分与整体、特殊与一般、个性与共性的辩证统一，为新时代贵州的发展提供了强大的精神动力。新时代要坚定理想信念、凝聚人民力量，劲往一处使、心往一处想，推动经济社会发展。其次，新时代贵州精神具备贵州特色。2017 年 11 月 8 日，《贵州日报》摘登贵州省社科理论界学习贯彻党的十九大精神座谈会专家发言："弘扬中国精神需要各地结合实际努力探索，也就是要探索中国精神在不同地域的具体表达方式、表现形式和实践路径。"新时代贵州精神立足贵州当地实际，重在富有成效地解决当地重大现实问题，充分展示了本地特色。"贵州是我国少数民族最多的省份之一，各民族由于共同的利益和命运，形成了世世代代相互依存的关系，这是贵州的重要特点也是重要优势。从全国而言，贵州属于欠发达地区，这是发展经济的劣势。从另一个角度看，一般欠发达地区的生态环境和资源状况比经济发达地区要好一些，这又是建设生态文明的优势。贵州要形成绿色系统思维，通过步步为营、久久为功，换来蓝天常在、青山常在、绿水常在，并努力形成一批在其他地区可复制可推广的制度成果，不辜负党中央和习近平总书记的厚爱和期待。"① 最后，新时代贵州精神具备时代性与实践性。"新时代贵州精神就是谱写新时代中国特色社会主义贵州新篇章的精神动力和思想引领，是习近平新时代中国特色社会主义思想在贵州的落地生根和生动实践。人民至上、以人民为中心是习近平新时代中国特色社会主义思想的基本立场和核心理念。我们要按照总书记的要求，拜

① 《时代旗帜　奋进动力——新时代贵州精神理论研讨会专家观点摘录》，《当代贵州》2018 年第 19 期。

人民为师，向人民学习，永远与人民同呼吸、共命运、心连心，以‘功成不必在我’的精神境界和‘功成必定有我’的历史担当，逢山开路，遇水架桥，攻坚克难，奋力前行。坚持创新驱动，实现高质量发展。让新时代贵州精神更加深入人心，在多彩贵州凝聚起磅礴力量，谱写新时代贵州实践的绚丽篇章。”① 新时代贵州精神传承中华优秀文化、贵州文化的根本基因，与中国特色社会主义新时代相结合，形成具有鲜明特色的贵州精神，时代性是特色之一，这种精神又立足本地实际情况，作为一种可贵的精神财富来引领贵州人民解决重大现实问题，具有很强的实践特性。习近平总书记高屋建瓴地提出希望贵州培育和弘扬“团结奋进、拼搏创新、苦干实干、后发赶超”的精神，对于推进中国精神与各地具体情况相结合做出了具有重要意义的指导，为地域精神的构建指明了方向，更是贵州人民实践中国精神的行动指南。面临决战全面小康的大背景，新时代贵州精神强调在团结创新的基础上做到干起来、超起来，突出了新时代努力实现新飞跃的新要求、新特点，彰显了中国精神在新时代的时代性和实践性特征。

3. 新时代贵州精神是文化自信的现实表现

贵州省委十二届二次全会强调，习近平总书记提出的大力培育和弘扬“团结奋进、拼搏创新、苦干实干、后发赶超”的精神，就是新时代贵州精神，这是文化自信对新时代贵州精神的现实表现。中华优秀文化是中华民族，也是贵州民族的血脉、灵魂、精神家园，是维系我国统一和各民族团结的精神纽带，是贵州人民生命力、创造力和凝聚力的集中体现，是贵州人民最鲜明的精神旗帜。

① 《时代旗帜　奋进动力——新时代贵州精神理论研讨会专家观点摘录》，《当代贵州》2018 年第 19 期。

新时代贵州精神彰显了中华民族和贵州人民的伟大精神，互助互爱、团结协作是贵州文化谱系中最基本的道德要求，就自然会有“团结奋进”；拼搏与创新历来是贵州文化的精神特质，就自然会有“拼搏创新”；重在干事是贵州人民固有的精神风貌，自然就有“苦干实干”；不甘落后是贵州人民独特的精神标识，自然就有“后发赶超”。新时代贵州精神是普遍性与特殊性的统一，这个精神是全国的，也是贵州的。不仅对贵州，还对其他西部兄弟省份，尤其对欠发达地区具有重要的指导意义，是新时代贵州取之不尽的精神力量，也是党和全国人民非常宝贵的精神财富。新时代贵州的文化自信既体现要扶贫攻坚、人民共同小康，也要防止污染，从而促进贵州的后发赶超和持续发展；新时代贵州文化自信同时还体现在以人民为中心和不忘初心的情怀，就是要把新时代贵州精神落到实处。在贵州同步小康的战略机遇期，新时代贵州精神体现在激发贵州每个人、每个部门、每个行业的无比强大的精神动力，凝聚起贵州人民的无穷智慧和力量，激发全省人民干事创业的热情，从而才能实现新时代贵州跨越式发展。“培育、弘扬新时代贵州精神，是提升、强化贵州人文化自信的新抓手，是构筑贵州‘精神高地’的新举措，也是贵州冲出‘经济洼地’的新动力。把学习、贯彻、落实新时代贵州精神与实现贵州全面跨越同步实施、同步推进，能够收到同步提升、同步跨越的良好效果”① “民族精神植根民族文化源头，时代精神立足时代发展潮头。新时代贵州精神同中国精神一样，既要传承，又要创新。要立足改革开放和新时代中国特色社会主义伟大实践，敢于拼搏，勇于创新，始终保持奋发有为、昂扬向上的精神状态。新时代贵州精神是民族精神和时代精

① 徐圻：《“新时代贵州精神”与贵州人的文化自信》，《贵州日报》2018 年 6 月 19 日。

神的统一，是以爱国主义为核心的民族精神和以改革创新为核心的时代精神在贵州的具体体现，是贵州后发赶超、跨越发展的强大力量”。[①]

源自文化自信的新时代贵州精神在现实生活中展现了丰富多样的形态。贵州人民在文化自信的基础上，充分体现“团结奋进、拼搏创新、苦干实干、后发赶超”的精神，形成了众多的新时代贵州精神样板。“‘新时代贵州精神’成长在贵州发展的火热实践中。在开创多彩贵州新未来的伟大征程中，实践的课题在增加，也必然会创造出许许多多新的精神财富。‘新时代贵州精神’即是对这些精神财富的最好概括，必须坚持在实践中不断加以深化发展。”[②] 坚定团结奋进的理念，近年来，贵州全省人民思想统一、行动一致，同心同德奏响了干事创业、后发赶超的最强音，全省形成了强大的增量合力和团结共进新时代的文化基因，在攻坚克难中取得了巨大成就。践行拼搏创新并将其耦合起来，这是我国传统文化蕴含的价值观、方法论与贵州积淀的特色文化中蕴含的自强精神、人格理想的有机统一。我们在新时代要保持和发展这种文化生命力，在实践中推动拼搏创新。坚守苦干实干之准则，苦干实干诠释了对党的无比忠诚，为人民勇于谋福祉，这一准则和贵州人民的人文境界在新时代务必坚持。贵州人民近年来坚定后发赶超这个信念，这是把贵州的比较优势、后发优势充分转化，构建为产业之优势、市场之优势；这是以超常规之举措、以先人一步的赶超速度的文化自信的总结。在文化自信中让新时代

---

① 郭建宁：《新时代贵州实践的精神动力和思想引领》，《贵州日报》2018 年 7 月 17 日。

② 熊明通：《在实践中领会新时代贵州精神真谛》，《贵州日报》2018 年 4 月 17 日。

贵州精神扎下深根，[1] 要大力推动新时代贵州精神与中华优秀传统文化、社会主义核心价值观统一和融合起来。在文化自信中让新时代贵州精神结出硕果，要体现在大力推动经济更加发达兴旺的生动实践上，也要体现在推动全部工作更加求真务实的生动实践上。新时代贵州精神化为绵绵不绝的动力，激励贵州人民勇于干事创业，冷洞村人在石旮旯里种出美丽的金银花，长顺干部用背篼背出了深深的干群鱼水情，"当代愚公"黄大发在绝壁上凿出了贵州的"红旗渠"，邓迎香在石山上开辟了村民幸福路，"罗甸县沫阳镇麻怀村党支部书记邓迎香在1999年至2011年的13年时间里，带领村民用常人难以想象的艰辛、坚韧与执着，在大山的肚子里挖出一条隧道，把通往山外两个多小时的崎岖山路，变成了15分钟的致富大道，创造了'敢于挑战、锲而不舍、勇于突破、协力攻坚'的'麻怀干劲'"[2] ……在古朴而崭新的大地上，新时代贵州精神生生不息、久久回荡。新时代贵州精神，寄托着习近平总书记对新时代贵州发展的殷切期望。这些年来，贵州人民迈过了千千万万看似不可逾越的坎，并且取得了令世人瞩目的成就。虽然成绩很突出，可是差距还不小。在新时代，贵州人民更加志气冲天、充满自信、奋斗作为、挺起脊梁、精神抖擞朝前迈进，以自己的双手彻底撕下往昔贴在身上的贫困落后的标签，在新时代频频亮出贵州亮丽的名片。

4. 新时代贵州精神结出累累硕果

在新时代贵州精神指引下，贵州人民取得了丰硕的成果。经济社会发展取得辉煌的成绩，站在了新起点，迈入了新阶段。"'多

---

① 李裴：《在增强文化自信中推动新时代贵州精神扎根、开花、结果》，《贵州日报》2018年5月10日。

② 白明政：《"麻怀干劲"新时代贵州精神的启示》，《贵州日报》2018年11月27日。

彩贵州’是对贵州文化特征的完美诠释，‘多彩贵州’文化品牌已成为贵州鲜明的文化名片和形象符号。做大做强‘多彩贵州’文化品牌，是提升贵州文化自觉、增强文化自信、实现文化自强的正确途径。增强贵州文化自信仍需深挖‘多彩贵州’文化标识深层的精神内涵，以支撑和推动贵州‘精神高地’的构筑，进而促使贵州冲出‘经济洼地’，创建美丽和谐的新贵州，增强贵州各族人民的文化自信，为实现贵州经济社会‘后发赶超’提供强大的精神力量”“正在逐步‘走出贵州经济洼地，构筑精神高地’的贵州人民，在深入实施大扶贫、大数据、大生态战略，正努力后发赶超，迈向‘百姓富、生态美、开创多彩贵州新未来’的新征程，高度重视贵州文化挖掘传承、发展繁荣，打造出了以体现贵州大地为元素的文化品牌，即‘多彩贵州’文化”。“‘多彩贵州’作为一个文化品牌，于2005年启动兴起，历经13年‘风雨兼程’，已逐渐获得人们认可。目前‘多彩贵州’文化品牌开发了一系列文化子品牌，已成体系，形成了‘多彩贵州·风、艺、赛、会、游、味、酿、茶、养’等子文化产业体系，随着文化品牌的溢出效应，贵州人的文化自信陡然提升，‘新时代贵州精神’逐渐得到培育和弘扬”。①

2018年1月26日贵州省第十三届人民代表大会第一次会议上的《政府工作报告》指出：

五年来，我们按下“快进键”、跑出“加速度”，经济社会发生了深层次、根本性变化，被习近平总书记赞誉为党的十

① 刘吉昌、聂开吉：《贵州文化自信发展路径之思考——以做大做强“多彩贵州”文化品牌为例》，《贵州民族大学学报》（哲学社会科学版）2018年第6期。

八大以来党和国家事业大踏步前进的一个缩影。

综合经济实力大踏步前进。地区生产总值年均增长10.9%，增速连续保持全国前两位，总量突破万亿元、达到1.35万亿元，人均达到3.8万元，在全国的位次分别上升1位和2位；固定资产投资、一般公共预算收入、金融机构存款和贷款余额年均分别增长23.9%、11.5%、19.9%和20.3%，达到1.5万亿元、1613.6亿元、2.6万亿元和2.1万亿元，在全国的位次上升8位、2位、4位和2位，与全国差距进一步缩小，实现了赶超进位的历史性跨越。

决战脱贫攻坚大踏步前进。减少农村贫困人口670.8万人，易地扶贫搬迁173.6万人，贫困发生率从26.8%下降到8%以下，减贫和搬迁人数全国最多，创造了全国脱贫攻坚“省级样板”。

基础设施建设大踏步前进。西南交通枢纽地位全面巩固提升，新增高速公路3203公里，率先在西部地区实现县县通高速公路；高速铁路从无到有，营业里程达到1214公里，形成贯通长三角、珠三角、京津冀和川渝滇的快速通道；通航机场市州全覆盖。建成世界最大单口径射电望远镜“中国天眼”、世界第一公路高桥杭瑞高速北盘江大桥、贵州首个大型水利枢纽工程黔中水利枢纽等标志性工程。

改革开放创新大踏步前进。获批建设国家大数据综合试验区、生态文明试验区、内陆开放型经济试验区，在全国率先开展30多个方面的系统性试验。实施1400多项改革，形成1800多项改革成果，供给侧结构性改革和农村“三变”、行政审批、能源、司法等改革走在全国前列。122家500强企业入驻贵州。绿色经济占地区生产总值比重提高到37%。

增进民生福祉大踏步前进。城镇新增就业349.2万人，城镇、农村居民人均可支配收入年均分别增长9.3%和11.4%，劳动者报酬提高幅度全国第一，率先实现农村义务教育学生营养改善计划全覆盖、率先全面免除中职学生学费、率先实现医疗卫生“五个全覆盖”，群众获得感幸福感安全感明显增强。

报告指出：“刚刚过去的2017年，我们以习近平新时代中国特色社会主义思想为指导，坚决贯彻落实中央和省委决策部署，经济社会发展呈现稳中有进、转型加快、质量提升、民生改善的良好态势，地区生产总值、农业增加值、服务业增加值、建筑业增加值、电信业务总量五项指标增速全国第一，固定资产投资、农村居民人均可支配收入两项指标增速全国第二，其他主要指标增速稳居全国前列。一是经济增速持续领先。地区生产总值增10.2%。农业、规模以上工业、服务业增加值分别增长6.5%、9.5%和11.5%。固定资产投资、社会消费品零售总额和金融机构存款、贷款余额分别增长20.1%、12%和9.8%、16.8%。二是脱贫战果持续扩大。春季攻势、夏季大比武和秋季攻势节节胜利，减少农村贫困人口120万人，组组通公路建成2.5万公里，易地扶贫搬迁76.3万人，实施产业扶贫项目1.5万个，257万人次享受‘四重医疗保障’，完成20万户农村危房‘危改’‘三改’，资助贫困家庭学生83万人。三是质量效益持续提升。规模以上工业企业利润增长46.4%。一般公共预算收入增长7.2%，其中非税收入占比下降到26.9%。四是动能转换持续加快。新经济占地区生产总值比重提高到18%，规模以上高技术产业、装备制造业增加值分别增长39.9%和26.6%，新增市场主体69.5万户。五是改革开放持续推进。建立能源工业运行新机制，农村‘三变’改革县域全覆盖，启动新一轮国有企业战略性重组，推动地方金融体系创新。获批建设遵义综保区、贵阳临空经济示范区，安顺高新区升格为国家级。进出口总额增长46.2%。六是人民生活持续改善。城镇新增就业76.9万人，城镇、农村居民人均可支配收入分别增长8.7%和9.6%，新增22个县（市、区）实现义务教育发展基本均衡，城乡居民基本医保政府补助标准提高到450元，城镇、农村低保标准分别提高10%和15%。”[①]

在《政府工作报告》充分肯定成绩的同时，我们也清醒地认识到发展不平衡不充分的问题还比较突出，面临的挑战还比较多。主要是：经济总量偏小、人均水平偏低，贫困人口多、贫困面大，决战脱贫攻坚、决胜同步小康任务仍然繁重；工业化、城镇化滞后，工业规模小、龙头企业少，质量效益不够高，实体经济发展困难不少，产业投资占比低，民营经济发展不够充分，推动结构调整、促进转型升级任务仍然繁重；制约发展的体制机制障碍还不同程度存在，参与国际国内分工能力弱，科技支撑和引领发展的能力不强，深化改革开放、加快创新发展任务仍然繁重；群众在就业、教育、医疗、养老等方面还有不少困难，安全生产、污染防治、网络安全等领域还有不少难题，一些领域风险隐患不容忽视，保障改善民生、加强社会治理任务仍然繁重；一些干部适应新常态、研究新问题、破解新难题的能力不强，对一些重大改革举措和政策的落实不够到位，不作为慢作为乱作为问题还不同程度存在，转变政府职能、提高行政效能任务仍然繁重。我们一定要正视困难，直面问题，攻坚克难，决不辜负党中央的重托和全省人民的期望！[②] 报告清醒认识

① 谌贻琴：《政府工作报告》，《贵州日报》2018年2月5日。
② 谌贻琴：《政府工作报告》，《贵州日报》2018年2月5日。

到贵州当前发展不平衡不充分的突出问题，以及面临的挑战，并敢于直面问题、正视困难、攻坚克难，决不辜负党中央的重托和全省人民的期望，这也正是贵州精神在新时代的体现、丰富和发展。

看到成就，继续前行，正视不足，并着力解决，这也正是新时代贵州精神的体现和可贵之处。在“团结奋进、拼搏创新、苦干实干、后发赶超”的新时代贵州精神指引下，贵州人民一定能够守好发展和生态两条底线，努力创新发展思路，充分发挥后发优势，全力决战脱贫攻坚，奋力决胜同步小康，在新时代再写贵州发展新篇章，必将开创生态美、百姓富的多彩贵州新未来。新时代贵州精神不仅是贵州人民的精神，也是全国人民的新时代精神，对贵州和全国都有着重大的时代意义。

2019 年 1 月 27 日在贵州省第十三届人民代表大会第二次会议上，省长谌贻琴所做的《政府工作报告》指出：

> 过去一年，是我省发展历程中具有特殊意义的一年。习近平总书记先后为 2018 中国国际大数据产业博览会和生态文明贵阳国际论坛 2018 年年会发来贺信，对毕节试验区等工作作出重要指示，充分体现了对贵州发展的高度重视和对贵州人民的关怀厚爱，为我省发展指明了前进方向、注入了强大动力！一年来，在中共贵州省委的坚强领导下，在省人大、省政协的监督和支持下，我们坚持以习近平新时代中国特色社会主义思想为指导，认真贯彻党的十九大和习近平总书记在贵州省代表团重要讲话精神，全面落实习近平总书记对贵州工作重要指示，统筹推进“五位一体”总体布局，协调推进“四个全面”战略布局，树牢“四个意识”，坚定“四个自信”，坚决做到“两个维护”，坚持新发展理念，坚持稳中求进工作总基调，

坚持以脱贫攻坚统揽经济社会发展全局，落实高质量发展要求，牢牢守住发展和生态两条底线，全面深化改革开放，全力打好三大攻坚战，强力推进三大战略行动，着力加快三大国家级试验区建设，经济社会发展取得显著成绩。

经济增速继续领先。地区生产总值增长 9.1%，增速居全国第 1；固定资产投资增长 15.8%、农业增加值增长 6.8%、金融机构贷款余额增长 18.5%，增速均居全国第 1，继续保持赶超进位良好势头。

脱贫攻坚连战连捷。减少贫困人口 148 万人、贫困发生率下降到 4.3%，14 个贫困县成功脱贫摘帽，易地扶贫搬迁入住 76.19 万人，朝着按时打赢脱贫攻坚战的目标迈出了关键步伐。

农村产业革命取得历史性突破。调减低效玉米种植面积 785 万亩，新增高效经济作物 667 万亩，粮经饲比例进一步优化，一些地方农村祖祖辈辈种玉米的传统、样样都有样样都不成规模的历史正在加快改变。

发展质量明显提升。全员劳动生产率提高到每人 6.8 万元，科技进步贡献率提高到 48.6%，制造业增加值占规模以上工业增加值比重达到 70.6%，现代服务业占服务业比重提高到 41%，旅游业持续“井喷”，新经济、绿色经济、民营经济占比分别达到 19%、40% 和 55%，新旧动能转换加快。

大数据产业蓬勃发展。1625 户实体经济企业与大数据实现深度融合，电信业务总量增长 165.5%，电子信息制造业增加值增长 11.2%，规模以上软件和信息技术服务业、互联网和相关服务营业收入分别增长 21.5% 和 75.8%。国家电子政务云南方节点建成。国家大数据综合试验区建设向纵深推进。

生态环境持续向好。完成国家生态文明试验区 11 项年度

> 改革任务。在全国率先实施磷化工企业“以渣定产”，全域取缔网箱养鱼，县城以上城市空气质量优良天数比例保持97%以上，主要河流出境断面水质优良率保持100%，森林覆盖率提高到57%。梵净山列入世界自然遗产名录，我省成为全国世界自然遗产最多的省份。
>
> 民生福祉全面增进。城镇新增就业77.7万人，城镇、农村常住居民人均可支配收入分别增长8.6%和9.6%，农村学前教育儿童营养改善计划全覆盖，在西部率先实现县域义务教育基本均衡发展，在全国率先建成省市县乡四级公立医院远程医疗服务体系，开展远程医疗会诊服务23.6万例。建成城镇保障性安居工程35.78万套，改造农村危房20.64万户。人民群众得到实惠越来越多。①

报告同时指出，“过去一年取得的成绩，十分不易。国际环境错综复杂，国内需求增长放缓、发展动能仍然不足，经济下行压力逐步加大；我省多年积累的结构调整阵痛凸显，要素约束趋紧，风险和挑战明显增多。面对前所未有的困难，我们坚决贯彻落实中央和省委的决策部署，始终保持战略定力、工作定力、作风定力，下大力研究问题、破解难题，迎难而上、排难而进，实现了本届政府良好开局!”并强调：“过去一年能取得这样的成绩，是以习近平同志为核心的党中央掌舵领航、对贵州关怀厚爱的结果；是省委坚强领导的结果；是省人大、省政协监督支持的结果；是全省各族干部群众牢记嘱托、感恩奋进，大力弘扬新时代贵州精神的结果。”

2019年是新中国成立70周年，是决胜全面建成小康社会第一

---

① 谌贻琴：《政府工作报告》，《贵州日报》2019年2月11日。

个百年奋斗目标的关键之年，是贵州省脱贫攻坚决战之年，做好全年经济社会发展各项工作至关重要、意义重大。《政府工作报告》提出2019年贵州省经济社会发展的主要预期目标是："经济增长目标：地区生产总值增长9%左右、力争超过1.6万亿元。一二三产业分别增长6.8%、9.5%和10%，规模以上工业增加值增长9%。固定资产投资增长13%左右，社会消费品零售总额增长10%左右。脱贫攻坚目标：减少农村贫困人口110万人，18个县通过脱贫摘帽考核验收，17个县达到脱贫摘帽标准，全面完成188万人搬迁任务。高质量发展目标：全员劳动生产率提高到每人7.3万元左右，科技进步贡献率提高到50%左右，新经济、绿色经济、制造业占地区生产总值比重分别提高到20%、42%和25%左右。常住人口城镇化率提高到49%。县城以上城市空气质量优良天数比例保持在95%以上，森林覆盖率达到58.5%，节能减排降碳指标控制在国家下达计划范围内。民生保障目标：城镇新增就业75万人，城镇调查失业率、登记失业率分别控制在5.5%左右和4.2%以内。城镇、农村居民人均可支配收入分别增长9%左右和10%左右。居民消费价格指数涨幅控制在3%左右。"

在贵州省脱贫攻坚决战之年，贵州人民以"团结奋进、拼搏创新、苦干实干、后发赶超"的新时代贵州精神为支撑，更加紧密地团结在以习近平同志为核心的党中央周围，在中共贵州省委的领导下，牢记嘱托、感恩奋进，为脱贫攻坚而努力拼搏，为小康梦想而不懈奋斗，一定能够圆满完成全年经济社会发展各项任务，以优异成绩庆祝新中国成立70周年！贵州人民一定能够"团结奋进、拼搏创新、苦干实干、后发赶超"，如期实现两个一百年奋斗目标，为中华民族的伟大复兴做出自己的贡献。

第三章 贵州文化自信建设的现实途径

一 充分挖掘和传承中华优秀传统文化中的“阳明文化”

中华传统文化历经几千年历史的沉淀和传承，饱含着深厚的文化底蕴，是代表中华民族特质和精神的文化。优秀的传统文化是我们民族精神的核心和灵魂，为中华民族世代相传。党的十九大报告中，明确提出“坚定文化自信，推动社会主义文化繁荣兴盛”，[①]伟大的中华民族孕育了优秀的中华传统文化，在此基础上结合实际产生了顺应社会发展的中国特色社会主义文化。而王阳明文化更是我国优秀传统文化中的精华。习近平总书记十分重视王阳明的学说，在多次发言中提到了王阳明文化对解决当代人类面对发展困境的启示，指出了在当代发展王阳明主要思想的意义和价值。哈佛大

① 习近平：《决胜全面建成小康社会　夺取新时代中国特色社会主义伟大胜利——在中国共产党第十九次全国代表大会上的报告》，《人民日报》2017 年 10 月 28 日。

学杜维明教授曾言：“21 世纪是王阳明的世纪。”[①] 王阳明心学在贵州创立，是阳明先生被贬至龙场驿后磨砺自身、升华自我、大彻大悟探索到的心学之理。为了弘扬新时代贵州精神，我们要进一步探索、组织、弘扬和实践王阳明文化，把它与贵州传统精神和新时代贵州精神结合起来，建设贵州精神高地。

（一）王阳明的思想成就及其历史地位

王阳明与孔子、孟子、朱子为儒家学派杰出的四位思想家，合称为“孔孟朱王”。其中王阳明是中国传统心学思想的集大成者，其“阳明心学”主要强调“心外无理”“知行合一”“致良知”等思想，是对儒释道三家进行的创造性融合，代表了朱子之后理学发展的又一思想高峰。王阳明为求学求圣做过很多努力与尝试，历经“五溺三变”，其知己湛若水总结阳明先生一生辗转沉溺于任侠、骑射、辞章、神仙（道）、佛事，涉猎兵家、道家、仙家、佛家以及程朱理学，此番为学经历同时也使阳明先生最终创立的心学思想体系具备了兼收并蓄、融会贯通的特点。官场的浮沉与朝堂的黑暗带给王阳明贬至龙场的苦难困顿，同时也给予他“龙场悟道”的机遇，随后他屡屡建立不世之功，破山贼、平宁王、征思田、破八寨，在重重困境中打磨锤炼自己，在这一过程中，他的思想也不断得到成长、丰富和深刻，最终其真正成为立德、立功、立言三不朽的一代传奇圣人。[②] 阳明心学不仅成为中华优秀传统文化的亮点，绵延传承至今，且传播广泛、影响深远。阳明心学倡导人们关注自己的内心，注重主体进行道德实践，最适于日常生活的学习和实践，是别

---

① 陈永：《量子纠缠与阳明心学》，《科技经济导刊》2016 年第 12 期。

② 刘宗碧：《阳明文化在贵州》，《贵州师范大学学报》（社会科学版）2014 年第 5 期。

具一格的人生哲学。在这个浮躁的时代，深入学习和研究一代“心学”宗师王阳明跌宕起伏的个人经历，体会其中蕴含的生存生活的大智慧，真正贯通“知行合一”的心学智慧，感受浑厚的精神能量，必然会帮助个体获得健康的心灵，完善的人格和强大的精神力量，最终提升个人乃至社会的整体品质，为经济社会发展提供强大的精神动能。

（二）王阳明思想产生的背景

1. 社会历史背景

王阳明（1472～1529年），幼名云，字伯安，别号阳明，浙江绍兴府余姚县人。“一切已往的道德论归根到底都是当时的社会经济状况的产物。”[①] 他的“知行合一”思想“因时弊而发”，受明中期特殊的经济、政治、文化环境的影响，在对先贤思想成果进行批判和继承的基础上，结合自身跌宕起伏的经历应势最终成形，具有深刻的社会历史背景和明确的目的。

其一，明中期的中国封建社会处于一次新的社会危机当中。首先，空前激烈的土地兼并造成严重的流民问题，危及封建经济。“土木堡之变”暴露出皇室宗亲及朝廷宦官凭借政治特权任意圈占土地，农民不仅失去大量土地，而且需要承担沉重的赋税，被迫四处逃亡。“流民阶层”导致明中期农业生产和土地赋税政策空有其章，国家财政紧张，经济发展严重滞后。其次，发展迅速的商品经济和资本主义的萌芽，导致封建经济内部被破坏。资本主义作为一种新的经济模式率先在东南沿海萌芽，然而明后期封建统治者并未顺应经济发展趋势颁布鼓励政策，反而坚持“重农抑商”的政策，遏制了尚处于摇篮中的商品经济的发展。新的经济形式引发经商逐

① 《马克思恩格斯选集》（第三卷），人民出版社，1972，第133页。

利的社会风气，封建伦理纲常受到商品经济的冲击，在一定程度上导致社会成员思想观念及行为朝着功利化、世俗化方向转变，王阳明身处其中，敏锐地观察到和发现了这一状况。

其二，匡扶社稷是王阳明思想和行动的政治初衷。明中期风雨飘摇、内忧外患，总体呈现由盛转衰的迹象，阶级矛盾十分尖锐，特别是统治阶级腐败，导致出现农民起义等诸多不安定因素，引发社会不安以及封建统治根基动摇。王阳明身处封建官僚、士大夫中间，对明中期政治昏聩的状况和风气深有感触。他清楚地认识到明中期皇帝的昏庸无能以及以刘瑾为首的“八虎”宦官反动政治集团的势力强大，窃取朝政大权，设立东厂、西厂特务机构，与外廷政治势力勾结倾轧朝堂官员，残害朝廷忠良的状况。另外，皇室、勋贵、宦官及地方豪族凭借特权大肆掠夺民田，加之地租、赋税日益加重，大批农民离开家园，或入野垦荒，或上山采矿，甚至落草为寇，流民遍布全国，最终导致农民揭竿起义。同时，鞑靼等部族势力于明朝外围兴起，对明朝北疆边境不断进行骚扰和攻击，引发和酿成军事争端，导致边境侵扰骚乱，甚至在严重威胁明朝统治者封建统治的同时，对封建伦理纲常产生猛烈冲击。

其三，王阳明自身跌宕起伏的个人经历。阳明心学的形成与发展，同王阳明个人生平经历、学术思想的形成与发展过程有根本性的内在关联。首先，王阳明个人优良的家教和家世背景为他的成长奠定了坚实的基础，王阳明出生于较开明的封建官宦家庭，祖辈世代接受儒家思想的熏陶，有浓厚的家庭文化氛围，他的一生始终与学问相伴，与讲学相随，他的成圣之学沾溉于家族的春风夏雨，更兼体内故家乔木的精血。王阳明从小立志以“读书学圣贤”为人生第一等事，一心探索儒家成圣之路。明中期以程朱理学为正统官学，王阳明早年信奉程朱理学，为参悟万物之理格竹遇疾，在隐士祖父与状元父亲的启发下投身科考，为自己的成圣之路找到正确平台。虽遭遇会试不第，但“以不得第动心为耻”。其次，王阳明为求学求圣历经“五溺三变”，他的知己湛若水总结王阳明一生辗转沉溺于任侠、骑射、辞章、神仙（道）、佛事，涉猎兵家、道家、仙家、佛家以及程朱理学，为学经历同时也使王阳明最终创立的心学思想体系具备了兼收并蓄、融会贯通的特点。再次，明武宗时期，宦官乱政，以刘瑾为首的“八虎”祸乱朝纲，百官不满，纷纷上书劝谏皇帝剪除刘瑾，反遭宦官戕害，罢官还乡或入狱惨死者众多。此时，王阳明上疏直言，因此得罪权奸刘瑾，被廷杖四十，投入诏狱，身心遭受极大摧残。最后，官场的浮沉与朝堂的黑暗带给王阳明贬至龙场的苦难困顿，同时也给予他“龙场悟道”的机遇，万重艰难锤炼着他的意志，考验着他“成圣”的决心。他以追求“圣人之道”的坚定信念对蛇虫瘴气的威胁和饥饿困顿的烦忧予以克服，浑然忘却得失荣辱的境遇。至此，他对道德理性与道德意志的力量产生了真切感受，坚信通过人性的觉醒与道德的自觉可以产生不可估量的力量，从而帮助人克去私心杂念，道德行为得以正确养成，这是他在长期积累的基础上，于龙场一朝得悟的人生体验。[①] 随后，他屡屡建立不世之功，破山贼、平宁王、征思田、破八寨，在重重困境中打磨锤炼自己，在这一过程中，他的思想也得以成长、丰富和深刻。阳明心学倡导人们关注自己的内心，注重主体进行道德实践，最适于日常生活的学习和实践，是别具一格的人生哲学。它不仅成为中华优秀传统文化的亮点，绵延传承至今，而且传播广泛，影响深远。

---

① 刘宗贤、蔡德贵：《阳明学与当代新儒学》，中国人民大学出版社，2009，第 96 页。

2. 学术理论渊源

王阳明思想是中国传统思想的精华，是中国文化的基本命题。古代典籍《尚书·说命中》提到“非知之艰，行之惟艰”[①]，这一朴素的知行观涉及知行关系问题的某些方面，“知”主要意思为知道、了解，“行”主要指践行，这里的知和行本质上尚未与知识或道德产生联系，严格意义上并非“知行合一”理论的起源。哲学家们对知行思想不同角度和侧重的讨论及思辨主要集中在先秦、宋明两个时期。王阳明在对孔孟等哲学家前辈的思想精髓和论述加以继承的基础上，针对程朱理学“知先行后”的弊端，在总结和思考后提出了独树一帜的“知行合一”思想。

其一，先秦诸子的知行思想。“知行合一”最早出自宋元之际儒学家金履祥所著的《论语集注考证》中的“圣贤先觉之人，知而能之，知行合一，后觉所以效之”。对道德教化的强调是传统儒家哲学一直坚持的，所以谈知行问题必然会对道德认识与道德实践的意义有所涉及。第一个自觉探讨知行问题的是春秋末年的大思想家、儒学创始人孔子。他在《论语》中论述知识起源有“生而知之”与“学而知之”两种，所谓“学”，实际兼有“知”“行”二义，一方面指求得知识的途径，另一方面讲道德修养的问题，强调行为先。这为之后知行观的研究和发展打下了理论基础。承自孔子“生而知之”论述，孟子对“良知良能”说的阐发以人性本善为出发点，认为人的行为只是一种符合先天性道德的活动。他指出，“人之所不学而能者，其良能也。所不虑而知者，其良知也。孩提之童无不知爱其亲者，及其长也，无不知敬其兄也。亲亲，仁也；

① 《论语·季氏》，岳麓书社，2000，第161页。

敬长，义也”。[①] 他明确主张知先行后，否定人的知识（包括道德观念）源于客观实践。荀子作为先秦朴素唯物主义的杰出代表，继承和发展了孔子“学而知之”的经验论因素，与孟子的“良知良能”说形成鲜明对立。他的认识论的一个重要特点是“重视行”以及“知”对“行”的指导作用，指出“行”是个人的生活实践，包括人的一切作为和有目的的活动，主张知行二者并重。以老子为代表的道家，在认识来源问题上，坚决否认“知”来源于实践和感觉经验，明确主张“不行而知”，完全离开“行”来谈“知”。[②] 墨家代表人物墨翟的认识论以感觉经验为认识的唯一来源，同时提出抽象的概念或认识，都源于感觉经验，必须通过感觉经验的检验才能成为真的知识。对行的实际效果的看重，是后期墨家学者带来的发展变化，随之墨家确定了以行来检验知的知行传统。在整个中国知行学说发展过程中，先秦诸子的知行学说作为其中的重要一环，对后世哲学思想的发展产生了广泛而深远的影响。

其二，宋明理学的知行思想。“任何一家学说，无论他怎样地伟大，怎样的创辟，终免不了时代的色泽，摆不脱共同潮流的趋势。”[③] 宋朝以后，中国知行学说的发展进入了新的历史阶段。各派哲学家都清楚地意识到，知行问题不仅是一个单纯的哲学问题，还是关乎国家兴衰存亡和社会治乱隆替至关重要的大问题。宋朝道学家们首先对知行关系的澄清做出比较系统的论述，以北宋二程和南宋朱熹为代表。程朱理学是两宋时期官僚大地主阶级的世界观，是中国封建统治者长期统治经验的理论总结。程颐是程朱一派唯心

---

① 朱熹：《四书章句集注》，中华书局，1983，第 353 页。

② 方克立：《中国哲学史上的知行观》，人民出版社，1997，第 62 页。

③ 钱穆：《阳明学述要》，九州出版社，2010，第 21 页。

主义理学的开创者。他把“知”分为“闻见之知”和“德性之知”①，认为“天下只有一个理”②。程颐的格物致知论有明显的知先说特征，他认为，知为吾所固有，在格以明心中之理的过程中，把行排除在外。他认为知行相系，但知本行次，主张先知后行，他的“知先行后”是从“以知为本”、“识在所行之先”、行难知亦难、“知为本”基础上的知行统一几个方面进行具体分析的，弊端即重知轻行。朱熹作为唯心主义理学的集大成者，沿袭了二程的知行观，对知行关系加以思辨和推崇，主张知行具有相互促进、彼此依赖的关系，他对知行关系的集中论述主要从知先行后、行重于知、知行互发三方面展开。“知行合一”思想可以说是在程朱“知先行后”说的基础上建立并发展壮大的，两者的关系不可割裂。明朝封建统治者阶级在思想领域为加强对人民的控制，一宗朱子之学，令学者“非五经、孔孟之书不读，非濂洛关闽之学不讲”，当时被奉为朱学正统的学说生命力已然枯竭，导致思想的僵化和学术的空疏，这正是王阳明把批判矛头指向程朱理学的重要原因。他认为，朱熹主张格物穷理、问学致知的修养方法掩盖了封建社会一些上层人物道德上的虚伪，同时导致学者学用脱离、言行不一的“时弊”，不仅无益于社会，而且助长了日益严重的社会危机。心学学者陆九渊尚在知先行后的认识范围内，他对知行统一思辨关系的强调主要从“为学有讲明，有践履”的角度出发。王阳明看到了前人对知行思想集中表达出不仅关注知行的顺序，而且注重知行整体相互依赖、相互共存的观点。他通过对前人知行观中“知先行后”说的剔除和“知行合一”观点的吸收、整合，在一定程度

---

① 程颢、程颐：《二程集》，王孝鱼点校，中华书局，1981，第317页。

② 程颢、程颐：《二程集》，王孝鱼点校，中华书局，1981，第196页。

上构筑了他的“知行合一”思想的发端点。显然，王阳明的“知行合一”说乃是对程朱知行观的改造，改造过程中剔除与吸取同在，继承与创新兼得。

3. 王阳明在贵州“龙场悟道”的经历

正如上文所述，王阳明先生少时读书立志以“读书学圣贤尔”为人生第一等事，一心探索儒家成圣之路，践行横渠四句之言。他早年信奉程朱理学，为参悟万物之理格竹遇疾，后在其父的启发下投身科考，为自己的成圣之路找到正确平台。虽遭遇会试不第，但其心志坚定自有目标“以不得第动心为耻”。曾先后辗转于工部、刑部、兵部任职。而明武宗时期正值宦官乱政，以刘瑾为首的“八虎”祸乱朝纲，百官不满，纷纷上书劝谏皇帝剪除刘瑾，但反遭宦官戕害，罢官还乡或入狱惨死者众多。阳明先生时任六品兵部主事，上疏明武宗，直言劝谏，因此得罪权奸刘瑾被廷杖四十，投入诏狱，身心遭受极大摧残。

明正德三年（1508），王阳明被贬谪到贵州龙场驿为驿丞。阳明先生上任之路十分艰难，刘瑾欲置其于死地，一路派锦衣卫盯梢追杀，先生投钱塘江金蝉脱壳，后又在武夷山虎口余生，几经生死，辗转一年多，1508 年春来到了地处贵州西北的龙场。阳明先生于龙场首先面对的是艰苦的生活状况：龙场驿荒芜没有所住之处，开始只能在草庵和山洞中暂居（山洞即后来的阳明小洞天）；由于明朝驿站管理制度的疏漏，阳明先生这个驿丞并无俸禄与用度，更没有粮食，只能自己开荒种地；贵州气候特殊，“天无三日晴”且“下雨如过冬”，阳明先生与其仆人先后都因水土不服大病一场，“天将降大任于斯人也，必先苦其心志，劳其筋骨，饿其体肤”；龙场周边环境有万水千山之险，瘴疠之地多毒蛇虫，交通闭塞、与中原隔离，生活条件极差，缺医少药，商业落后；当地百姓多是苗彝人，阳明先生语言不通，而且信息闭塞，无人能与阳明先生进行思想上的交流，极易产生孤独感。万重艰难锤炼着阳明先生的意志，考验着其成圣的决心。磨难在前，很多人都会倒下，只有内心自有天地、把握自己命运的少数人能够站起来，苦难就是来铸就辉煌的，这就是“金之在冶”。[①] 身为君子，阳明先生于绝地之中，仍保持着内心的蓬勃生机与希望，视险若夷，乐对困境，在排除负面的情绪之后很快沉下心来，带着之前的人生积累，逼迫自己居一石椁俟命自誓，于绝地处动心忍性之余向死而生，终于找到了心中的契机，进行了人生的终极蜕变，实现了精神升华，大彻大悟“圣人之道，吾性自足”，这就是惊世骇俗的“龙场悟道”。

悟道之后，始知“向之求理于事物者误也”，由此产生了心学的著名理论“心即理，心外无物”，阳明心学由此诞生。同时，贵州官员得知阳明先生来此，都纷纷来请教先生问题。于是有《与安宣慰》三书，阳明先生用自己的才学在帮助贵州地方解决与朝廷、少数民族矛盾，对地方安全的维护上做出了无法估量的重大贡献。阳明先生与周边的少数民族起初语言不通，到后来建立了友好关系。他们帮助先生砍树伐木修建居室“何陋轩”，讲学堂“龙岗书院”。一时学子纷纷慕名而来，阳明先生的声名逐渐传播，影响甚广。贵州虽然交通闭塞，少有中原文化渗透，但这里民风淳朴、环境相对比较安宁，使阳明先生“悟道”硕果得到升华，也使贵州成为王阳明庞大心学体系的发端之处。在贵州谪居两年多的时间里，王阳明不遗余力推进当地文教建设，传播中原文化，其中许多精华汇入了“黔学”传统，内化为贵州传统文化精神。

---

① 北京知行合一阳明教育研究院编著《醒来：知行合一传习读本》，机械工业出版社，2017，第 36 页。

（三）王阳明“龙场悟道”的主要思想

“龙场悟道”是王阳明一生中最重要的转折，在艰苦的生活环境中，他不考虑一切荣辱得失，在生死一念尚存之际，体悟到了圣人处此绝境时的心态，终于大彻大悟。始知“心即理”，创立王阳明心学，讲授传播心学思想，成为贵州教育史上的里程碑。

1. “心外无物”及“格物致知”

阳明先生“龙场悟道”首先领悟到的就是“圣人之道，吾性自足，向之求理于事物者误也”，表明本体与功夫的结合。其意为圣人为返璞归纯于天理之人，道德原理和规则都来源于人心。自此心学的奠基理论“心外无物”诞生。“心即理也，天下又有心外之事、心外理乎？”（《传习录·徐爱录》）在王阳明那里，“物即事也”，阳明先生的“心外无物”是指世间任何法则和规律，都不可能脱离人的认识能力而存在，是与主体意向发用密切相关之“事”。[1] 同然，个人的主体意识也不会脱离这些而独立存在。同理，道德原理与道德规则都出自个人的本质需要。阳明先生根据实践道德理论的观点认为，人性和天理是合二为一的，“心”与“物”是不可分割的一个整体，这世上存在的万千事物往往是人的主体意识的自由创造，即自己的知识、态度、感受等投射参与下获得存在的意义和价值，此即构成了一个人对某物的认知。一个人的心是什么样子，他的生命就是什么样子，他眼中的世界就是什么样子，世间万物对他来说就是在个人认知之下的价值存在和精神依托。“心外无物”是哲学史上极具争议的一个话题，也是阳明先生被归为主观唯心主义者的一个重要原因。有一段著名的公案记于

① 于立文：《王阳明全集》，辽海出版社，2014，第431页。

《传习录》中，就是“岩中花树”。其中，阳明先生说：“你未看此花时，此花与汝心同寂。你来看此花时，则此花颜色一时明白起来。便知此花，不在你的心外。”意思是说，在深山中的一朵花自开自落，没有被人看到之前，它归于“寂”，这是说失去了心中的价值归属和精神依托，心无归处，所以说“此花与汝心同寂”。而“此花颜色一时明白起来”的意思是，花本身有颜色，但不同的主体看到的肯定是不同的，“明白”二字的解释是说古时的巫者，把神的意志、精神传达给众人，让人明白这种精神和价值所在。可见阳明先生在强调“必有事焉”，只有具体在事物上，主体才发生类似于看与未看的感官意识指向或已投入其中的现实活动，通过感应的作用赋予客观行为或事物存在的状态，即主体的认识能力决定了物的显示状态能否得到显现，这样关联一下“心外无物”的意义就明白了。[①] 它不同于陆九渊“我心即宇宙，宇宙即我心”中所表述的具有先验的本心及其包含在良心内之“心”。阳明先生的意义更广泛，他更多在阐明“意之所在便是物”，“物”包含构成人类社会实践的各类活动。一切活动都有意识的参与，脱离主体的意识是不可能存在的。物只有作为意的对象才会被赋予意义和价值，是精神世界（心）与物质世界（物）的统一协调。阳明先生的这一思想实际是重在强调主体的实践意向或动机对实施实践行为的重要性。

王阳明“龙场悟道”所得的精髓就是对儒家传统“格物致知”说的全新理解。[②]《大学》核心观念就是“格物致知”。儒家讲究修炼成为圣人的办法就是“内圣外王”，那怎么做到“内圣”？朱熹讲的“格物致知”就是核心，“格物”是儒家君子实现内圣外王的

---

① 郦波：《五百年来王阳明》，上海人民出版社，2017，第 88 页。

② 李坤：《继承弘扬阳明文化　构筑贵州精神高地　返本开新》，《当代贵州》2015 年第 46 期。

起点。他将“格物致知”作为个人修身治学的核心方法，并将“格物”解释为“格物穷理”，其中“理”是客观存在物，不以人的意志为转移，意思是在一事一物中寻找它所包含的道理，把世间万事万物的理一一研究透彻，“致知”就是去穷理，研悟透彻客观事物中包含的理则，再根据一切“理”去下功夫，最终完成正心之目标。而王阳明悟道之后重新诠释了《大学》中“格物致知”的意义，结合早年“格竹”的失败经历，他参悟透了朱子所讲的“格物穷理”的不合理之处，对朱熹“格物”说逻辑上的矛盾进行了克服，他指出在穷尽万物之理后才去“致知”是不可能实现的，宇宙间的事物无穷无尽，永远都了解不到尽头，那就无法去进行下一步的“致知”。而阳明先生所讲的“格物”就是去“格心中之物”，即“格者，正也，正其不正以归于正也。”[①]（《传习录·答顾东桥书》）其中将“物”释为“事”，在“心即理”的理论基础上又可进一步解释为“意之所在”，总体而言就是把我们内心里所存在的这些贪念欲望、思想意识等错误的地方改正过来。“致知”就是去恢复一个人本心所有的良知。“格物致知”就是在“反求诸心”，二者贯穿融合，不应分离为两事，这就彻底否定了朱熹之说。王阳明的“格物致知”新解是格心之不正，于心体上用功，是关乎人主观意念的道德修养理论。悟道之后，王阳明提出的“知行合一”“致良知”其实就是“格物致知”实践之后的深化和延续，最终形成了完整而系统的心学理论体系。

2.“知行合一”的思想

正德三年戊辰，王阳明被谪至龙场，“居贫处困”“动心忍性”，终在龙场大彻大悟。次年，应席元山之聘主讲贵阳学院，

---

① （明）王守仁撰、吴光等编校《王阳明全集》，上海古籍出版社，2012，第547页。

"始举知行合一之教"。阳明先生发现受"知先行后"观念影响，世人出现知而不行的弊端，为补偏救弊，他基于"心即理"提出以"知行合一"概括知行关系的独特观点。他在日常与门人弟子探讨与阐述的同时，结合个人深切经历，逐渐完善和完成了对"知行合一"思想内涵的深化。具体来看，首先，与弟子徐爱解读"知行合一"时比较全面详尽地解释了基本含义；其次，关于人们对"知行合一"误解的重要解释是在他与顾东桥辩"知行合一"时完成的；最后，他晚年警戒弟子务必遵循王门"四句教"，去世前一年，他重提"知行合一"。王阳明是生公说法、事必躬亲的教育家，他尤其强调道德践履对于个人道德修养的重要意义。他终其一生以德化民与身体力行是对"知行合一"学说最好的阐释。吸收和借鉴"知行合一"思想中所蕴含的积极德育价值，必须建立在对这一思想的具体内涵进行深入探寻与细致阐释的基础之上。

（1）"知"的内涵

"知"始见于《左转》"知难而有备，乃可以逞"等语句，古文通"智"，《说文解字》中也有"智，识词也，从白从亏从知"。"知"在广义上有知道、知识、智慧的意思。中国古代儒家思想家讲的"知"不仅包含知识、知觉的名词含义，还包括道德层面认知、求知行为的动词用法。而"德性之知"和"见闻之知"是程朱理学所提出"知"的两种来源，即道德知识和有关具体事物的客观知识。在王阳明哲学中，"知"的范围相较于古代儒家哲学和宋明理学来说更狭小，仅仅指意识或主观形态的知。此外，作为动词，"知"包含求知的过程，相当于"学"，有时则是一种评价，如知孝、知学等。王阳明"知行合一"思想体系沿袭了程朱理学认为的知之来源：人通过感官从外界事物中获得的道德知识以及由此产生的认知、观念，人本心所固有的判断是非善恶的道德观念两种。王阳明明显侧重于对后一种进行阐述，他指出后一种“知”有两层含义：一是每个人与生俱来的道德感和判断力，即“良知”；二是知善知恶的是非之心。《孟子·尽心上》谓：“人之所不学而能者，其良能也。所不虑而知者，其良知也。”“良知”二字便源于此。在孟子看来，“良知”首先是人本性中关于道德价值观念的一种直觉，是先天内在的道德情感[①]，通常表现为“四端”，即恻隐、羞恶、辞让、是非之心；强调它不仅是人德性行为发动的基础，而且是人的一种道德先验结构。王阳明继承了孟子的思想，他认为：“盖良知之在人心，亘万古，塞宇宙而无不同。”从人出生起的日常见闻都是良知的活动，世间的事物都包含良知，人的思维活动都是良知的运动。“良知者心之本体，即前所谓恒照者也。”（《答陆原静书》）良知是心的本体，要时常进行存养和体察。[②]“见父自然知孝，见兄自然知弟，见孺子入井自然知恻隐，此便是良知，不假外求”，正所谓“良知如镜，生其心”。这种“知”是我们本性的表现，是我们面对事物最初的反应，是我们自然而自发地对是非的判断。另外，王阳明强调人人皆可以为圣，人人心中都有良知。这并非指人生而为圣，而是说每个人都有为圣的潜力。“良知良能”虽然是每个人与生俱来的道德意识和能力，是先天存在的是非观念，但在后天环境中，面对各种诱惑侵染，人极易迷失。“知”是王阳明自己内心准则的代表，用以明辨是非，即便无行为表现，仍存在于内心深处，体现了道德的内化与好恶善恶的特点。他要求人们找到并自觉遵循内心良知，发挥良知的自律性作用，彰显向善的正能量，乃至将其奉为人生价值和信条。

① 廖申白：《知“道”的良知——对孟子良知论的实践理智的阐释》，《中国人民大学学报》2009 年第 3 期。

② 于立文编《王阳明全集》，辽海出版社，2014，第 697 页。

（2）“行”的内涵

“行”字较早的记载见于《左传》的“非知之实难，将在行之”[①]和《国语》的“夫民虑之于心而宣之于口，成而行之”。许慎在《说文解字》中将“人之步趋也”[②]释为“道也”。“与知相对的是行，行指行为、活动。在近古哲学中，行亦称为实践”，是张岱年先生在《中国古典哲学概念范畴要论》一书中的阐述。朱熹对儒家经典中“博学、审问、慎思、明辨、笃行”的解析见《四书集注》。他指出：“笃行，所以固执而为仁，利而行也。”[③]这里“行”已经有了道德践履和实行的意义。相较宋朝儒学对“行”的使用，王阳明在“知行合一”思想体系中将“行”的内涵进一步扩大，包含主体表现在外的一切行为以及主体的心理或意念活动两层意义。王阳明认为的“行”包含良知的发动以及产生的主观意念、情感、动机等，并非必须有主观见之于客观的外显的行为活动。[④]他对“行”最具特色的界说应当是对《大学》中“如好好色，如恶恶臭”的举例：“见好色属知，好好色属行。只见那好色时已自好了，不是见了后又立个心去好。闻恶臭属知，恶恶臭属行。只闻那恶臭时已自恶了，不是闻了后别立个心去恶。”[⑤]这是说人在看到好颜色与闻到恶臭而自然萌生喜爱与憎恶的感情或意志时，就已经是“行”了，换到“孝和悌”说也一样。王阳明强调：“我今说个知行合一，正要人晓得一念发动处，便即是行了。”[⑥]这就是说“行”的功夫就是在“良知”去除遮蔽显露出来的过程，

---

① 左丘明：《左传全鉴》，中国纺织出版社，2016，第 47 页。
② 许慎：《说文解字》，江苏古籍出版社，2001，第 139 页。
③ 朱熹：《四书集注》，上海古籍出版社，2007，第 143 页。
④ 方克立：《中国哲学史上的知行观》，人民出版社，1997，第 202 页。
⑤ 王守仁：《王阳明全集（1）》，陈恕编校，中国书店出版社，2014，第 4 页。
⑥ 王守仁：《传习录（下）》，古籍出版社，2001，第 217 页。

体现在其间产生的意念、感情等，并非只有具体的物象变化才能谓之“行”。而正因意念有善恶之分，“行”才有“为善”和“去恶”两种功能。为避免人们因“一念发动处，便即是行”产生“销行入知”或“销知入行”的误解，“王阳明把意志活动也当作行只是从一种特殊意义上所讲”。[①] 另外，王阳明强调“行”就是“致良知”的功夫，具有意志专一性和坚毅性保障下的具体道德实践活动的特点。王阳明赋予本体先天性质，同时也强调，唯有通过后天的功夫才能继续使先天本体获得现实性品格，“行”就是一种在心上做的过程，更多地指向实有诸己，唯有通过切身践履，才能逐渐收获认同感和亲切感，从而使良知内化为自觉的理性意识。

（3）“知行合一”的内涵

王阳明的“知行合一”是一种功夫论，它既针对朱熹“格物”说在修养方法上产生的“心理为二”之弊，同时也为弥补陆九渊“心即理”命题的不足而发，是在此本体论基础上进一步的延伸和重要发展。据《中庸》理解“知”即“道问学”是朱熹所持观点；“行”即“尊德性”为陆九渊所强调，总体上看，二者针对为圣之学重在求知问学还是体认本心及道德践履的争论。王阳明“知行合一”思想的目的是补偏救弊，它是提高个体道德修养的理论。王阳明的“知行合一”思想包括以下几方面内涵。

第一，“知行合一”即立言宗旨。

王阳明在与学生门人探讨“知行合一”时，反复提到一个说法，即“立言宗旨”。“今人学问，只因知行分作两件，故有一念发动，虽是不善，然却未曾行，便不去禁止。我今说个‘知行合一’，正要人晓得一念发动处，便即是行了。发动处有不善，就将

---

① 余怀彦主编《王阳明与贵州文化》，贵州教育出版社，1996，第 45 页。

这不善的念克倒了。须要彻根彻底，不使那一念不善潜伏在胸中。此是我立言宗旨。”[①] “如今苦苦定要说知行做两个，是甚么意？某要说做一个，是甚么意？若不知立言宗旨，只管说一个两个，亦有甚用？”从王阳明的字里行间，我们可以了解到，偏离了“立言宗旨”，非要执着于一词，就无法对“知行合一”作出正确的理解。一般而言，“知行合一”的提出针对的是明中期社会风气败坏、道德水平下降的社会历史背景。当时士人的思想状态受到专制皇权的压迫，维护封建统治官方倡导的程朱理学具有主流价值，其中朱子的知行观表现为知先行后，行重知轻，知行相须。王阳明认为，正因如此才造成知而不行的结果，很多士人借口先知才能行，空喊道德口号，不肯直下承当，多为虚伪的利禄之徒。据他分析，这一现象存在的根源就是“将知行截然分做两件”，王阳明的“知行合一”说“针对冥行妄作的人提出知，针对悬空思索的人提出行”，就是因病发药。王阳明又说，“此虽吃紧救弊而发，然知行之体本来如是，非以己意抑扬其间，姑为是说以苟一时之效者也”[②]，如佛家观点，佛法本无，因谬见而生。知行之分本不需要，也是因为人们的错误态度而有，由于古人将知行分开来说，又引出了新的错误。

“知行合一”的宗旨的主要表现如下。一是上文所述“一念发动处，便即是行”。在这里，意念、动机被看作整个行为过程的初始阶段，在这一意义上，意念之动即是行。但这一说法只体现了“知行合一”的一个方面，只适用于“去恶”，而不适用于“为善”，因此，将知行合一归结为“一念发动处，便即是行”显然不

① 王守仁：《王阳明全集（上）》，上海古籍出版社，2015，第84～85页。

② 王守仁：《阳明全书（册二）（四部备要本）》，台湾中华书局，1949，第54页。

妥。另外，王阳明更强调“知行合一”思想对于朱子知先行后说的批判意义，他在自我阐述以及《答周道通书》中对此都有强调。由此可知，王阳明所关注或针对的不仅是“一念发动，虽是不善，然却未曾行，便不去禁止”的意识，还是“我如今且去讲习讨论，做知的功夫，待知得真了，方去做行的功夫”的想法，[①] 批判的是宋儒知行观错误引导下造成的“先知后行，知而不行”的问题。按照王阳明的说法，指导伦理行为的“知”是良知，是本心自然而有的，他更强调行。所以，王阳明注重的是“知当孝而不去着实尽孝”的现象，也就是说，对“去恶”而言，强调知是行之始；对“为善”而言，强调行才是知之成。总结来看，王阳明的“知行合一”思想是指在道德层面上，关于道德的知识只有在道德行为中才能把握，道德行为会在求取道德知识的过程中自然展开，重点在于扭转士风，躬行践履，使圣贤之学大明于天下。

第二，知行本体同一是基础。

所谓“本体”，指的是本来状态或本来意义，知与行就本来意义而言，是相互联系、相互包含的，一切使知与行分离的现象都与知与行的本来意义背离。王阳明用来阐发知行合一的基本观念之一是“知行本体同一”，他认为，知与行就本来意义而言是本体同一的，即“未有知而不行者。知而不行，只是未知。圣贤教人知行，正是要复那本体”的状态，[②] 重点指出“心”作为道德行为根源与认识根源的一致性、统一性。首先，从本体论角度出发，在《传习录·徐爱录》中，王阳明与其弟子徐爱的谈话首次明确反映出他对知行本体合一的主张。徐爱举例提问：现在人明明知孝知悌但

---

① 陈来：《有无之境：王阳明哲学的精神》，北京大学出版社，2013，第99页。

② 王守仁：《王阳明全集（1）》，陈恕编校，中国书店出版社，2014，第4页。

做不到，就说明知与行是两件事。先生曰：“此已被私欲隔断，不是知行的本体了。未有知而不行者；知而不行，只是未知。圣贤教人知行，正是要复那本体，不是着你只恁的便罢。”[①] “知行的本体，不曾有私意隔断的。” “某今说个知行合一，正是对病的药。又不是某凿空杜撰，知行本体原是如此。”[②] 对于徐爱等人以常识角度发出的知与行为二的疑问，王阳明认为，世人的良知被私欲所隔断，导致出现将知与行当作两个功夫来做的问题，古人对知与行的关系的理论只是针对社会弊病进行的强调、说明，并非真的分割而毫无关联，因此，不必拘泥于文字，若真正理解其中精髓且做到实处，那么分开说也无不可；若未曾领会，那么说在一起也没有用。王阳明提倡“知行合一”，是为了还原、澄清知行本体的本来面目，在于理解其中真意，怎么说呢，只是形式的话并不重要。

其次，从知行本体的具体内容来看，“知行本体”主要指心、性、理与“知”的关系。王阳明实际是把道德活动主体的“心”、心在道德活动中的体认对象“理”、道德意识为主要内容的“性”三者统归于“知”，认为它是道德活动中即知即行的主体，赋予知本体意义和“真知”的通常意义。同时，他认为心理是一个达至“至善”的本体，只能求诸本心，回归本性。王阳明为达到避免陆九渊哲学中“心”与“理”之间发生歧义，同时进一步摆脱朱熹之“理”纠缠的目的，从“心即理”的思想衍生出“知行本体”的说法。[③] 这样一来，“知行本体”就有了几层含义。一是，在认识主体方面，从对“心”的解释看，阳明心学与朱熹理学都选择把心的能知作用和心对身的主宰关系作为出发点，王阳明更看重

① 王守仁：《王阳明全集（上）》，上海古籍出版社，2015，第3页。

② 王守仁：《王阳明全集（上）》，上海古籍出版社，2015，第4页。

③ 刘宗贤、蔡德贵：《阳明学与当代新儒学》，中国人民大学出版社，2009，第121页。

"知觉"之心与"主宰"之心的统一、共生。二是，王阳明将"性"阐述为能知之心的"良知"，统一了心与性的意义，使人的生理与心理达到"心性合一"的融合状态。他把"性"作为"心之本体"和"知"的真正源泉。同时，他为说明"良知"是人认识来源的必然，以道德灵觉解释心所固有的知觉。三是，王阳明强调"理之灵处"即是知，他说"知行合一"本体即"知行本体"以先验的道德性为根源，"不曾有私意隔断的"，认为人的一切道德认识及行为源自"心、理合一之体"①。四是，王阳明对"真己"的重视，他用已经与人的心理活动融为一体的先验道德本性解释"知行本体"，因此把人的道德本性、意识活动及认知能力融为一体，认识道德行为的最终根源，这就是所谓"知行本体同一"目的。②

第三，知行关系是功夫过程。

"知行本体同一"是从本体论角度探讨"知"和"行"在本然状态下的合一，知行功夫从实践论的角度强调知与行既具有结构关系，同时也是实现功夫的过程。所谓知行功夫合一，是王阳明从"心理合一"的观点出发对《大学》"格物"说的阐释，把朱熹的"穷理"之学变为落实于从主体的"身心"上用功的实践功夫。"格物"即是"诚意"，即在人的意念发动处做"为善去恶"的功夫。王阳明认为，知和行是同一个过程，二者相互依赖、相互促进。他认为，知行关系即功夫同一的具体表述包括对下面三个命题的集中表达。

一是，知是行的主意，行是知的功夫。王阳明论知行关系时

---

① 王守仁：《王阳明全集（1）》，陈恕编校，中国书店出版社，2014，第4页。

② 刘宗贤、蔡德贵：《阳明学与当代新儒学》，中国人民大学出版社，2009，第124页。

说，“知是行的主意，行是知的功夫”（《传习录·徐爱录》），特别强调人的自觉能动性。将“主意”作为目的和统帅解释知，把“功夫”当作途径和手段解释行，用“主意”指导“功夫”，用“功夫”成就“主意”，两者非此即彼、无法割裂。一个是依据和主脑，另一个为践行和落实。整个命题把“行是知的功夫”作为重点，强调知与行不可分离。他同时指出，知的实现必须把行作为手段。二者共存于相互依托的关系链，行依靠主意指导，因此而不离知；知依靠手段获取，因此而不离行。王阳明“知行合一”思想的实践意义在于且知且行，或理解为即知即行，即行即知，以促进知行并进。从认识论角度理解，“知是行的主意，是指人在意识中预先构建的关于活动的目标和方式，是指导行动的观念模型。行是知的功夫是指实践活动是使观念模型现实化、对象化的途径和方式”。[①]

二是，知是行之始，行是知之成。王阳明与徐爱论知行关系时指出：“知是行之始，行是知之成，若会得时，只说一个知，已自有行在。只说一个行，已自有知在。”[②]“知是行之始”意思是，认识的过程就是行为的开端；“行是知之成”则是说，只有经过实践的检验的认识才是“真知”，从动态过程了解知行相互关系与包含的意义，可知“知”与“行”是同一过程的不同方面，知代表开始，行代表完成。“行之始”是有了行的意念或者动机，这是第一个阶段，而实际的行动就是知的反映，是脑中思考的完成式，是知识过程的终点阶段。这是一个动态过程，知与行相互包含、互为体现。在王阳明之前，有学者认为，“知”与“行”之间必然有“时

---

① 陈来：《有无之境：王阳明哲学的精神》，北京大学出版社，2013，第94页。

② 王守仁：《王阳明全集（1）》，陈恕编校，中国书店出版社，2014，第4页。

间差”存在，因而，才产生“前”“后”的看法。而王阳明不仅强调知行相须，还强调践行。因此，要学会做一件事，就必须去完成学、问、思、辨的功夫，这是行的过程，也是知的过程。学、问、思、辨等意识活动就是知，都通过人的种种实践活动体现出来。

三是，“知之真切笃实处，即是行；行之明觉精察处，即是知。”（《传习录·答顾东桥书》）王阳明提出，人的思维活动只要是实实在在地进行着就是行，如学问思辨、明觉精察；而知代表着人在种种外部实践中所包含的思考、分析、辨察等意识活动。可见用同一功夫过程的不同方面来形容知行关系恰如其分。王阳明晚年更多提到的是这一说法，然而，当代学者往往认为这句话是王阳明知行学说被诟病之处。抛开特定的历史局限，这句话仍有合理之处。人思辨、意识的活动就是“知之时”，对外的、客观的活动就是“行之时”，这一论述将知与行贯穿于同一意识及心理活动中，赋予知明觉精察的特点，赋予行真切笃行的特点，说明在从事认识或其他实践活动时，从不同方面描述知与行的因素和特点呈现为相互包含的状态，这进一步说明王阳明常说的“知行合一”的观点。在人的实践过程中，真切笃实以及细致的分析和思考二者缺一不可且互为条件，正如孔子告诫世人“学而不思则罔，思而不学则殆”，冥行妄作就是懵懵懂懂肆意做事，错想妄想是空空荡荡悬空思索，知行互为依存，是同一功夫的两个方面。王阳明认为，“知行合一”的关键即“博学仅是每件事学会存此天理，笃行仅是指学而不辍”。[①] 他还指出，一切罪恶的行为，初期只因未及时克服一念之差。达至善才会获真知，而“行”实质上是个道德修养与实践的过程。王阳明希望人们能保持最原始的善的思想，冷静地思

① 于立文编《王阳明全集》，辽海出版社，2014，第431页。

索和消除有可能导致后来犯罪的最初的“一念”。真知是可以做到，并且一定能够落实在行动上去指导行动的。

第四，知行之序即并进互发。

作为王阳明“知行合一”思想的重要内容，“知行合一并进”是对“知行本体同一”加以补充和升华而得。王阳明论证这一命题的重点在于强调合一并进过程中知与行的同一性，他主张知行并进，“不宜分别前后，即《中庸》‘尊德性而道问学’之功，交养互发，内外本末一以贯之之道”，[1] 指出知行与尊德性和道问学的功夫一样需要相互影响、相互促进，未知是因没有行实现，盲行是因没有知指导。王阳明又说：“知行工夫本不可离。只为后世学者分作两截用功，失却知行本体，故有合一并进之说。”[2] 王阳明在这里强调知与行源头一致，在前进的过程中，它们并非平行，明显呈现交互影响、互相促进的波浪形交叉状态。他用比喻的方式说明“如人走路一般，走得一段，方认得一段；走到歧路处，有疑便问，问了又走，方渐能到得欲到之地”。[3] 行路与知路是互相促性、交养互发的知行合一的全过程，没有时间差，而不是行一段路便知一段路或者知了路才去行路，这样一个循环往复的完成过程就是知与行。例如“知汤乃饮”、“知路乃行”和“知衣乃服”等同理，还有以身体感官为例的“如好好色，如恶恶臭”以及道德领域的“知孝知悌”，特别强调道德行为与道德认知要有一致性。总的来说，王阳明强调“知”和“行”是合一并进的过程，并无先后次序区别。

王阳明为解释知行并进，澄清知先行后的弊端，在做学问方

---

① 王守仁：《王阳明全集·传习录（上）》，上海古籍出版社，2011，第46页。

② 王守仁：《王阳明全集（1）》，陈恕编校，中国书店出版社，2014，第39页。

③ 王守仁：《王阳明全集（1）》，陈恕编校，中国书店出版社，2014，第19页。

面，教导世人应学行并进，正是对“未有知而不行者，不行不可以为知”观点的变形。同时，学界一般意义上认为“知”的阶段包含了博学、审问、慎思、明辨四方面，笃行才是“行”的阶段；而王阳明指出：“盖学之不能以无疑，则有问，问即学也，即行也；又不能无疑，则有思，思即学也，即行也；又不能无疑，则有辨，辨即学也，即行也。辨既明矣，思既慎矣，问既审矣，学既能矣，又从而不息其功焉，斯之谓笃行……是故知不行之不可以为学，则知不行之不可以为穷理矣；知不行之不可以为穷理，则知知行之合一并进，而不可以分为两节事矣。”[①] 他反对在“知”“行”的功夫之间存在一段“时间差”，指出学问思辨与行之间并不存在明确的先后关系，同时认为，学问思辨是一个逐渐深入的行的过程。总的来说，学行并进是知行并进的表现形式，强调世人务必践履躬行，做到知行合一，避免落入“遂终身不行，亦遂终身不知”的困境。

3. “致良知”思想

“阳明学的真精神在阳明，而阳明根本精神在致良知。”[②]

“致良知”同时包含“知行合一”和“心即理”的思想，是阳明先生晚年所成，是他最后将长期处理一切事件所得认知和道德修养的过程归结于“心的良知”的功夫，成为他全部思想的集中、概括和升华。阳明先生一生最大的心愿就是“共明良知之学于天下，使天下之人皆知自致其良知”。龙场悟道之后，阳明先生任职江西，其间所遇之事都成为他检验心学思想成果的机会，所明之理皆源自生活，在磨炼中体悟自己的本心。先生任职之地建起了

---

① 王守仁：《王阳明全集（上）》，上海古籍出版社，2015，第40页。

② 吴光：《王阳明思想学说的当代价值》，《当代贵州》2015年第23期。

"申明亭""劝善亭"，致力于"致百姓的良知"，旨在社会道德教化和道德实践。而求学求圣之路可以看作体悟自己本心的致良知之路。"致"就是将遮蔽本心的欲望私欲去除，从而致力于自己本质的需求，并以之为导向做事，使本体心中本质无障碍地体现出来。这就是致良知学说，而良知学就是王阳明一生为学的重要宗旨。

第一个阐述"良知"的文本在《孟子·尽心上》："人之所不学而能者，其良能也；所不虑而知者，其良知也。孩提之童无不知爱其亲者，及其长也，无不知敬其兄也。亲亲，仁也；敬长，义也；无他，达之天下也。"在孟子看来，"良知"首先是一种"不虑而知""不学而能"的心理活动，是人本性中关于道德价值观念的一种直觉先验的、内在的道德情感，先天就有的良知良能。[①] 通常表现为"四个善端"，即"四端"：恻隐、羞恶、辞让、是非之心。强调它不仅是人的德性行为发动的基础，而且是人的一种道德先验结构；在朱熹看来，"良知"即"天命之性"，所以良知的性质和内涵与天理同一。在人性问题上，他直接继承了张载和二程的思想，全面论证了"天命之性"和"气质之性"的人性二元论。"理"在人未形成之前浑然于天空，于人一旦形成，便附于人体，成为先验禀赋于人心的仁、义、礼、智等封建道德，是先天的善性所在，人人皆有，故名"天命之性"。人体形成之时，必禀此气，由于气精粗、厚薄、清浊、久暂的不同，就产生了善恶、贤愚、贫富、寿夭的不同和性格上的差异，因此"气质之性"有善有恶。他既继承了孟子的人性本善的观点，又对恶的存在做出了解释；[②]

---

① 廖申白：《知"道"的良知——对孟子良知论的实践理智的阐释》，《中国人民大学学报》2009 年第 3 期。

② 刘博：《"良知"在朱熹理学和阳明心学中的内涵表达》，《内蒙古农业大学学报》（社会科学版）2015 年第 4 期。

王阳明继承了孟子的观点思想，他认为：“盖良知之在人心，亘万古，塞宇宙而无不同。”人出生起的日常见闻都是良知的活动，世间的事物都包含良知，人的思维活动都是良知的运动。“良知者心之本体，即前所谓恒照者也。”（《传习录·答陆原静书》）也就是说，良知是心的本体，要时常进行存养和体察。[①] 所谓“良知如镜，生其心”。一个人心是什么样子，他的生活就是什么样子，这是我们对事物的最初反应，使我们自然而然地明白是与非。这种知，是我们本性的表现，王阳明称之为“良知”。

人人皆可以为圣人，人人心中都有良知。不是说你天生就是圣人，而是指每个人都有为圣的潜力。“学”这个字在《论语》里的意思是“觉”，觉醒人人都有的良知之心，每个人心中的良知即天理。天理不是外在所规定的道德规范，而是人心内在的道德凝聚，良知在人日常做决定时起主导作用，以判断是非和做或不做，回归本真依良知而行，是立足于生活的真实感受，而不依赖外在环境和外在的规范和要求。“良知良能”虽然是每个人与生俱来的道德意识和能力、先天存在的是非观念，但在后天环境中极易迷失。阳明心学要求人们忠于内心，找到自己内心的良知，加以呵护和发展，将其奉为人生的价值和信条。良知具有自律性，自觉遵守内心的规矩，是向善的正能量。去除蒙蔽内心的私欲空想，把握自己内心的方向，运用自身良知正能量，时常克察自省，遇事明辨是非，对错误改过不吝，这样就是在“致良知”，唯此“致良知”方能获得内心的光明和快乐。用王阳明“满街都是圣人”的观点来观照当下社会，人们总认为世风日下，社会道德状况每况愈下，却忽略了道德是人的本质需求，正因如此，只要每一个社会成员和社会组织共

① 于立文：《王阳明全集》，辽海出版社，2014，第 697 页。

同努力，人们的道德水准必然逐渐提高。历史事实也证明了人们的道德水准总体情况在不断提高，而不是背道而驰。社会道德建设要以尊重人、相信人为基础。作为本质要求，每个人都有义务提高自身道德修养，道德建设只有建立在尊重和信任的基础上，才有可能唤醒每一个人的良知，使其努力成为一个有道德的人。

“致良知”就是“彻根彻底不使一念不善潜伏胸中”的具体方法。其重点在“致”这个字。普遍认为“致”是去扩充、践行、实现良知的意思。此外林安梧在分析牟宗三的看法时总结：王阳明讲“致良知”，有“内向”和“外向”之分，其中“致”字的含义应是不同的，通过修身养性的“正念头”的格物功夫，体悟良知，是一种“内向”的过程，在此“致”被理解为“复”；良知指导下的经世致用的行动是“外向”的过程，在此“致”表现为“推扩”，但关键在复。[①] 根据王阳明的思想，“致良知”可以这么理解。首先，要使人认清本心，去除蒙蔽心体的灰尘，使“心之良知无障碍”。良知光明就可以行孝、悌、忠之善；良知被蒙蔽，就会衍生私欲、功利之心。“致良知”要求人在内心道德和外在道德行为上达到“知行合一”，“人是一切社会关系的总和”，身处繁杂的社会中，人心总会受到不同的干扰诱惑，“致”是一个长期以道德实践为基础的动态过程，通过不断在“事上炼”磨炼内心，坚定情感意志，就会更清楚明白内心所想，反之内心道德也会在具体的生活中践行实现，最终达到“致”的状态。阳明先生认为现实生活中的良知存在状态，分别有圣人境界、贤人境界、小人境界三种表现形式。小人与圣人的区别主要在于良知是否被蒙蔽和表现

① 张庆熊：《从“致知疑难”的求解看牟宗三与熊十力的异同》，《学术月刊》2016 年第 6 期。

的方式。小人境界私心杂念太多，私欲蒙蔽本心良知，阻碍内心良知的顺利实现。所以个人要找回内心的良知实现自己，去除私欲，必然就会进行“致良知”的实践活动。[①] 由此可见“致良知”的根本精神所在，一切圣贤学问总归都在体认本心良知，一切道德实践活动都是在心上做为善去恶的功夫，并在日常事务中由个体发现加以扩充，并能影响关照他人。将“致良知”的修养功夫变成良知主体的直觉活动，通过静坐修习、事上磨炼、诚意立志使个体最终实现自发、自足、自律、自得的理想人格状态，进而将良知推至万事万物。“致良知”没有尽头，因为人的思虑没有间断，人的智慧不停成长。圣人之所以为圣人，就是因为其在向我们展示他们在人生思想行为上都依良知而行，不断成长。

对王阳明来说怎样成为一个圣贤，如何完善、成就人的德性生命，就是他的思想学说的核心。动静结合就是“致良知”的具体方法。静就是要人专注于自己的内心，将影响本心的一切私欲杂念一一驱逐，去达到心无旁骛和内自纯明。根据阳明先生对“格物致知”的新理解——“穷理”和“致知”，就是不需求外物，只需求诸本心的“良知”，即“为善”“去恶”。在“格物”基础上“致知”就是对本心的体认，对“良知”的体认。阳明先生言《大学》“八条目”可最终归为“致良知”。而“致良知”就是要求人在道德上达到“知行合一”。[②] 可见“致良知”，实际就是在社会活动中通过处理普通事务的日常经验进行修身养性的功夫。动的方面蕴含在实践中，是紧密切合社会现实，在生活中磨炼，学无止境，良知的体悟也没有止境，人如果能完满地“致良知”，完全复归本

① 张新民：《本体与方法：王阳明心学思想形成与发展的两个向度——以“龙场悟道”为中心》，《南京晓庄学院学报》2017年第4期。

② 冯友兰：《中国哲学简史》，北京大学出版社，2013，第295页。

心，则“不知天地间更有何乐可待”。可以说“致良知”是体现人生价值、实现自己，为自己生命活动创造力量的一个不断循环上升的过程，是建立在阳明先生长期道德修养基础上的一种极具价值的实践道德方法。

（四）阳明思想的传播和影响

1508 年王阳明在贵州“龙场悟道”之后，办书院、重讲学，带动了贵州当地教育文化的兴盛，培养了大批优秀人才，丰富了贵州的文化典籍，加快了先进的中原文化对当地的浸润和影响，对多民族融合的精神凝聚和教育开化起到了重要作用。就王阳明思想学说弘扬传播而言，贵州站在前沿排头兵的位置，发挥文化发源的本土优势，促使贵州人自然成为阳明文化的强力推手。王阳明心学的影响，已不仅限于受中华文明熏陶的东亚、东南亚各国，而且逐渐成为深刻影响世界的东方智慧。五百多年前的圣人思想对指导现代文明的发展起到了极其重要的作用，这让人们真切地感受到中华优秀传统文化带来的文化自信。

1. 王门学派对阳明心学的学习和继承

王阳明的心学思想在贵州龙场驿开始创建，并在书院讲学中传播深远。而在他落星后，《明儒学案》记载的浙中、江右、南中、楚中、北方、粤闽六个王门学派以及泰州学案，就是受他影响形成的。[①] 王阳明对心学的发源地贵州的文化发展具有重要影响，然而黔中王门学派暂还未被列入书中。但不可否认的是，黔中王门学派对阳明心学的继承和传播举足轻重。它是贵州第一个具有一定规模的地域性儒家学术派别，是全国最早形成、规模最大、分布最广且

① 于立文：《王阳明全集》，辽海出版社，2014，第 13 页。

最具本土特色的学习和传播阳明心学的王学门派。全国阳明学的热潮开始于贵州，开始于黔中王门。在黔文化范围内，其弟子在贵州文化发展中通过各种活动积极为地区发展贡献力量，发扬和传播王阳明的心学。黔中王门中影响较大的有黔中王门第一代学者汤伯元以及“贵州王学三先生”孙应鳌、李渭、马廷锡等黔籍本土学者，他们都是阳明学说的积极践行者，王阳明对贵州社会及文化的发展起到了积极作用。[①] 另外还有一些属于旅黔王门后学，代表人物有王杏、蒋信、徐樾等，他们都自觉地继承和弘扬阳明文化，为推进贵州教育事业的发展做出了很大贡献。王阳明的文治武功在龙场驿的发挥将贵州的精神面貌重新勾勒，也为地域文化的开化、融合提供了更加多样的条件。

2. 阳明心学在世界的传播和影响

王阳明心学思想在日本、韩国、朝鲜乃至西方国家都产生了重要影响。首先，王阳明的思想传到日本，对日本社会历史发展从理论到实践都产生了极其深刻的影响，获得了社会上下的尊重与敬仰。中江藤树为日本阳明学的开山鼻祖，他在接纳和发展阳明学上做出了很大贡献，是推动阳明学远播日本的第一人。其次，韩国阳明学集大成者郑齐斗形成以江华为中心的“江华学派”。最后，在西方，1826 年密歇根大学图书馆出版了 16 卷本的《王阳明先生全集》。先在中国做传教士，后于金陵大学做哲学教授的弗雷德里克·亨克出版了译著《王阳明哲学》，此书成为西方第一个传播王阳明学说的译本，同时他也是第一个研究阳明学的西方学者。阳明学不仅是中国的，也是世界的，在美国、俄罗斯、德国等国家研究阳明学的大家、大作都在不断地涌现。

---

① 刘宗碧：《阳明文化在贵州》，《贵州师范大学学报》（社会科学版）2014 年第 5 期。

（五）阳明文化与新时代贵州精神

王阳明与贵州的关系是矛盾的，同时也是值得珍藏的。因为被贬历尽艰辛来到贵州，恰恰王阳明的不幸给贵州文化的发展带来了契机，他用自己的努力改变了贵州地区的文化面貌，使贵州的文化建设焕然一新，这表现了一个大儒“达则兼济天下”的伟大情怀。“致良知”的教化导向对西南边远之地的黔文化的影响是深远的，形成了一个悠久传承的地域的特色和心学思想的发源地。“知行合一”的道德实践精神尚未因时代而褪色，在新时代背景下得以拓展和延伸，同时加深“天人合一”精神，十分符合贵州人文精神在现阶段经济社会发展的新要求，更是贵州树立和增强文化自信的深层需要。王阳明在龙场悟道，在贵州积极进行文化传播，与当地的黔学相互融合，经过他与一代代弟子的坚守和发扬，阳明先生宝贵的精神遗产得到了创新性发展，逐渐内化为贵州传统文化的一部分，影响着贵州精神。

1. 弘扬新时代贵州精神，挖掘和传承“阳明文化”的时代价值

新时代贵州精神是新时代贵州“精神高地”的重要组成部分，是开创多彩贵州新未来的精神伟力，将阳明哲学的精华部分内化为贵州精神的重要组成部分，这是传承阳明文化、弘扬贵州精神的好时机，我们应当遵循习近平总书记的指导，挖掘“龙场悟道”的精髓和“知行合一”的实践精神，将弘扬阳明文化作为重要的历史使命，大力倡导阳明文化深厚的时代价值，以文化人，以文育人，坚定理想信念、凝聚精神力量、引领道德风尚，带动阳明文化进入更有生机的新时代。[①]

---

① 吴道欢：《阳明文化乘风起　扶摇直上九万里——修文县传承弘扬阳明文化撷英》，《贵阳文史》2016 年第 4 期。

（1）挖掘“阳明文化”的时代价值对弘扬新时代贵州精神的意义

第一，有利于人们遵循规律，建设生态文明。儒家“天人合一”的思想，一方面从形而上将“天”理解为自然之天、天地宇宙，指最高的天道，即自然规律，即人应当安时处顺、顺应规律，天地万物都有其内在的性质和规律，而自然规律是客观存在的，人应当去发现天道规律，顺应自然，践行“天道”，不可违背；另一方面从形而下的角度看，“天”指具体的自然界、自然环境，人是自然界的组成部分，从自然界获得能量赖以生存，人与自然息息相关、互相影响、相互依存，是生命共同体。人类必须尊重自然、善待自然、保护自然、合理利用自然，“天人合一”包含人与自然和谐相处的一种生态发展观。此处主要强调后一种含义。从古代开始，贵州清水江中下游流域的苗侗族居民形成了“伐造并举”的林业生态习俗以及苗族人民坚持的保护森林的村规民约，在满足了生活需求的同时有利于人与自然和谐共处，这些正是“天人合一”的和谐景象。在阳明先生眼中，人与万物一气流通，同体共生，所以人类取用万物时应首先养护万物，遵循取用有度和取用有养的原则。中华民族永续发展的千年大计是生态文明建设以及绿色可持续发展。在新时代挖掘“阳明文化”中“天人合一”的思想，对贵州实施“大生态”和“公园省”的发展战略具有指导意义，也是对党在十九大中加快生态文明体制改革、加大生态系统保护力度要求的积极响应。山青、天蓝、水清、地洁——良好的生态环境是贵州响亮的品牌，也是后发赶超的支点。[①] 应统筹兼顾在弘扬“天人合一、知行合一”思想的同时，既要“金山银山”，也要“绿水青

① 徐圻等：《贵州人文精神研究》，孔学堂书局，2018，第19页。

山”，自觉和主动树立绿色发展理念，坚持创新和超越，实现永续发展。

第二，有利于培育和践行社会主义核心价值观。社会主义核心价值观坚持以人为本，以理想信念为核心。习近平总书记指出“国无德不兴，人无德不立”，深入挖掘阳明立志、勤学、改过、责善的教育精神，重点分析“立志为人生第一等事”的思想，强调人生首先一定要做到“立志”，之后“自知”“自得”，同时敢于“立异”，敢于走新路。这也是新时代贵州精神所提倡的。王阳明的一生始终在践行立志成圣的目标。年谱记载，王阳明从小立志以“读书学圣贤”为“第一等事”，后经娄谅的启发树立“圣人可学而至”的信念，他坚定强烈的“成圣”追求，从“格竹”致疾到“龙场悟道”及官场坎坷起落，其间历经“五溺三变”，始终没有减退一分。王阳明对自己，是志在学圣；对弟子，是教以学为圣。他说：“士之学也，以学为圣贤。”[①]“诸公在此，务要立个必为圣人之心。”[②]他思考圣人之为圣人的结果实则是，“去人欲而存天理”，学为圣人是学义理，他对圣人的标准体现在“精金说”之中，他认为圣人之所以为圣人的标准，不在于圣人知识的渊博与能力的超群，而在于其心是否纯乎天理，其欲是否有杂。在国民教育的全过程中以阳明先生坚持一生立德立功立言为榜样，在加强理想信念和中国梦的宣传上广泛开展教育活动，有助于培育和践行社会主义核心价值观，实现社会主义核心价值观内化与外化的自觉，以及全社会中国特色社会主义共同理想的树立。把阳明精神、贵州传统与新时代贵州精神有机结合起来，挖掘阳明精神与新时代贵州精

---

① 王守仁：《王阳明全集（3）》，陈恕编校，中国书店出版社，2014，第164页。

② 王守仁：《王阳明全集（1）》，陈恕编校，中国书店出版社，2014，第109页。

神的契合点，做到“古为今用”，共筑贵州精神高地。

第三，有利于进一步加强思想道德建设。习近平总书记讲过：“必须加强全社会的思想道德建设，激发人们形成善良的道德意愿、道德情感，培育正确的道德判断和道德责任，提高道德实践能力尤其是自觉践行能力。”[①] 阳明先生求真务实的“致良知”精神和“知心合一”践履精神启发我们树立正确的道德价值观，自觉践行内心道德性。在道德修炼上，他提出“静坐慎独”。这种静是对萌发的杂念省察克治，而并非槁木死灰的禁止思虑，使纷杂思虑得其所哉，从而心无旁骛，自然精专，然后以此为导向进行承担社会责任的实践。这即古代先贤所谓的“定而后能静，静而后能安，安而后能虑，虑而后能得”，心灵达到定、静、安后才能高度有效地思考。王阳明提倡静坐的另一目的在于让人们时时提高警觉，驱除私欲，身处其中而内心平和，用“心”观照一切，达到物我两忘，使心通天理，更好地实现对自身道德修养的提高，从而达到内圣。另外，王阳明提倡的静坐有益于促进人们独立思考。他告诉自己的学生独立思考必须和坚持真理、修正错误结合起来，强调反思自己思想上的缺陷和不足，警示自己的行为，通过调整自身私欲和社会道德规范之间的关系，促进自身行为与道德要求同一。但王阳明后来意识到静坐收敛易于养成“喜静厌动”之病，因此，他常警醒门人要“无间于动静”。人们在求知的路上对知识的获取表现得更为急切，应提倡静坐，它可引导人们停下来厘清自身纷杂的思想和行为，反照内心、思考得失，从而使人们更加理智，社会与自然更加和谐。“慎独”要求人们在独自活动、无人监督、做坏事可能并不会被人发觉的情况下，仍然能够有高度的自觉性，坚守自己

① 李泽泉：《社会主义核心价值观与道德建设》，《光明日报》2015 年 11 月 5 日。

的道德理念，保持应有的道德水准，按照道德规范行事，以冷静、客观的态度对外部事物做出反应。在道德教育过程中，王阳明对慎独的道德教育方法十分看重。他反对当时社会上一些伪君子在人前做善而独处时作恶的行为。人生在世更应该关注自己的内心品质。个体生活的质量取决于内心的感受和评定，人对自己负责就要为自己的内心品质负责。尤其在当代社会，推崇王阳明的“良知精神”“静坐慎独”更有利于加强廉政建设，培养人们的道德自觉性，净化社会风俗。王阳明反对视伦理道德为教条，反对空谈，以及言行不一的作风，要求人们应将外在的道德规范内化为心中的道德自觉和要求，实现内在的行动与外化的观念之间的统一，“此心真切，见善即迁，有过即改，方是真切功夫”。在“知行合一”的思想指导下，提升全社会人民的思想觉悟和道德精神水平，对营造风清气正的政治生态具有极大的指导作用。

第四，有利于坚定文化自信，推动社会主义文化繁荣兴盛。阳明思想作为中国传统儒家优秀思想的重要组成部分，是伟大前人思想家深邃的思想智慧以及人格魅力的集成，蕴含着博大精深的思想和价值观念。习近平总书记说：“阳明文化正是中华传统文化的精华，也是增强中国人文化自信的切入点之一，我很景仰龙场悟道的王阳明先生，贵州的文化传入对王阳明先生的学习更应该有深刻的心得，我国古代优秀文化值得自豪。”他反复强调：“对历史文化特别是先人传承下来的价值理念和道德规范，要坚持古为今用、推陈出新，有鉴别地加以对待，有扬弃地予以继承，努力用中华民族创造的一切精神财富来以文化人、以文育人。”[①] 利用“阳明文化”的独特地域优势，深入挖掘和传承优秀的传统文化，丰富阳明文化

① 《习近平谈治国理政》，外文出版社，2014，第164页。

的传承形式，提升阳明文化的知晓度和影响力，树立阳明文化城市品牌形象。唤醒地区人民的文化自豪感，凝聚精神力量，增强地区人民的文化自信。没有高度的文化自信，没有文化的繁荣兴盛，就没有中华民族的伟大复兴。阳明文化属于中华优秀的传统文化，能在文化自信中推动新时代贵州精神扎根、开花、结果。

（2）发挥贵州本土文化优势，对“阳明文化”开发保护

首先，打造“阳明文化”品牌，塑造城市形象。重点关注阳明文化的保护和开发，致力于阳明文化的重要历史文化品牌的打造。2014年3月，习近平总书记在参加十二届全国人大二次会议贵州代表团审议时指出，“王阳明曾在贵州参学悟道，贵州在弘扬传统文化方面有独特优势，希望继续深入探索、深入挖掘，创造出新的经验。”贵州作为心学发源地，作为阳明文化的见证者，具有强大的生命力和实践意义，我们应当对其深入发掘并加以发扬光大。挖掘阳明文化是在点亮一座城市的心灯，形成城市的文化名片，对贵州树立阳明文化城市形象、提高城市文化影响力、增强人民文化自信具有重要作用。

其次，对阳明文化进行重点发掘，开展相关学术交流。黔中王学研究者从未停止对阳明文化的研究，联系全国乃至国际学术研究，深入探索阳明文化的底蕴且形成了众多社团组织，比如贵州省阳明学学会和修文阳明文化研发中心等。多次召开国际王学会议，与国内外名流对话，出版了一些有价值的成果。1996年的“中国贵州王阳明国际学术讨论会”、第五届“中国贵阳国际阳明文化节”以及生态文明贵阳国际论坛2016年年会阳明文化主题论坛的开展都是对阳明文化发展的极大推动。

最后，对阳明文化发源地的历史遗迹以及相关历史文化传承进行保护和开发。修文县举办阳明文化节，搭建文化传播平台，以及建设阳明文化园，修葺开发龙岗书院、阳明小洞天等圣人遗迹，进

行宣传教育，开发旅游线路发展相关文化产业；修文县委、县政府还把“重德修文”大讲堂作为推进文化建设和社会治理的重要举措。它要求全县重视创新，深入推进，力求实效。同时阳明思想的当代价值将作为研究和应用的重点目标被不断引入，对推动经济转型、社会建设和文化发展产生新的更大影响。

2. 结合“阳明文化”对新时代贵州精神进行解读

继承和弘扬王阳明的传统心学思想和他在居黔期间表现出的精神，去粗取精、古为今用，将其精华部分内化为贵州精神的重要组成部分，对进一步彰显新时代贵州精神的文化特色，构筑新时代贵州精神是十分重要的。新时代贵州精神是党的十九大时习近平总书记在贵州省代表团重要讲话时提出的，概括为“团结奋进、拼搏创新、苦干实干、后发赶超”十六字。中共贵州省委十二届二次全会是对党的十九大及习近平总书记的重要讲话精神在贵州的深入学习宣传和贯彻落实，全省人民应当以实际行动和优秀成果回报习总书记的重点关怀和爱护。结合对阳明文化的品牌塑造和宣传，不断充实和丰富新时代贵州精神，将新时代贵州精神根植在这座城市里，融合到全省人民的思想行动和生活中。

首先，用阳明文化中团结凝聚的民族精神解读新时代贵州精神中“团结奋进”的精神。居黔期间，王阳明导化少数民族首领土司安贵荣及时出兵解决部落冲突，以及在任职期间重视发展与当地夷人的友好关系和教化活动、和少数民族进行真诚的交流都是对团结凝聚的民族精神的体现。贵州各族群众对来自五湖四海的各族人民和他们带来的文化，始终抱着一种包容、亲和与吸纳的态度，在漫长的历史发展过程中，贵州各民族先民和睦相处，彰显了贵州文化的包容性与凝聚力，形成了兼收并蓄、团结凝聚的民族自觉意识。在新时代提出“团结奋进”的精神要求，就是要传承和学习阳明先生居黔期间处理民族关系的态度，以此为历史范本在新时代将其发扬光大。团结各族人民，心往一处想，智往一处谋，劲往一处使，为贵州经济社会发展贡献才智。

其次，结合阳明先生悟道突破思维、敢创新路的精神解读新时代贵州精神中“拼搏创新”的精神。阳明先生从小立志以成圣成贤为“人生第一等事”，阳明先生通往成圣之路则经历了三次变化。儒家成圣之路讲究“内圣而外王”，怎样“内圣”？他从朱熹处寻得以“格物致知”为核心方法，所以他早年热衷于宋儒格物穷理之学。格竹失败后，他对程朱理学产生怀疑，后泛滥辞章，这是他成圣之路的第一次变化；终觉辞章之学“不足以通至道”后，他转而先后于会稽山阳明洞与九华山名寺中学习参悟佛道二教，寻找成圣方法，这是他成圣之路的第二次变化；出入佛道二教多年后，他发现“此颠簸精神，非道也”，在佛道二教无法找到成圣之路，于是采纳了父亲的建议由科考去找寻实现成圣的平台，遇知己湛若水共倡圣学，进入官场后因上疏直言遭贬至龙场驿，在此悟道并找到成圣之路，此为阳明先生第三变。阳明先生在此的“为学三变”充分包含他敢于突破常规、推陈出新、勇于挑战传统思想的创新精神，他于龙场所悟之道包含了其对儒释道三家的融合与转化，这是他突破前人传统思维寻找新方法的创新之处。另外他在贵州建书院传道，开辟贵州建书院传道之先河也是其创新之处。在新时代所提出“拼搏创新”的精神就是要学习和发扬阳明先生在学术上的创新精神，在新时代贴近贵州的社会实际，善于打破常规，突破传统思维方式，在思想和行为上紧跟时代步伐，提出具有科学性、创新性的方法，攻坚克难，闯出一条新路，将新思想落实在行动上，将新方法体现在实际中。创新是引领发展的第一动力，要用创新开创贵州发展的新局面。

再次，切实感受阳明先生勇于直面龙场赴任一路的艰辛以及抵达后生活的苦乐，坚守本心毫不退缩，发扬坚韧不拔的奋斗精神，以解读新时代贵州精神中的“苦干实干”精神。王阳明从京师赴谪贵州途中可以说历经百死千难向死而生，在抵达龙场之后，他无居处只能找山洞栖身，此时他语言不通，病痛缠身，但仍然矢志不移，秉持坚定的内心，以强大的精神力量去追求和践行“人生第一等事”。可见，王阳明最终能在龙场悟道，关键在于他追求道德理想的执着和坚持不懈的精神。历史上的贵州由于政治、地缘、交通等复杂原因，发展一直比较落后，在“天无三日晴，地无三里平”的恶劣环境下，贵州人民并没有消沉，而是发挥了大无畏的精神，面对坎坷与逆境十分顽强地挺直脊梁不断前进。新时代贵州精神提出的“苦干实干”就是鼓励我们深入挖掘和学习阳明先生坚韧不拔的奋斗精神，同时继续发扬贵州人民传统的不惧辛劳、不畏艰难、脚踏实地、开拓进取的奋斗精神。“苦干实干”的精神就是要贵州人民发挥不怕苦、不怕累的工作作风，坚定思想信念，不放弃目标追求。弘扬一切从实际出发、实事求是的精神；不惧恶劣的自然环境和艰苦的工作环境，发扬负责任、有担当、奋发向上的精神；发扬撸起袖子加油干、迈开步子拼命干的精神。幸福都是奋斗出来的，走进新时代要用苦干实干求实效，抓住历史新机遇，为人民谋福祉，创造新时代的美好生活。

最后，阳明先生在“龙场悟道”之后，兴建书院，开始讲学，五湖四海学子慕名而来，黔中王门学派逐渐形成，对阳明先生的思想进行学习和传承。阳明文化传播深远，不仅在中国，在世界上也大放异彩。贵州作为阳明心学的发源地，要借助独特的本土优势，积极抓住机遇，打造文化品牌，实现新时代贵州“后发赶超”。“后发赶超”就是不甘于落后，追求跨越发展，弯道取直，赶超进位。贵州先后提出工业强省、大扶贫、大数据、大生态、推动旅游

"井喷""黔货出山"等推动"后发赶超"的战略举措，成效卓著。一方面要坚决守住两条底线，兼顾发展和生态，即生态优先、绿色发展，奋力脱贫攻坚。坚持绿色发展、多元共生的生态和谐精神，借以优美原始的生态环境为依托发展生态旅游业，推动清洁发展，让生态保护与经济增长齐头并进。另一方面要以本土文化和特色文化为优势，坚持进行精神文明的建设。贵州是多民族聚居的省份，有丰富的民族文化资源，有丰富的红色文化，有历史底蕴深厚的传统文化。大力推进文化产业的发展，增强"软实力"，增强文化自信，为冲出"经济洼地"提供强大的动力支持。

先贤悟道创学，后人薪火相传。阳明文化是贵州的，也是中国乃至世界的宝贵财富。王阳明居黔期间的作为对贵州各方面都有重要影响，是贵州文化的指导者，他的文化影响力在贵州文化中得到发展，惠及后世。在新时代背景下，我们应以"通权达变"的智慧，结合社会实际丰富和发展阳明文化的时代内涵，在继承的基础上发扬阳明文化，在发展的同时坚持对阳明文化进行创造性诠释和解读，令先贤的精神遗产在与新时代贵州精神融合的基础上重新焕发生机，同时为新时代贵州精神找到取之不竭的力量之源，为贵州文化自信的建设铺就一条新的现实途径，促使王阳明思想"内化于心，外化与行"，王阳明思想在21世纪也同样能够发挥其积极的作用。

二　弘扬和践行中国革命文化中的"长征文化"

决战脱贫攻坚和同步小康是贵州当前最大的民生，党的十九大以来，贵州认真贯彻落实党中央的决策部署，各方面工作不断有新进展，但与发达地区相比仍然存在很大差距，贵州决战脱贫攻坚需要补齐"精神短板"，新时代贵州精神和坚定文化自信是提升决胜脱贫攻坚的内动力和软实力。而提升贵州文化自信的重要一点，就在于弘扬和践行中国革命文化中的“长征文化”。

（一）长征文化的生成和内涵

长征始于1934年10月中央红一方面军撤出江西瑞金，以1936年10月红军三大主力军在甘肃会宁会师为终点。在两年中，红军走过了中国的十多个省市，经历了无数的困难，克服了艰险的自然环境，用顽强的意志力和坚强的生命力实现了中国革命的战略大转移，保存了主要的革命力量。他们突破几十万敌军的包围封锁，唱响战略转移的凯歌，它是人类历史上的奇迹，也是一部伟大的革命史诗。

回顾这段波澜壮阔的历史，我们可以看到它所经历的时间和空间就像一所无形的博物馆一样，里面都是长征留给后人的光彩夺目的文化遗产。那些革命文物、历史遗迹、文字资料、艺术作品、英勇事迹和意识形态都是我们可以去看到、听到、触碰到和感知到的宝贵财富。

1. 长征文化的生成

（1）长征文化的提出

长征这座无形的博物馆里蕴藏着数量众多的涉及军事、哲学、经济、政治、历史及文学的理论成果，还有体现革命积极进取精神和强大战斗意志的诗歌、宣言、戏曲、舞蹈和文学作品。由于长征环境的艰苦和时间的紧迫，当时对长征文化缺乏系统的整理和收集。于是在长征胜利后，中国共产党基于社会的发展、实践的需要、党自身的建设和对长征的宣传，开始对长征过程中形成的革命成果进行广泛的、深入的挖掘和普及。

长征结束后，党中央加大了对长征文化的宣传力度。1936年8

月，毛泽东向参加长征的同志发出集体创作的号召：“现因进行国际宣传，及在国内国外进行大规模的募捐运动，需要出版《长征记》，所以特发起集体创作，各人就自己所经历的战斗、行军、地方及部队工作，择其精彩有趣的写上若干片断，文字只求清通达意，不求钻研深奥，写上一段即是为红军作了募捐宣传，为红军扩大了国际影响。”同时强调：“事关重要，切勿忽视。”① 为了获得更大的主动权，党中央首次邀请西方作家埃德加·斯诺在延安苏区进行了四个月的访问。毛泽东等主要领导人还曾与其长谈，并提供了大量关于长征的回忆资料。

随着党对长征文化重要意义认识的加深，长征文化得到了前所未有的普及和丰富。从党中央在建军十周年前夕决定大规模编撰红军战史到延安整风运动期间党中央对长征进行历史的回顾和经验的总结，再到八路军总政治部编写的《红军长征记》和埃德加·斯诺的《红星照耀中国》两部较为完整且具有影响力的著作的发表，都见证了长征文化快速发展的过程。

解放战争胜利前夕，毛泽东提出，万里长征已超出了本身的历史范畴，取得全中国革命的胜利仅仅是长征路上的一小步。中国社会主义的建设和中华民族的伟大复兴被生动地比喻为“长征”，长征再一次超越了本身的时间和空间，不断发展壮大。时至今日，这座无形的博物馆依旧人来人往、欣欣向荣、影响深远。

（2）长征文化的界定

文化是人类在社会物质生产和生活中形成的，也是历史发展过程的生动体现，是两者相加的集合体。文化可以以物质形态存在，

---

① 中共中央文献研究室编《毛泽东年谱（1893～1949）》（上卷），人民出版社、中央文献出版社，1993，第566页。

亦可以以非物质形态存在，因此，它是社会中的人文、风俗、书本、影像、艺术作品，也是人类的主流思维和价值观等，它是对客观世界的感知和意识形态的升华。

长征文化流传至今，仍然是中国共产党治党、治国的重要依据，是中华民族发展和前进的引导力量，也为当代青年树立正确的价值观提供了文化资源。它的现实意义在革命实践中得到了有力验证，因此研究长征文化的形成、发展、运用也是社会发展的要求。

因为文化具有多样性和复杂性，我们很难给文化做一个准确的定义和分类，于是笔者基于文化的表现形式，将长征文化分为两大类：一种是物质形态文化，另一种是非物质形态文化。物质文化是人类物质生产活动中所创造的方式和产品的总和，是具体存在的实体，可以被我们使用和感知。而非物质文化则是通过社会实践所积累总结的社会意识形态，它是我们的精神财富，反作用于社会实践。对于长征文化的界定，我们也应该从物质形态和非物质形态两方面入手，即长征文化是中国共产党领导中国工农红军走过的极其艰辛的二万五千里远征路上所孕育的丰富的革命成果，它具有鲜明的时代性、革命性和科学性，包含物质形态文化和非物质形态文化。

2. 长征文化的主要内容

1935 年 12 月 27 日，毛泽东在陕北瓦窑堡党的活动分子会议上提出：“长征是历史纪录上的第一次，长征是宣言书，长征是宣传队，长征是播种机。”[①] 是的，长征就像一本内容丰富的书，记录着中国共产党辉煌的历史，传播着革命艰苦奋斗的精神，为中华民族播下希望的种子。这些丰富的内容就是由笔者在上文提到的物

---

① 《毛泽东选集》（第 1 卷），人民出版社，1991，第 149 页。

质形态文化和非物质形态文化组成的。

（1）物质形态文化

它们以各种各样的形态存在，并且能用我们的感官系统所感知，也可被称作“实物”。主要包括以下内容。第一，文学作品。如毛泽东所作的《清平乐·会昌》《忆秦娥·娄山关》《念奴娇·昆仑》《七律·长征》等著名诗词；历史上最早、最权威、最完整记录红军长征的《红军长征记》；由长征亲历者陈云所著的向世界介绍长征的《随军西行见闻录》；外国人斯诺所著的《红星照耀中国》，在世界范围内引起了不小的轰动；1985 年，美国记者哈里森·索尔兹博里出版的一部描述红军长征的纪实作品《长征——前所未闻的故事》；为纪念建军 20 周年，中央军委出版的一部记录解放军英勇奋斗的文集《星火燎原》；人民文学出版社出版的第一部描写工农红军二万五千里长征的长篇历史小说《地球的红飘带》；中国青年出版社编写的一套关于中国革命历史回忆的丛书《红旗飘飘》等一大批生动描写红军长征、宣传红军长征精神的优秀文学作品。第二，艺术作品。长征途中红军队伍中的青年黄镇画了四五百幅涉及长征重大事件的画，后整理为《长征画集》。为纪念红军长征胜利 30 周年，曾参加过长征的肖华回顾他在长征中的真实经历，历时半年完成了 12 首红色经典史诗，随后选出其中 10 首巧妙地与各地区的民间曲调、红军传统歌曲融合在一起，汇成了一部主题鲜明、内容丰富、风格独特的大型音乐曲目《长征组歌》。另外，还有在周恩来的指导下完成的大型音乐舞蹈史诗《东方红》等以音乐、舞蹈、戏剧的艺术形式来表现长征情怀的作品。第三，长征遗迹。它们是历史事件发生的载体，具有很重要的研究价值，比如，长征期间重大会议的遗址、著名战役遗址、烈士故居及烈士陵园、与长征有关的文物和纪念馆等。我们可以通过参观、游览这些以实体存在的场所，感受当时革命人生活的艰苦环境，体会他们经历的磨难与考验，认识到最后的胜利是多么来之不易。第四，影视作品。电影、电视剧是一种最直接、最便捷、最大众的传播方式，同时也是被人们所乐意接受的。代表作有 20 世纪 50 年代的电影《万水千山》，60 年代的电影《突破乌江》和《金沙江畔》，70 年代的电影《大渡河》，80 年代的电影《四渡赤水》，还有在 2001 年播出的红色革命类电视剧《长征》等。它们以史诗般的气魄再现当年红军长征的悲壮场面和战无不胜的长征精神。

（2）非物质形态文化

非物质形态文化这一概念倾向于文化对人类思想、认识、行为和精神方面的影响和作用，对我们来说它看不见、摸不到，也感觉不到，但是它是客观存在的，是作为意识形态存在的文化。主要包括以下内容。第一，长征途中党中央制定的政策、部署的作战计划、总结的经验教训。它们虽然以文字的方式体现，但很大一部分来自对革命实践的反映，通过去粗取精、去伪存真，再反作用于实践。这些是涉及军事、历史、经济、政治的非物质形态文化。第二，长征文化的精髓——长征精神，它就是长征这所无形的博物馆里的一颗巨大的宝石，用它耀眼的光芒照射着二万五千里的路程，所有的荆棘、崎岖、危险、黑暗都被这光芒照亮，它给了红军队伍勇气、希望和光明，指引着工农红军走向胜利的终点。它是红军长征取得最后胜利的根本因素，是今天中国共产党带领中华民族实现伟大复兴的力量源泉，是今后中国人民必须代代相传的精神财富。

3. 长征文化的内涵

长征文化是中国共产党领导中国工农红军走过的极其艰辛的二万五千里远征路上所孕育出的丰富的革命成果，它具有鲜明的时代性、革命性和科学性。长征文化经过革命的实践凝练出长征精神，它的真正内涵也通过长征精神来体现。随着时代的变化，长征精神发挥着不同的作用，人们对其也会呈现不同的理解，本文对其表述如下：长征精神是一种坚守信念、以民为本，不畏艰险、不怕牺牲，独立自主、实事求是，顾全大局、团结奋进的革命精神。

（1）坚守信念，以民为本

两万五千里长征不仅仅是一场路途遥远的征程，它也是中国革命力量的大转移，红军没有时间看路上风景，也没有机会选择有利于行军的道路，更没有多余物质资源来保障生存，敌人总是步步紧逼，大小战役频发，伤亡和病痛折磨着每一位战士。这次远征还受到大自然的重重磨难，为了躲过反革命力量的猛烈追击，红军选择了最艰难的道路，战士们忍受着寒冷和饥饿，这一切都已经超越了人类的极限，但是他们还是克服了所有困难，取得了震惊全人类的胜利。是什么让他们一直坚持？是对革命无限的忠诚和对最终胜利坚定的信念支撑着这支队伍战胜种种困难。这种信念还体现在红军一直将人民群众放在心里，人民的利益是他们革命的目的，是他们前进的动力，是他们依靠的力量。人民群众给了工农红军物质和精神上的支持，是长征路上坚实的后备军。

（2）不畏艰险，不怕牺牲

长征历时整整两年，走过了 15 个省份，其中包括人迹罕至的草地、白雪皑皑的雪山、地势险要的高山和波涛汹涌的江河。在这种情况下，红军队伍缺乏最起码的物资：粮食、衣物、药品和枪弹。很多战士每天吃不饱，穿不暖，甚至没有鞋子穿，受伤的战士也因为药品稀缺而得不到及时救治。如此艰苦的境遇阻止不了长征队伍坚定的脚步，他们依然保持着不怕苦的精神状态，在黑暗中前行。而且这支革命队伍逃不掉反革命的迫害，长征路上，各路红军一直遭受着国民党军队的围追堵截，发生过 600 余次重要战役，无数战士倒在了血泊中，巨大的牺牲换来了战争胜利。正是红军队伍这种不怕苦、不怕死的精神换来了中国革命的光明前途。

（3）独立自主，实事求是

一支革命队伍光靠对革命的干劲和闯劲是不够的，还需要有审时度势和自我反省的能力，这样才能根据实际情况对思想路线和战略战术做出及时改变，保证革命路线的正确。长征初期，因受到王明“左”倾错误路线的影响，红军不仅失去了当时最大的革命根据地，还使党遭受了严重打击，红军队伍人数锐减，革命力量被削弱。这与长期以来以王明为主的中央领导人否定毛泽东根据实际战斗检验过的战略方针直接相关，其犯了冒险主义、保守主义、逃跑主义错误。当时极其危急的情况迫使中共中央开始独立自主地解决自身存在的问题。于是有了以遵义会议为主的前后几次重要的会议，会议以实事求是的态度清算了王明错误的军事路线，并且确立了毛泽东的领导地位。长征最后的胜利充分证明了实事求是的重要性，正是以遵义会议为起点的党中央的重大转折，开启了毛泽东等领导人独立自主、以实际情况为依据来解决中国自身问题的时代。

（4）顾全大局，团结奋进

每个人都是不同的个体，都有自己的思想和认识，将一支人数庞大的军队捆在一起，朝着同一个目标前进，放弃个人利益服从集体利益，需要的就是顾全大局、团结奋进的革命精神。长征并不是一支队伍的长征，而是由红一、二、三、四方面军四支队伍共同进行的长征。每支队伍都靠着对革命的忠诚，不管遇到多大的苦难和阻碍，都团结在一起，用集体的力量抵御外敌，完成了一次次重要会师。但其中由于红四方面军张国焘的分裂主义，影响了三个方面红军的大会师，中共中央领导人一直与张国焘的分裂主义做斗争，以团结奋进的精神逼迫红二和红四方面军北上参加会师，终于在

1936 年 10 月完成了红军三大主力军的会师，这标志着长征取得最后胜利。不管是遇到内部矛盾的分裂还是外部敌人的侵害，党中央一直将革命的大局放在首位，将团结精神深入队伍，才能一股劲地往前走，直至胜利。

（二）遵义会议精神的形成和内涵

一个国家、一个民族，没有精神力量不行。一个前进的时代，总有一种奋发向上的精神；一个发展的民族，总有一种积极进取的意志。而遵义会议精神的提炼，相较于井冈山精神、长征精神、延安精神来说难度更大，其内涵也更显单薄。毕竟遵义会议召开的时间在整个长征过程中只有短短三天，作为长征的一部分，遵义会议精神和长征精神有共同的地方，这又增加了遵义会议精神提炼的难度。因此，我们不应该孤立和静止地去研究遵义会议，要从广义的角度出发，将遵义会议前后的几次会议看作一个整体，即还要关注为遵义会议做准备的通道会议、黎平会议、猴场会议，完善遵义会议决议的扎西会议、苟坝会议和会理会议。从这一系列会议的召开过程来提炼它们所表现的革命精神。笔者在本书中提到的遵义会议也是广义上的遵义会议。

1. “遵义会议精神”的形成

（1）“遵义会议精神”的提出

关于“遵义会议精神”一词，最早是由廖汉生同志在 1984 年元旦参观遵义会议遗址后写下的。在 1985 年 1 月召开的纪念遵义会议 50 周年大会上，时任中央军委副主席杨尚昆提到遵义会议给后人的启迪在于我们要坚持实事求是、理论联系实际、独立自主等精神。1991 年 2 月，时任国务院总理李鹏在参观完遵义会议遗址后写下了“发扬遵义会议精神，建设有中国特色的社会主义”。

1995年1月10~12日，在贵阳举行的“纪念遵义会议60周年理论研讨会”上，有学者就将“遵义会议精神”描述为：“解放思想，实事求是；独立自主，艰苦奋斗；民主集中，团结拼搏；不畏艰险，勇往直前。”2002年4月，中共贵州省第九次代表大会在贵阳召开，时任省委书记钱运录在会上做的报告中提出以“遵义会议精神”来鼓舞激励贵州干部群众改变贵州的面貌。之后，遵义市委遵义会议精神课题组将遵义会议精神归纳为：“实事求是，独立自主，坚定信念，民主团结，务求必胜。”2010年9月，在遵义考察的栗战书同志提出，遵义会议突出体现了坚持真理、修正错误的精神，突出体现了顾全大局、紧密团结的精神。2011年7月，中央政治局常委刘云山同志在遵义视察时指出，“贵州有着深厚的历史文化积淀，有着光荣的革命传统，铸就了伟大的长征精神、遵义会议精神，概括起来就是‘勇于突破，敢于超越，善于转变，攻坚克难’的精神，这是推动贵州发展的宝贵财富”。[①] 2015年，在纪念遵义会议召开80周年之际，党史研究专家石仲泉教授将遵义会议精神概括为“坚定信念，忠诚革命；坚持真理，实事求是；顾全大局，民主团结；独立自主，实现转折”这三十二个字。

由此可见，当下对“遵义会议精神”的表述还没有完全的定论，还有不少学者和专家提出自己的观点和建议。笔者相信我们对任何一种“精神”的定义都会随着时间的推移、社会的变革、对历史事件的理解程度而发生变化。但“精神”本身的共性是不会改变的，它依然会是大家社会实践、经济发展、民族复兴的指导思想。要在新的历史条件下提炼出时代精神，以激励斗志、凝聚人

① 《弘扬革命精神　凝心聚力实现贵州“中国梦”》，中国共产党新闻网，http://theory.people.com.cn/n/2013/0521/c40531-21561948.html。

心，这很有必要，但也非常不易。

（2）“遵义会议精神”的界定

1934 年 12 月 12 日中共中央在通道召开的会议反对李德坚持北上湘西的决议，提出西进黔东，这是中央领导人第一次独立自主地规划行军路线。1934 年 12 月 18 日，黎平会议最终决定向贵州转移，这是长征开始以来最具战略意义的转变，也为遵义会议的召开做了准备。1934 年 12 月 31 日，中共中央在猴场宋家湾召开扩大会议，会议基本结束了“三人团”的军事指挥权，初步形成以毛泽东同志核心的领导集体。1935 年 1 月 15 ~ 17 日，中共中央在遵义召开了针对第五次反“围剿”失败和长久以来“左”倾教条主义的分析和总结会议，即遵义会议。此次会议解决了当时中国革命极其紧急的军事问题和组织问题，它是中国共产党历史上一次具有重大转折意义的会议。会议肯定了毛泽东的正确军事路线，肯定了其关于军队作战的方针政策，对博古、李德等人在军事指挥上所犯的错误进行了批评。会议还选举毛泽东为新的中央领导人，这标志着一直统治着党中央和红军队伍的“左”倾教条主义时代结束，开启了以实事求是为主的中央领导集体的新时代，从而挽救了岌岌可危的中国共产党，挽救了危难的中国革命。遵义会议之后的扎西会议，再一次充分讨论了之前错误的军事路线，肯定了毛泽东同志的正确思想路线。苟坝会议和会理会议成立了由周恩来、毛泽东、王稼祥组成的新“三人团”，进一步确立了毛泽东在党中央的核心领导地位，落实了遵义会议的决议。

我们可以在这一系列会议中看到，中国共产党充分发扬了实事求是、民主团结和独立自主等精神。在这些精神的带领下，中国革命不仅取得了胜利，也使中国共产党日趋强大。

精神是从实践和经验中总结出来的，遵义会议精神同样要从会议召开的过程和实际作用中提炼。著名的党史研究专家石仲泉教授曾经表述过如何概括这个精神、那个精神。首先，要重视精神的特殊性，让人一目了然，而不会误以为是别的精神，这样这个精神才不会失去它的特殊意义。其次，其中应该包括共性的内容，不管哪个革命精神，都有它们内在的联系。不能一味地突出个性，将共性扔掉。例如，遵义会议精神和长征精神都含有“实事求是”，这个共性都是对当时革命状况的正确反映。最后，对精神的叙述应该具体化、实际化、生动化。要把握语言、控制字数，便于记忆和宣传。[①]

因此，笔者认为，“遵义会议精神”如同井冈山精神、延安精神、古田会议精神，也是从艰难的革命过程中总结和提炼出来的，是有利于革命成功、文明发展、国家富强的指导性精神。既具有个性，也具有共性。笔者将“遵义会议精神”初步表述为一种独立自主、求真务实、民主与团结共存、随着时代变迁不断发展的精神。

2. “遵义会议精神”的主要内容

1934 年 1 月，王明的“左”倾教条主义对中国革命的侵害已经越来越严重，由于错误领导路线的盛行，第五次反“围剿”失败。此时的中共中央和红军队伍被迫放弃了当时的革命根据地，踏上了艰苦的征程。一开始，突出体现“左”倾教条主义特点的冒险主义和逃跑主义依然占主导地位，无形中增加了这次革命战略大转移的负担，影响了红军部队的行进速度，一定程度上给了敌人富余的时间调兵遣将，对红军进行强力的打击，致使军队在战斗中伤

① 石仲泉：《再论遵义会议——纪念遵义会议召开 80 周年》，《党的文献》2015 年第 1 期。

亡惨重。为了摆脱如此危急的状况和敌人前后夹击的局面，毛泽东同志建议党中央放弃原先的行军计划，与红二、六军团在湘西会合，改变方向，往敌人力量薄弱的地方行进，即贵州。1934 年 12 月，中国共产党带领中央红军进入贵州。12 月 18 日，中共中央政治局在黎平召开会议，会议确定向贵州转兵的战略决策。12 月 31 日，中共中央政治局在瓮安县猴场宋家湾召开扩大会议，此次会议基本结束了“三人团”对红军的军事指挥权，初步形成了以毛泽东为核心的军事指挥中枢。1935 年 1 月初，中共红军成功占领遵义。1 月 15 ~ 17 日在遵义召开了中国共产党史上具有伟大转折意义的政治局扩大会议，会议的主题有两个：一个是审查以黔北为中心建立新的革命根据地；另一个是总结第五次反“围剿”军事指挥上的教训与经验。2 月 5 日召开的鸡鸣三省会议和 3 月 10 日召开的苟坝会议使遵义会议的各项决策得到实际的落实。中国共产党就这样坚定不移地带领着红军队伍和人民群众一步一步地走向革命的胜利。

从这一系列以遵义会议为核心的会议中，我们可以感受到中国共产党的实事求是的精神、独立自主的精神、顾全大局的精神、坚定信念的精神和民主团结的精神，也正是这些精神形成了我们的“遵义会议精神”。于是笔者认为，“遵义会议精神”的主要内容即坚定信念，不畏困难；实事求是，立足根本；民主团结，大局为重；独立自主，勇于探索。

3.“遵义会议精神”的内涵

（1）坚定信念，不畏困难

邓小平同志曾说过：“我们过去几十年艰苦奋斗，就是靠用坚定的信念把人民团结起来，为人民自己的利益而奋斗。”[①] 信念就

① 《邓小平文选（第 3 卷）》，人民出版社，1993，第 190 页。

是凝聚力，信念就是人民的一切。坚定的信念是我们在充满荆棘、充满挑战、艰难曲折的道路上勇往直前的精神支柱和获取胜利的有力保障。中国共产党在经历第五次反“围剿”失败和长期受挫的情况下，依然能够用坚定的革命信念，找到自身存在的问题，一次又一次地进行反省和改正，不仅认识到了军事路线上的错误，还从党的思想路线上主动探索创新，并且直面问题所在，系统地批评了博古、李德军事指挥上的错误，对错误进行了深刻的分析。这一切都体现了中国共产党坚定信念、不畏困难的精神，即使是在身陷被动局面的时候，依然对革命胜利充满信心。

（2）实事求是，立足根本

黎平会议时中共中央立足实情，否定了去湘西与红二、六军团会合的原计划，决定在黔北建立新的革命根据地，这是实事求是的体现。遵义会议之前，党内一直受到“左”倾冒险主义的侵害，还把苏联经验和共产国际决议神圣化。遵义会议明确指出博古、李德军事上的错误路线，对其进行了严厉的批评，结束了长久以来“左”倾主义的领导地位，这是实事求是的体现。当时党中央领导核心改变，毛泽东成为中央常委，成为党中央领导核心，这与他一直坚持真理、实事求是的思想密不可分。遵义会议后，毛泽东依然坚持从当下的实际出发来指挥红军作战，四渡赤水的成功就是其实事求是的有力证明。

（3）民主团结，大局为重

遵义会议在最后的决议中肯定了之前党中央的政治路线，没有对其进行批判。其中的原因就是当时党内大部分人还没有认识到政治路线出现的问题，为了不影响会议召开，也为了党内大团结，故没有提出来。同时毛泽东同志坚持不接替博古的位置，也是为了领导班子之间的团结。当时博古已经很难再领导下去，有人又提出更换领导。于是周恩来建议由当时在党内威望极高的毛泽东担任。毛泽东却说："不对，应该让洛甫做一个时期。"[①] 这样不仅团结了领导班子，还增强了领导人的责任心。博古在遵义会议上主动承认了自己的错误，接受了大家的批评和意见，最主要的是接受了会议决议，不再参与军事领导，在鸡鸣三省会议上交出了自己的权利，职位由张闻天接替。这也是以大局为重、民主团结的表现。

（4）独立自主，勇于探索

遵义会议召开的一个根本情况是当时中共中央与共产国际中断了联系，既没有获得共产国际的批准，也没有收到共产国际的建议。然而当时形势危急，已不容有半点拖延，为了挽救局面，必须改变军事战略。遵义会议是中国共产党第一次独立自主地解决中国革命重大问题的体现。这时的中共中央也从实践中意识到要取得革命的最终胜利，只有找到适合中国国情、属于自己的道路。毛泽东后来曾提到，中国共产党"真正懂得独立自主是从遵义会议开始的"。[②] 可见，独立自主是当时客观存在的要求，也是党内主观意识发展的结果。会议取消了"三人团"，剥夺了李德的领导权，改由当时了解并且重视实际情况的同志来领导革命，这也从另一方面体现了独立自主的内涵。

遵义会议精神的科学内涵体现了理论与实践的统一、整体与局部的统一、历史与时代的统一、凝聚力与创新的统一等鲜明特征。它因岁月沉淀超越了会议本身的决议和意义，成为永恒的反映事物本质规律的强大精神力量。

（三）长征文化与遵义会议精神的关系

1934 年 12 月至 1935 年 4 月，贵州成为红军长征经历时间最长、活

① 中共中央党史资源征集委员会、中央档案馆编《遵义会议文献》，人民出版社，1985，第 68 页。洛甫指张闻天。

② 中共中央文献研究室编《文献和研究（一九八五年汇编本）》，人民出版社，1986，第 20 页。

动范围最广、发生重大事件最多的省份。在这长达4个月零10天的时间里，他们分别转战了全省的40多个县或市，在贵州这片土地上撒下了革命种子。其中召开的以遵义会议为主的一系列会议就是这粒种子开出的革命之花，它不仅是中国共产党和中国革命的伟大转折点，也是艰苦长征路上新的开始，支撑了之后长征文化的繁荣发展。遵义会议作为长征的一部分，它的转折意义不应仅仅体现在遵义老城召开的那三天会议，而应将研究范围扩大，把遵义会议前后党和革命发生的变化做一个比较，从中探讨遵义会议精神和长征文化的逻辑关系。

1. 在贵州的长征

（1）通道会议

1934年12月，长征队伍到达湖南通道县，周恩来同志在这里主持召开了通道会议，.会上毛泽东同志表达了反对北上湘西改由向贵州行进的想法。因为当时国民党在通道县的东面和西面设置了重重包围，所以大部分同志同意毛泽东同志的建议。为了取得李德、博古等人的同意，会议只改变了原有的行军路线，定为西进贵州后再北上，对于战略路线的问题并未涉及。通道会议上，中共中央第一次将李德的决议排除，采用毛泽东同志的主张，为遵义会议改组中央领导人奠定了基础。

（2）黎平会议

同年12月15日，长征队伍进入贵州黎平，并在这里召开了黎平会议，讨论在通道县没有解决的军事战略问题。毛泽东同志根据实际情况，建议中共中央彻底放弃北上的决定，向遵义进军，在黔北建立新的革命根据地。参会人员经过激烈讨论，一致同意并通过了《中央政治局关于战略方针之决定》。这在一定意义上使中国共产党变被动为主动，开始独立自主地思考革命道路问题。会议还讨论了第五次反“围剿”战争失败的原因，对李德、博古等人错误的军事路线进行了批评，决定在适当的时候召开会议以进一步分析这个问题。这也为遵义会议的召开做了前期准备。

（3）猴场会议

1934 年 12 月 31 日那天，长征队伍到达瓮安猴场镇，为了重新确认黎平会议的决议，周恩来同志主持召开猴场会议。会上，毛泽东同志再次说明李德、博古的错误路线带来的危害，强调中央红军应在黔北遵义建立新的革命根据地。此项经过实践证明的意见赢得了多数同志的赞同，并且大家认为要攻占遵义，必须马上横渡乌江。猴场会议再一次重申了黎平会议的决定，因为大部分同志对李德、博古之前独断专行的军事指挥和管理方式存在极大不满，于是做出规定，要求军委将与作战有关的一切问题都在政治局会议上做报告。这在很大程度上限制了李德、博古的指挥权，也为遵义会议的领导人改组打下了基础。

（4）遵义会议

1935 年 1 月，中央红军占领遵义城，在这个既有物资支持还有百姓支持的城市，长征队伍获得了连续十二天的修整时间，这是长征途中从未有过的。所以为了彻底改变中国革命和中国共产党被动的状态，中共中央在 1 月 15 日召开了政治局扩大会议，史称遵义会议。

会议共有两个议题，第一个议题是再次讨论黎平会议关于在黔北遵义建立新的革命根据地问题。但是因为当时革命形势不停改变，所以基于现实考虑，在川黔建立苏区已经不可能了。刘伯承、聂荣臻提出到川西建立新的根据地，会议采纳了这个建议。

会议第二个议题是总结第五次反“围剿”战争的经验和教训，这在党史上被认为是遵义会议最重要的议题，也是让遵义会议成为转折点的议题。会上，博古同志虽做了一定的检讨，却把战争失败的原因归结成敌军强大等，丝毫没有自我反省的意识。接着周恩来同志发言，指出第五次反“围剿”的失败是因为军事战略上的错误，主动承担了相应责任。毛泽东同志发言时，首先对李德、博古在军事指挥上的错误进行了批评，接着对今后战略指挥路线和革命前进方向做了简要阐述。张闻天根据大家的发言起草了关于第五次反“围剿”的总结决议，其中肯定了毛泽东同志的军事路线和战略指挥能力，指出了李德、博古在军事领导上的错误和思想路线上的主观。此项决议，渐渐地改变了中央红军在战争中的被动局面。

会议又临时增加了第三个议题，即改组中央领导人，取消了原来的“三人团”，最高军事首长仍由朱德同志和周恩同志担任，新增毛泽东同志为中央政治局常委。这个决定是在完全脱离共产国际的控制下提出的，是一次真正属于中国共产党自己的决定。这也开启了以毛泽东同志为核心的党的新一代领导集体时代。

遵义会议是在党生死攸关的时刻召开的一次会议，是长征在贵州写下的浓墨重彩的一笔，它不仅挽救了处在危急中的中国共产党，还纠正了当时错误的军事路线和思想路线，为长征的胜利打下了坚实的基础。遵义会议赋予长征队伍新的生命，也给了长征这趟艰辛路程新的终点。

2. 遵义会议精神与长征文化的关系

我们综观全局发现，遵义会议作为历史的重要转折点，改变了党的发展路程，改变了革命的前进方向，改变了中华民族的命运。因此遵义会议的意义不仅仅对当时的革命形势产生了影响，也一直影响着之后的革命斗争，长征的胜利就是最好的佐证。《关于历史若干问题的决议》中有一段话：“也正是由于这一转变，我们党才能够胜利地结束了长征，在长征的极端艰险的条件下保存了并锻炼了党和红军的基干。”[①] 在遵义会议中产生的不畏困难、实事求是、

① 《毛泽东选集》（第 3 卷），人民出版社，1991，第 969 页。

独立自主和民主团结的遵义会议精神引领着长征之后的思想路线和政治路线，促进了长征文化的繁荣发展。

遵义会议精神在长征期间就如同一股清流，注入每个革命同志的心中，让他们时刻坚定目标，实事求是地为胜利而奋斗。它又如汇入大海的源泉一样，为长征文化的形成奠定了基础。因此本书认为遵义会议精神一直引导着长征文化的生成，而长征文化是对遵义会议精神的继承和扩展，是对长征走向胜利的历史鉴证。长征文化的长足发展离不开遵义会议精神的基础支撑，遵义会议精神的具体体现则离不开长征文化的表现方式。

（1）遵义会议精神的源作用

遵义会议精神是长征精神的形成依据。以遵义会议为节点，会议召开之前中共中央执行的是脱离中国实际、照搬照抄的教条主义，会议召开后中共中央走上了将中国的实际情况与马克思主义相结合的道路。这样的指导精神让中国共产党逐渐走向成熟，发展壮大，也让红军队伍有了属于自己的革命精神。体现党的先进性的长征精神要求以实事求是的思想路线来指导革命，思想的正确性可以确保政治路线的方向。长征精神中的顾全大局也是对民主团结的遵义会议精神的延续，不管是求生存还是求发展，内部团结一直极其重要，为集体利益牺牲个人利益，为全局胜利牺牲局部利益，这样才能将革命力量最大化，夺取最终胜利。而能让长征成功结束的坚定信念也如同遵义会议前后中共中央坚信我们可以靠自己的力量解决自身的问题，可以更好地提高理论思想水平，为革命注入新鲜的血液一样。这些都是在遵义会议精神的引领下形成的长征精神。

遵义会议精神是长征军事文化的发展起点。因为第五次反“围剿”的失败，中共中央开始一步步地走向了遵义会议，所以会议最重要的议程就是解决当时错误的军事路线问题，反省博古的单纯防御路线弊端，并且肯定了毛泽东的与实际相结合的军事路线。虽然之前党中央一直忽视他们的战略意见，但战争失败的重创使当时的长征队伍突然醒悟，开始意识到共产国际不切实际的指挥是没有用的，自己的路应该自己走。于是中共中央接受了毛泽东向贵州挺进的军事路线，历史事实证明了实事求是的军事路线的正确性。这样在遵义会议后，开启了以毛泽东为核心的中央领导人的时代。革命的局面也焕然一新，四渡赤水出奇兵，红军队伍以少胜多，为长征的军事活动写上了精彩的一笔。遵义会议精神深深影响着长征文化中这些宝贵的军事文化的形成。

遵义会议精神是长征文学作品的引导力量。革命战争年代，人们需要的不仅仅是正确的政治路线和军事路线，还需要精神上的支持与鼓励。长征途中所创作的诗词歌赋就是革命需要的精神食粮，这里笔者主要以毛泽东同志的经典诗词为例。长征在贵州期间，毛泽东将自己对祖国的情怀和对革命的毅力化为文字，以这样独特的方式书写红军长征的英雄史诗。比如《忆秦娥·娄山关》生动地表现了红军队伍进入娄山关时的紧张、艰难气氛，同时也展现了红军不畏艰险、勇往直前的气势。词中的一字一句都在鼓舞着军队的士气，也肯定了革命一定会在这样坚韧不拔的精神下取得胜利。在遵义会议精神的引导下，涌现了一篇篇气势磅礴的诗词，如《七律·长征》《清贫乐·六盘山》《念奴娇·昆仑》等优秀的文学作品。在遵义会精神下，他们坚定不移、不畏艰险、民主团结，红军队伍需要这样的精神力量，需要这样的文字鼓励。

（2）长征文化的流效果

长征文化开创的军事文化。遵义会议召开以后，红军队伍发生了重大改变，以前处处挨打，疲于奔命，节节败退；以后红军战士仿佛获得了新的力量，开始变被动为主动，生龙活虎，有力还击，屡战屡胜，取得了最后胜利。这一切都跟遵义会议确立的独立自主、实事求是地走自己的革命道路是分不开的。之后的长征路上，一直贯彻实行新的党中央领导人正确的思想路线和军事战略，这使长征队伍如获新生。“四渡赤水”就是很好的证明，毛泽东将之前李德、博古墨守成规的军事路线变为以实际情况为主，三渡赤水，从茅台到川南，让蒋介石产生红军西进的错觉，扰乱了军事部署计划，长征队伍四渡赤水成功。红军队伍在南渡乌江后，小部分战士佯攻昆明，剩下的大部队则直奔金沙江，经过整整 9 天，整个长征部队巧渡金沙江。这种声东击西、出其不意、攻其不备的战术战略一直延续到长征胜利结束甚至之后的解放战争。长征文化中实事求是的军事文化是对遵义会议精神的延续和巩固，革命的胜利就是对这一延续的最好说明。

长征文化推崇的执政原则。遵义会议前，党内盛行个人专断和盲目崇拜的现象，将共产国际的指示神圣化，将马克思主义基本理论教条化，这在很大程度上削弱了中国共产党的领导能力，破坏了国家的民主集中制原则。但从遵义会议开始确立了以毛泽东同志为核心的新一代中央领导集体，在长征精神的带领和感染下，中国共产党的领导集体一步步走向成熟。胡锦涛同志曾指出：遵义会议从本质上改变了党内各种不正常的现象，依据民主集中制原则来确立科学的领导制度和化解党内的一切矛盾，维护团结统一提供了宝贵的经验。[①] 由此可见长征文化对遵义会议精神中独立自主、立足根本、依靠群众的继承和发展使中国共产党的领导力量日益壮大

---

① 胡锦涛：《在纪念遵义会议 60 周年座谈会上的讲话》，《人民日报》1995 年 1 月 18 日。

坚实。

长征文化倡导的思想路线。以遵义会议为转折点，中共中央在遵义会议上彻底结束了对马克思主义的照搬照抄，开启了独立自主的革命道路，走上了中国特色的马克思主义道路。真正的独立自主从遵义会议开始，这次会议批判了过去，否定了脱离实际的政治路线，迎接属于中国的未来。直到中共七大召开，中间足足有10年时间，中国共产党经历了瓦窑堡会议、六届六中全会、整风运动和中共七大，一次又一次地指出以王明为代表的“左”倾教条主义错误，反对教条主义和主观主义，提倡将中央政策放到实际中，紧紧依靠人民群众，大力发展中国化的马克思主义。因此，长征文化延续了遵义会议精神的本质内涵，即走属于本国的政治道路，并在实践中巩固其地位，推动马克思主义中国化。

（四）弘扬和践行中国革命文化中的“长征文化”

贵州是长征这一伟大战略转移停留时间最长、发生重大历史事件最多、战略意义最重要的省份，在这片土地上召开的遵义会议无疑成为扭转当时危机，壮大革命力量，发展中国特色革命道路的重要转折点。而在遵义会议过程中孕育的坚定信念、实事求是、民主团结、独立自主的遵义会议精神像一盏明灯照耀着长征后面的路途。有鉴于此，在贵州文化自信建设过程中，弘扬和践行中国革命文化中的“长征文化”，从某种程度上讲就是弘扬和践行遵义会议精神。

1. 坚持以马克思主义中国化理论知识为指导，弘扬和践行遵义会议精神

自党的“左”倾错误思想造成严重的革命后果后，党中央的一些领导人就开始对中国化的马克思主义进行相关尝试，在尝试的

过程中，有消极的影响，也有积极的影响，大体上说，这一尝试获得了较为丰硕的实践成果。早在进入江西之前，毛泽东同志就认为中国革命应该走自己的道路，在此基础上，他提出了农村包围城市的思想，这个思想是毛泽东同志基于当时的实际情况提出的。在遵义会议上，毛泽东同志被任命为新的党中央领导人，这一任命促使其能够站在更高处思考和决定我国革命的发展方向。而会议召开之前的经历和教训也为马克思主义中国化的发展奠定了良好基础。会议的成功召开标志着新的领导集体开启了中国共产党独立自主、实事求是干革命的时代。会议结束后，原来的教条主义得到有效遏制。此外，中国共产党主张和提倡始终坚持实事求是，把理论付诸实践的理念在日后的革命中被广泛应用和实践。这在很大程度上体现了马克思主义的本质，所以遵义会议精神中的独立自主和立足根本的精神推动了马克思主义中国化的进程。

长征过程中，中共中央适时召开了遵义会议，以及对党内矛盾采取了和平的处理方式，所有这些都体现了中国共产党有能力解决其面临的内忧外患问题。和盲目地听从共产国际的指示不同，党立足于我国的基本国情，开辟了独具特色的共产主义道路。之后的长征路上，马克思主义理论和思想不断得到运用，结合我国的发展实际，被赋予了新的含义。这为后来中国共产党处理党内、国内、国际事务提供了有利借鉴和指导。贵州在人口、经济、社会、文化等方面和其他省份存在差异，想取得突破性发展，就需要坚持以马克思主义中国化理论知识为指导，弘扬和践行遵义会议精神，通过广大人民群众的团结奋进、拼搏创新、苦干实干，推动贵州经济社会后发赶超。

2. 契合贵州传统文化价值，弘扬和践行遵义会议精神

贵州传统文化体现了贵州人民的创造力，是贵州民族历史上道

德、各种文化思想、精神观念形态的总体。长征文化中的各个会议会址、战争遗址和描写长征在贵州发生事件的诗词，都是贵州传统文化的重要载体，它们有利于贵州人民树立自尊心和自豪感，建立正确的人生观和价值观。而且遵义会议的成功召开离不开当时贵州人民的拥护，这片土地给予长征队伍的不仅仅是物质上的支持，它还为革命力量补充了新鲜血液，给革命队伍带来了情感依靠和精神鼓励。所以，遵义会议精神中的艰苦奋斗、实事求是、顾全大局的精神融入了贵州的传统文化，并且成为引领贵州传统文化繁荣发展的中心力量。贵州文化发展，就要实事求是地认清现状，只有从实际出发制订计划，才能取得长足的成效。

遵义会议精神，是红军战士在革命熔炉中锻造出来的，充满爱国主义情操，具有凝聚力和向心力的革命精神。它指引着中华民族传统文化的发展方向，造就了吃苦耐劳、心系人民、无私奉献等民族精神。它也丰富了传统文化的内容和载体，留下的战争遗址、诗词歌赋和激励人心的故事就如文化宝库中的一颗明珠，熠熠生辉，使传统文化成为当代青少年培养正确人生观、价值观、爱国主义情结的一面旗帜。因此弘扬和践行好遵义会议精神，通过以贵州传统文化为载体，同时借助遵义会议精神与贵州传统文化的深度融合，发展好贵州传统文化，增强贵州人民的文化自信。

三　总结和推广社会主义建设中的“四在农家·美丽乡村”文化

2012 年，党的十八大报告第一次提出“美丽中国”的全新概念，将“美丽乡村建设”提上日程，贵州省结合自身实际情况，将“四在农家·美丽乡村”作为贯彻落实“美丽中国”建设的主抓手，助推“农业、农村、农民”在建设“美丽中国”中贡献自身一分力量。近年来贵州省通过“四在农家·美丽乡村”创建的契机，已经建立起了结构相对合理、功能比较完善、美丽畅通的美丽乡村。在这个过程中不断地完善乡村的基础设施，实施了小康寨、小康路、小康房、小康讯、小康水等一系列惠民政策，使贵州的“四在农家·美丽乡村”成为全国建设社会主义新农村事业的一个重要样板。在开展“四在农家·美丽乡村”的过程中，实现了以“富在农家”来推动农村经济和社会发展、以“乐在农家”促进文化惠民、以“学在农家”培育新型农民、以“美在农家”美化乡村优美环境。在创建中国美丽乡村的过程中，贵州不断完善探索实践路径，开辟了能够为美丽中国建设做示范的“四在农家·美丽乡村”贵州版本，总结推广贵州社会主义建设中的“四在农家·美丽乡村”文化，有助于推动社会主义先进文化在农村地区落地生根，从而通过对于农民群众的物质文化创建，为今后搭建起有效平台，从而不断消除当前社会主义农村文化建设中出现的走样、跑偏的现象，为新时代中国特色社会主义新农村建设贡献自身的力量。

（一）“四在农家·美丽乡村”的基本情况

“四在农家·美丽乡村”建设起源于贵州省遵义市余庆县。2001 年，余庆县委、县政府顺应农民求富、求学、求乐、求美的需求，面向广大群众深入开展“三个代表”重要思想宣传学习、教育实践活动，白泥镇满溪村、光明村村民踊跃参与，迫切改变落后贫穷状况，率先开展了以“富、乐、学、美”为主要内容的“四在农家”创建活动。该活动以农民为主体，以农民利益为核心，因顺应了广大农民“求富、求学、求乐、求美”的强烈愿望，深得广大人民群众的一致认可和积极支持。“四在农家”以求“富”为基础，通过促进农业转型、调整产业结构来提高农民收入，促进农村经济发展。在后来的推广过程中，余庆县将“四在农家”建设与乡村旅游相结合，提出了“旅居农家”创建模式；“四在农家”以求“学”为条件，通过完善教育设施、搭建学习平台等不断提高农民文化素质，引导农民学习文化、科技、法律等内容，培养有理想、有道德、有文化、有纪律的“四有”公民；“四在农家”以求“乐”为动力，提高农村社会和谐程度和农民的幸福指数。

美丽乡村实质是一种人与自然和谐相处、经济社会发展与生态环境保护“双赢”的文明发展新境界、新形态。它既秉承、发展新农村建设和谐与发展的宗旨与理念，又丰富和充实了新农村建设“二十字方针”的内涵与发展规律。美丽乡村建设是实现美丽中国的基础和前提，也是推进生态文明建设、助力脱贫攻坚、全面实现小康社会和促进社会主义新农村建设的新工程、新载体。建设美丽中国，就要建设好美丽乡村。“美丽乡村”着眼于农村“四美”，包含“三生”（生产、生活、生态）的和谐与“四美”的统一。其中，乡村“产业美”是美丽乡村的前提和基础，乡村“环境美”是美丽乡村的基本特征，乡村“生活美”是美丽乡村的基本目的，乡村“人文美”是美丽乡村的灵魂与动力。开展“美丽乡村”创建活动是推进脱贫攻坚、优化乡村人居环境、建设乡村生态文明的需要，是广大农村地区实现“美丽中国”的具体行动，是提高农民综合素质、实现农业农村经济可持续发展的客观要求。

（二）“四在农家·美丽乡村”实践的基本现状

2012 年，“四在农家·美丽乡村”创建工作在贵州省统一推广。在全省统一推广之前，遵义市余庆县通过加强组织领导、有序组织试点、坚持“两个文明”一起抓、加强基层党组织建设、完善政策体制机制等措施，有效推进“四在农家·美丽乡村”的创建工作。2012 年，贵州省委决定在全省统一推广“四在农家·美丽乡村”创建工作。2016 年，遵义市围绕“三型”推进，不断深化“富、学、乐、美”内涵，全面推进“四在农家·美丽乡村”创建。创建了湄潭县、余庆县 2 个省级“小康寨”示范县，打造了 54 个升级型（特色型）及 82 个普及型市级示范点。全年整合“六项小康行动计划”项目，投资达到 38.52 亿元。拥有“四在农家·美丽乡村”创建工作示范点 322 个，且 33 个升级为市级精品示范点（区），“四在农家·美丽乡村”创建工作初见成效。全市人口从“四在农家·美丽乡村”创建工作中受益的占全体市民总数的 90% 以上，涌现了凤冈“茶海之心”、绥阳“五朵金花”、湄潭桃花江、余庆松烟、遵义花茂、桐梓尧龙山等标志性乡村旅游区，带动了农村经济发展，解决了农民就业问题，拓宽了农民增收渠道，已经被实践证明在当前的乡村振兴战略中具有深远的文化价值和功能。总结和推广“四在农家·美丽乡村”的实践具有深远的文化价值和现实意义。

（三）“四在农家·美丽乡村”实践的文化价值和功能

1.“富在农家”——凝聚思想共识

“四个全面”战略布局中处于引领地位的战略目标就是全面建成小康社会，全面建成小康社会任务最艰巨、最繁重的地方在农村，特别是贫困地区。习近平总书记强调：“没有农村的全面小康和欠发达地区的全面小康，就没有全国的全面小康社会”。[①] 实现

① 《习近平总书记系列重要讲话读本（2016 年版）》，学习出版社、人民出版社，2016.

农村地区全面建成小康社会，不仅是地方各级政府的工作重心，而且也应该是农村地区主体人民群众的工作重心。“四在农家·美丽乡村”以共同富裕为价值引领，让乡村百姓群众通过自身的切实感受，深入理解共同富裕的文化凝聚作用，对于凝聚当前农村地区百姓群众的思想共识起到了积极的推动作用。这就需要不断提升和完善乡村文化建设，以乡村文化建设为抓手，大力弘扬乡村建设中的文化因素，不断发挥文化在乡村振兴中的重要作用。文化作为人的精神力量，能够铸魂化人。习近平总书记就明确指出：“乡村振兴既要塑形，也要铸魂。”只有塑造以社会主义先进文化为主体的乡村思想文化体系，打造文化乡村，培育文明乡风，让村民生活富起来，环境美起来，精神乐起来，乡村振兴战略才能真正实现。[①]在全面建成小康社会任务最繁重的农村地区，特别是中西部一些较为偏僻的地域，老百姓的思维方式以及勤劳致富的理念与发达地区的农民之间存在较大差距，从这个角度来看，将农民的思想意识凝聚到一起，就需要不断对他们进行“铸魂”，让他们在全面建成小康社会的大背景下能够凝聚共识，不断将自己的思想观念、共同奋斗目标凝聚到全面建成小康社会的全过程中来。“四在农家·美丽乡村”抓住了农民群众的思想共识，找出了一条适合欠发达地区农村共同富裕的新路，有助于为其他欠发达地区建设美丽乡村，提供可供参考的经验。

2.“乐在农家”——促进乡风文明建设

习近平总书记在党的十九大报告中指出，要“深入挖掘中华优秀传统文化蕴含的思想观念、人文精神、道德规范，结合时代要

① 《以文化为乡村振兴铸魂》，中国网，http：//www.china.com.cn/opinion/theory/2018-05/09/content_51185576.htm。

求继承创新，让中华文化展现出永久魅力和时代风采”。[①] 这一思想落实在乡村振兴战略中，就是要重视乡村优秀传统文化是独有的历史记忆和思想表达，要充分发掘乡村传统文化的底蕴、精神和价值，并赋予其时代内涵，发挥其在凝聚人心、引导村民、淳化民风中的作用，使之成为推动乡村振兴的精神支撑和道德引领。从贵州实施“四在农家·美丽乡村”的创建实践路径可以看出，首先是坚持以社会主义核心价值观为引领，在创建过程中，从全省范围内搜集整理乡规民约、族谱家训等优秀的传统道德文化资源，在继承和弘扬民族传统美德过程中，教育和引导农民群众做到虚心崇德向善、尊老爱幼、诚实守信、勤俭持家等。发挥村民身边先进典型的示范作用，引导农民群众树立正确的价值观，培育乡村文明风尚、家风优良的社会主义新农村文化振兴道路。同时在推动农村地区社会公德的形成、家庭美德的显现、个人思想品德的完善中，让农村地区能够形成一种积极向上的精神文化生活氛围，同时让快乐、健康、文明的生活方式成为振兴乡村文化的重要抓手。

当前在农村地区还蕴含着丰富的历史文化资源，这些历史文化资源不仅能够起到传承优秀文化的作用，还能够在当前新农村建设过程中充分展现适合农村地区发展特点的内容，注重乡村味道，保留乡村面貌，即留住乡愁。在乡村文化建设过程中，强化对传统村落中遗址的保护、对宗族祠堂以及村居院落的有效保护和开发，进行乡村文化的传播，让广大村民能够在精神上有一定的归属感。贵州在中国长征和革命时期流传下来丰富的长征文化和革命文化，长征文化所蕴含的文化资源，无论是对于当年长征的胜利，还是对于

① 习近平：《决胜全面建成小康社会　夺取新时代中国特色社会主义伟大胜利——在中国共产党第十九次全国代表大会上的报告》，《人民日报》2017 年 10 月 28 日。

新中国成立后社会主义现代化建设，都产生了积极影响。贵州长征文化主要是以“遵义会议”为代表的一系列关于红军和中国革命以及中国工农红军艰辛革命历程的文化，它们都是贵州在振兴乡村建设过程中非常重要的文化资源。特别是对于在红军长征中所发生的历史事件、战争、故事等文化资源进行整合和利用，将对贵州的乡村文化振兴产生深远影响。革命文化是中国人民在艰苦卓绝的革命战争年代所创造出的宝贵社会财富，反映了无产阶级的理想信念，表现为在革命战争年代强调风险、牺牲、奋斗的价值取向。革命文化在革命战争年代是鼓舞和激励人们进行伟大斗争的强大精神力量。“四在农家·美丽乡村”建设过程中要注重总结和弘扬革命文化，要大力弘扬以爱国主义为核心的民族精神和以改革创新为核心的时代精神，这些是实施乡村振兴战略的重要精神支柱。

“四在农家·美丽乡村”建设过程中，贵州各地注重推出优秀的革命文化，同时通过各种途径开展相应的教育活动，讲好贵州本土红色文化故事，搭建起传播平台，不断推动红色文化在多彩贵州大地落地生根。在加强乡村红色文化的教育过程中，让革命文化能够在振兴乡村建设过程中得以继承和发展。

3. “学在农家”——培育新型农民

以“学在农家”培育新型农民是“四在农家·美丽乡村”中的一项重要内容，是不断加大实施乡村振兴计划力度的一个重要内容。借助乡村振兴计划，需要大力培育新型职业农民，加强新时代农民这支队伍建设成为建设新型农业生产经营体系的战略选择和重点工程，是促进城乡统筹、振兴农村战略的一个重要制度保障。乡村振兴战略的核心在于乡村振兴的主体，以有效地提升乡村振兴战略中农民的积极性和主动性，让农民成为乡村振兴的主体因素。对于农民群众而言，要适应新时代的发展要求，在乡村振兴过程中不断深入学习。贵州省近年来以“四在农家·美丽乡村”建设的契机，从外部环境、培训制度保障、政策依据等层面对新型农民进行引导和帮扶，重点从教育培训、认定管理、扶持政策等多方面打造学习型新农民。

近年来，贵州先后探索总结了“理论学习+基地实训+技能鉴定+后续服务”“短期培训、长期支持”等适应贵州现代山地特色的高效农业的新型职业农民培育模式，以中央农业广播电视学校为主体，聚集农业科研院所、推广机构、涉农院校、农业龙头企业和农民合作社等优势资源共同参与的“一主多元”新型职业农民教育培训体系正在形成。[①] 通过各类培训机构的培训，以及通过农业龙头企业的带动和借助农民合作社等农业产业化资源优势，让乡村振兴的农民，真正成为共同富裕的主体。

“四在农家·美丽乡村”建设的最主要目的是让贵州农村地区的群众过上幸福美满的生活，最主要的是坚持以人为本的发展目标。在新农村建设过程中，要重视对农村地区主要劳动力的教育和培训工作，让老百姓树立起知识改变命运的理念，学习新的农业种植知识和践行现代农业发展理念，不断提升他们的农业技术水平，从而为他们今后从事集约化农业生产奠定技术基础，让他们能够在接受继续教育的过程中提升从事现代农业的能力和水平，从而更有效地服务于社会主义新农村建设，为贵州的农村经济和社会发展储备大量的人才资源。只有大力提升贵州少数民族地区新型农民的素养，才能发挥众多农民群策群力的能力，不断为贵州民族地区的农村文化建设和经济建设提供更多的思路，稳步推进贵州美丽乡村建设。

---

① 袁航：《新型农民正成为热门职业》，《当代贵州》2018 年第 9 期。

4. “美在农家”——建设乡村优美环境

贵州农村地区在借助自身优越的人居环境过程中，大力发展观光农业。将农业生产、农民生活、农村风貌结合成为美丽农村建设的新模式，充分依靠现有的乡村资源，将传统农业和旅游产业融合到其中，从而进一步促进农业增收、农民增收。有效拓展乡村旅游，立足现有的乡村资源禀赋、环境、生态条件，将美丽乡村建设中的“美丽资源”积极打造为美丽产业，将传统农业与现代旅游观光农业有效结合起来，促进产业的融合发展，大力发展乡村休闲旅游，民俗、民宿经济，促进美丽乡村建设进一步完善。在产业发展的过程中广泛开展村庄经营，将美丽乡村建设同村级集体经济发展有效连接起来，在美丽乡村建设过程中，树立起经营乡村的理念，积极实施“农民持股增收”计划，提高农民财产性收入比重，探索一条“户户有资本、家家成股东”的共同富裕之路。围绕乡村旅游美化乡村环境，建立起乡村美、环境优、百姓富的新农村。乡村振兴战略中的美丽乡村建设不仅要求做到外在的环境优美，而且要让农民从精神生活上美丽起来。相对于外在的环境优美而言，内在精神生活的美丽完成起来就显得较为困难。这就需要针对贵州农村地区的实际情况来进行精神生活的改造，当前在农村地区普遍流行的精神生活需要进一步梳理，并矫正那些陈规陋习。广泛组织开展形式多样的民族民俗文化活动，丰富群众精神文化生活，引导群众摒弃遗风陋俗，树立健康文明的生活方式，培育社会文明新风尚。倡导科学文明、移风易俗，形成现代文明风尚，促进农村社会风气转变。同时，组织开展形式多样的“讲文明、除陋习、树新风”主题实践活动和主题宣传活动，引导广大群众摒弃陈规陋习，树立文明新风，促进乡风文明。通过这些方式改变农村地区的精神生活环境，不断丰富农村精神文明建设的有效成果，使农村地区不仅成为环境优美之地，而且成为精神生活更加文明向上的美地。“四在农家·美丽乡村”在贵州的新农村文化建设过程中发挥了积极作用，从价值引领角度来看，积极引导农民通过自身的勤劳来改变自己的境遇；通过引导农民学习现代农业知识，不断提升农业科技文化素养，摒弃愚昧落后的思想观念；通过美在农家、乐在农家，引导农民群众追求心灵美、环境美，为全国其他地区构建社会主义新农村提供可供参考的现实路径。

综上所述，对于贵州所实行的“四在农家·美丽乡村”这项旨在全面振兴乡村的重要举措，同全面建成小康社会遥相呼应，对于贵州的美丽乡村建设而言，要不断改进和完善农民的思想意识，发挥贵州拥有的长征文化、革命文化等重要的文化资源的作用，不断丰富乡村振兴战略中的文化因素；以培养新型农民为契机，通过更新农民的传统种植观念，不断提升农民的专业技能，使其成为乡村振兴的中坚力量；以美丽乡村建设为重要抓手，改造农村地区的整体环境，使其成为环境优美、精神富足的乐土。通过总结和推广社会主义建设中的“四在农家·美丽乡村”文化，为全面建成小康社会贡献贵州智慧和贵州版本。

四　提升和发展少数民族优秀文化

贵州是一个多民族交错杂居和部分民族成片聚居的省份。贵州境内现有 18 个世居民族，除汉族外，还有苗族、布依族、侗族、土家族、彝族、仡佬族、水族、回族、白族、壮族、瑶族、畲族、毛南族、满族、蒙古族、仫佬族和羌族等 17 个世居少数民族。长期以来，各民族和睦相处，共同推进了贵州经济社会的持续快速发展，形成了贵州多民族团结互助的良好社会环境。各民族文化特色彰显贵州文化内涵，贵州多民族在共同的生产生活中，创造了苗族文化、布依文化、侗族文化、土家族文化、彝族文化、仡佬族文化、水族文化等多种文化形态。与全国其他省份相比，贵州丰富的少数民族文化是最具有竞争力的战略资源，是贵州文化的优势资源和珍稀资源，尤其在脱贫攻坚的关键时期，发展少数民族优秀文化，将文化资源优势转化为经济社会发展优势，能够增强全省人民的文化自信，为贵州后发赶超提供文化支撑和精神动力。

（一）民族文化是贵州的宝贝

1. 贵州多民族团结互助的社会环境

贵州是多民族团结互助繁荣发展的示范区，全省 18 个世居民族交错杂居或成片聚居。其中，汉族分布于全省各地，在贵阳市、遵义市、安顺市、六盘水市较为集中；苗族主要集中在黔东南苗族侗族自治州、黔南布依族苗族自治州、黔西南布依族苗族自治州 3 个自治州各县，毕节市、铜仁市各县，以及六盘水市和贵阳市郊区；布依族主要分布在黔南布依族苗族自治州、黔西南布依族苗族自治州 2 个自治州各县，安顺市和六盘水市，以及贵阳市郊区；侗族主要分布在黔东南苗族侗族自治州各县，铜仁市玉屏侗族自治县，江口县、石阡县；土家族主要分布在铜仁市沿河土家族自治县、印江土家族苗族自治县，遵义市道真仡佬族苗族自治县，黔东南苗族侗族自治州镇远县、岑巩县；彝族主要分布在毕节市各县和六盘水市；仡佬族主要分布在遵义市道真仡佬族苗族自治县、务川仡佬族苗族县，安顺市平坝区、普定县、关岭布依族苗族自治县，铜仁市石阡县，毕节市黔西县；水族主要分布在黔南布依族苗族自治州三都水族自治县、荔波县、都匀市、独山县，黔东南苗族侗族自治州榕江县；回族散居在毕节市威宁彝族回族苗族自治县，黔西南布依族苗族自治州兴仁市，安顺市平坝区、普定县，六盘水市盘州市；白族主要分布在毕节市大方县、威宁彝族回族苗族自治县、织金县、黔西县、赫章县，六盘水市盘州市；壮族主要分布在黔东南苗族侗族自治州从江县、黎平县，黔南布依族苗族自治州独山县、荔波县；瑶族主要分布在黔南布依族苗族自治州荔波县，黔东南苗族侗族自治州从江县、丹寨县、榕江县，黔西南布依族苗族自治州望谟县；畲族主要分布在黔东南苗族侗族自治州麻江县、凯里市，黔南布依族苗族自治州都匀市、福泉市等；毛南族主要分布在黔南布依族苗族自治州平塘县、独山县、惠水县等；满族主要分布在毕节市黔西县、大方县、金沙县；蒙古族主要分布在毕节市大方县、黔西县、金沙县、纳雍县，铜仁市石阡县；仫佬族主要分布在黔东南苗族侗族自治州麻江县、凯里市、黄平县，黔南布依族苗族自治州福泉市、都匀市、瓮安县；羌族主要分布在铜仁市石阡县、江口县。

中共贵州省委和贵州省人民政府认真贯彻落实中国共产党的民族政策，1950 年 12 月，贵州省人民政府第八次行政会议通过《关于少数民族地区工作的指示》。1951 年 2 月，贵州省人民政府召开全省民族工作会议。1952 年 11 月，在全省范围内组织了对民族政策执行情况的检查。1955 年 6 月，制定了《贵州省关于检查民族政策执行情况的计划》。1987 年 9 月，贵州在全省开展了民族政策、民族团结宣传教育活动。2005 年 9 月贵州省人大常委会通过并颁布了《贵州省实施“中华人民共和国民族区域自治法”若干规定》。2012 年初，国务院印发了《关于进一步促进贵州经济社会又好又快发展的若干意见》，将贵州定位为全国“民族团结进步繁荣发展示范区”，给予贵州经济社会跨越发展极大支持。当前，贵州全省有 3 个自治州，即黔东南苗族侗族自治州、黔南布依族苗族自治州、黔西南布依族苗族自治州，此外有 11 个自治县，即道真仡佬族苗族自治县、务川仡佬族苗族自治县、三都水族自治县、关岭布依族苗族自治县、镇宁布依族苗族自治县、紫云苗族布依族自治县、沿河土家族自治县、印江土家族苗族自治县、松桃苗族自治县、玉屏侗族自治县、威宁彝族回族苗族自治县。贵州还建有253个民族乡。在贵州，民族区域自治地方面积占全省总面积的55.5%，少数民族常住人口占全省总人口的38.9%。为实现贵州经济社会的持续健康发展，必须大力支持贵州民族地区加快发展，巩固和发展平等、团结、互助、和谐的民族关系。

2. 各民族文化特色彰显贵州文化内涵

在历史发展的长河中，贵州各民族和谐共处，相互交流融合，在创造灿烂辉煌的本民族文化的同时，各民族文化之间也彼此影响、彼此吸收、彼此借鉴，形成了具有鲜明地域特色和民族特征的多姿多彩的贵州文化。生活在贵州的各民族在长期的社会生活中运用自己的聪明才智，创造了光辉灿烂的独具特色的民族传统文化，为贵州文化的繁荣发展做出了积极贡献。由于受地理环境和自然条件的影响，贵州各地少数民族的文化特色各不相同，即使是同一少数民族，由于所处的地理区位不同，民族文化也存在一定的差异，表现为“三里不同俗，十里不同风”。贵州在历史上是民族迁徙的大通道，各民族在迁徙、流动的过程中，逐渐形成“大杂居，小聚居”的分布状况，构建了一幅绚丽多彩的文化长廊。在其他地方早已消失的文化现象在贵州却得以延续，某些古老的文化保存下来后，长期形成山乡异俗，显现出贵州地域文化的鲜明特征。为保护贵州各民族各不相同的多样性文化，贵州先后建立了六枝梭戛苗族生态博物馆、镇山布依族生态博物馆、锦屏隆里古城汉族生态博物馆、黎平堂安侗族生态博物馆。2006年，贵州黔东南“苗岭山区苗族村寨”和“六洞、九洞侗族村寨”等一批民族村寨被列入世界文化遗产预备名录。

丰富多彩的贵州民族文化是贵州得天独厚的人文资源，贵州各民族生活在不同的地理环境中，从而创造了各具特色的绚丽多姿的民族传统文化。在地势较高的黔西北地区，高山多以畜牧业和山地农业为主，低谷地则以农耕经济为主。贵州东部和南部山地、丘陵地带，地势低，气候湿热，自古农业较为发达。总体而言，贵州山区旱地多种杂粮和发展畜牧业，地势较低地带多种水稻。东部苗族、布依族、侗族、水族和土家族多以稻作农业为主，彝族和西部苗族多以山地农业和畜牧业为主，形成了贵州民族文化的多样性和复杂性。作为民族文化的重要载体，民族村寨是民族文化最全面、最系统、最集中的展示。贵州少数民族地区，大部分自然村寨面貌古朴原始，民族风情浓厚，如雷山县的西江苗寨、郎德苗寨，凯里寨瓦苗寨，清镇黑土苗寨，六枝梭戛苗寨，水城青林苗寨，安顺娄家庄苗寨，贵阳香纸沟布依寨，花溪镇山布依寨，镇宁石哨布依寨，贵定音寨布依寨，六枝坝湾布依寨，黎平堂安侗寨，水城海坪彝寨。其中，西江苗寨被称为全国乃至全世界最大的苗寨，有“歌舞之乡”“节日之乡”“银饰服饰之乡”等赞誉；郎德苗寨有“中国民间艺术之乡”称号，是贵州最有民族特色的苗族村寨。

3. 贵州民族文化的分类及特征

多姿多彩的少数民族文化是贵州文化中最有特色的部分，通常将民族文化分为物质文化和非物质文化。贵州少数民族物质文化可分为少数民族稻作农耕文化、民族村寨与民居建筑文化、民族纺织文化、民族服饰文化、民族饮食文化等。贵州少数民族非物质文化可以分为制度文化、语言文化、民族民间文学、民族音乐舞蹈、民族戏剧、民族手工技艺、民族习俗等。受地理环境和自然条件影响，贵州民族文化丰富多彩，绚丽多姿，呈现地域文化的鲜明特征，成为贵州名副其实的优势资源。2015 年 9 月 18 日，时任贵州省委书记陈敏尔指出："多姿多彩的民族文化是贵州最为珍视的宝贝。"9 月 24 日，他在出席第一届国际民族民间工艺品博览会上指出"贵州各族人民共同创造了各美其美、美美与共的民族民间文化"，并且要求贵州全省上下，包括各族干部和各族同胞，应该珍视、珍爱、珍重民族文化这个宝贝，切实增强对贵州民族文化的自信心。此后，贵州社会各界围绕"民族文化是贵州宝贝"开展持续研讨，深入剖析贵州各少数民族文化的特征和内涵，强调既要保持自己独特的魅力，也要同其他民族相互融合、交相辉映，必须有包容性和民族性。

贵州多民族聚居与不同民族文化的融合共同创造了丰富多彩的贵州文化，贵州拥有民族文化多样性优势，多民族大杂居、小聚居的生活形态，使各种文化能够承继保留。贵州各少数民族文化的多样性主要表现为民族成分、语言、社会习俗、文化表达方式等方面的多种多样，贵州至今还自然形成和保留着许许多多各具特色的文化圈。文化资源具有潜在的巨大经济价值，但更重要的是具有独特的文化和社会价值。贵州各少数民族文化长期共生共荣，各民族文化既保留着自己的文化范式，又与周边文化相互影响融合，体现贵州民族文化的多元性和原生态性特征。贵州山地多平原少，欠开发、欠发达的贵州省情使贵州保留着诸多原生态民族文化，贵州的世居少数民族，部分仍然保留着本民族的语言系统和价值取向，每一种语言都蕴藏着一个民族的独特文化。

（二）贵州少数民族优秀文化形态

1. 苗族优秀文化

苗族有着上千年的历史，留存着丰富多彩的民俗文化。"飞歌"是苗族最具特色的音乐体裁，堪称苗族歌唱艺术的瑰宝。苗族服饰仍然保留着传统的挑、染、织、绣等工艺技法，因此刺绣、蜡染、编织等手工艺品，做工精细，工艺独特。苗族是一个勤劳智慧的民族，善于把传说、历史、崇拜等文化元素运用到各种图案中，例如“花苗”的袖衣领边、袖肘绣纹路多呈花状、江水状，象征着苗族祖先居住的地方，花点象征谷穗，交错纹代表田埂，表达人们对生产生活的热爱和对故土、祖先的缅怀，因此苗绣被称为“无字史书”。苗族人民团结、诚信、好客，远方客人来到村寨，他们总会用好酒招待，这与社会主义核心价值观的“诚信”“友善”紧密相连。在历史上，苗族曾涌现出众多杰出的革命家，如杨辛克、吴向必等革命前辈，还有许多科学家、思想家、艺术家等，他们都是创造本民族历史文化的杰出代表。

2. 布依族优秀文化

布依族文化资源极为丰富，傩戏传承了上百年，是淳朴的布依族人民表达情感的重要方式。八音坐唱以丝竹乐器为主伴奏，是布依族世代相传的曲艺说唱形式，被誉为“凡间绝响”“声音的活化石”，是布依族民族文化的重要组成部分。同时，布依族民族舞蹈种类很多，舞蹈的构思大多与人们的生产劳动息息相关，例如织布舞主要表现种棉、摘棉、抽纱、纺线到织成布匹的全过程。布依族的蜡染寄托着人们对生活的美好愿望，具有浓厚的生活气息，史书上很早就有关于蜡染、斑缬布的记载。

布依族人民自古就有英勇顽强的精神。布依族少女王囊仙曾领导了持续数月之久的“南笼起义”，以反抗清王朝的封建统治。在近代史上，布依族人民还进行过反对外国教会、反抗日本帝国主义及国民党反动派的斗争，体现了布依族人民发扬革命传统、勇于追求幸福生活的民族精神。布依族历史上还有许多文化名人，莫友芝就是其中的重要代表。莫友芝出生于布依族史上久负盛名的莫氏之家，与郑珍有“郑莫”之称，他在声韵训诂、目录校勘、书法、诗词等方面造诣较深，是著名的书法家、藏书家。在漫长的历史长河中，布依族人民创造的灿烂辉煌、特色鲜明的布依文化，对丰富中华民族优秀文化具有重要作用。

3. 侗族优秀文化

侗族是一个富有诗情、善于创造美的民族。侗族人民乐观向上、热爱生活，“多耶”是侗族地区最常见的娱乐活动。人们通过歌唱的形式传达“团结、安定、欢乐、友谊”这一永恒的主题，因此侗寨的人民懂得如何创造和真正享受幸福，他们的生产生活方式也被称为“诗意的生存”。现在，侗乡还传承着“行歌坐月”的古风，流传着侗歌、琵琶歌、侗戏、多耶、芦笙舞等数十种民族歌舞，而具有世界非遗称号的侗族大歌以神奇的多声部合韵，向世人展现了独特的民族风采。

斗牛文化在侗族文化中占据重要的地位。斗牛历史悠久，是一项具有挑战性的文化活动。侗族人以斗牛为乐，这也反映了侗族人民不服输的精神以及热情好客的民族美德。近代以来，侗族人民将这种精神和美德演化成光荣的革命传统，在不同的历史时期予以传承和发展。侗族农民姜映芳曾领导侗族农民起义，配合太平天国革命运动，打击清王朝的封建统治。1934 年 11 月，长征途经侗族地区时，侗族人民出寨相迎，帮助红军掩护伤员，筹办粮草。在解放战争时期，侗族人民加入游击队，在党的领导下，紧密配合全国的解放。进入新时代，侗族人民在祖国的各个行业、各个领域都发挥着重要作用。

4. 土家族优秀文化

贵州土家族人民在漫长的历史进程中，创造了具有民族特色的丰富多彩的土家族优秀文化，其中以传统节日中的摆手节、婚恋习俗中的哭嫁歌以及白虎图腾崇拜具有代表性，体现着丰富多彩的土家族文化内涵，成为贵州土家族非常重要的文化遗产。土家族摆手节通常在每年春节期间举行，摆手活动包括祭祀典礼、唱摆手歌、跳摆手舞、表演茅古斯等。土家族哭嫁歌独具民族特色且文化内涵丰富，是土家族姑娘出嫁时边哭边唱的歌，情真意切，场景十分感人。土家族白虎图腾崇拜有着悠久的历史，至今仍然普遍流传于民间，有敬白虎和赶白虎两种习俗。在长期的生产生活实践中，土家族优秀文化与其他民族优秀文化不断交流融合，不断传承发展，流传至今，绚丽多彩。近年来，贵州土家族聚居地区获得“土家山歌之乡”“土家花灯之乡”“唢呐之乡”“傩戏之乡”“书法之乡”等称号。

贵州土家族地区红色文化资源非常丰富，1934 年 6 月，贺龙、夏曦、关向应等在德江县枫香溪召开会议（即著名的“枫香溪会议”），会议决定，以贵州的沿河、德江、印江、松桃以及四川的秀山、酉阳等相邻地区建立黔东特区革命根据地。会后，红军立即恢复党团组织和政治机关，抽调骨干人员组成干部大队，深入基层，发动群众，开展土地革命，建立苏维埃政权。10 月，中国工农红军第六军团在任弼时、萧克、王震等率领下，与贺龙、关向应等率领的红军在印江县木黄一带会师（称“木黄会师”），根据中央要求，会师后的红军恢复红二军团番号，成为中国工农红军三大主力之一。黔东革命根据地是土地革命战争时期红军在云贵高原建立的第一个红色革命政权，有力地策应了中央红军的战略转移和其他革命根据地的斗争，在中国革命史上有着十分重要的地位和作用。

5. 彝族优秀文化

彝族文化中最具代表性的是奢香文化。元末明初的彝族女政治家奢香，给彝族人民留下了丰富的历史文化，概括起来有三个方面的内涵。一是重视文化的交流与发展。奢香夫人在摄政期间，倡导彝汉融合，兴办宣慰司学，发展汉文化，因此彝族人中出现了很多秀才和举人。在发展和传播汉文化的同时，大力传承和创新彝文化。二是维护民族团结和祖国统一。奢香夫人以民族利益为重，顾全大局、忍辱负重，以超高的智慧、非同常人的胆识，使内乱纷争得以平息，维护了民族团结和祖国统一。这种精神在历史上广为传颂，影响了一代代彝族儿女。三是重视发展生产。水西虽在边陲地区，但奢香夫人始终坚持开放政策，注重与内地的交流，修建道路，开发农田，引进农耕技术，推广纺织，发展经济。奢香文化作为彝族文化的缩影，内涵极为丰富，其精神在近年来得以广泛传播。奢香夫人的故事被改编成电视剧、音乐、戏剧等，不断为人们所熟知，这对增强彝族群众对本民族文化的认同感和自信心，激发后发赶超的精神动力具有重要作用。

6. 仡佬族优秀文化

仡佬族物质文化和非物质文化都非常丰富，并且独具特色。贵州仡佬族优秀文化主要包括以“三幺台”为代表的民族传统饮食文化，仡佬族有吃新节、祭山节、毛龙节、敬雀节、朝天祭祖节等民族传统节日，有“打蔑鸡蛋”“高台舞狮”等民族传统体育。吃新节是仡佬族重大的传统节日，主题是祭祀天地、先祖，预祝丰收。节日期间，人们去田间地头采摘谷穗、苞谷、瓜果、蔬菜等，焚香燃烛，恭请祖先尝新，共享劳动果实。祭山节主要是祭祀山神和祖先，祭山即祭祖，祭祖即祭山，二者合一，不可分割。历史上仡佬族人长期生活在山区，衣食住行全部依靠大山的供给，因此对大山非常尊崇，他们将大山与祖先等同祭拜，既增强民族凝聚力，又传承一种生态理念，规范人们的日常行为，教育人们爱护大山的一草一木，努力保护生态环境，维系人与自然的和谐共处、持续发展。

仡佬族先民有丰富的乡土知识和先进的生产技术，贵州仡佬族人民主要生活在山区，山地农耕文化历史悠久，农业生产耕种技术先进，他们较早就掌握了适于当地土壤和气候条件的农耕技术和施肥技术。在金属冶炼方面，仡佬族人民以开采朱砂和冶炼铁器等较为典型。采朱砂炼汞是仡佬族人的传统技术，在古代，仡佬族人民开采出朱砂之后，通过高温冶炼的方法得到水银。时至今日，民间仍然流传着仡佬族先祖曾经以朱砂向周武王进贡的传说。仡佬族人民擅长冶炼铜器和铁器，很早就掌握了冶炼和锻造技术，根据地方志的记载，仡佬族人民“多铸犁以营生”或“铸犁为业”，较早就掌握了冶炼金属的先进生产技术。

7. 水族优秀文化

水族人民极富创造力，有本民族的语言和传统文字（汉语称为“水书”）。水族古文字体系具有图画文字、象形文字、抽象文字兼容的特色。“水书”作为少数民族的古老文字，是水族人民珍贵的文化瑰宝，也是世界古文化遗产的重要组成部分。2002 年，“水书”入选首批“中国档案文献遗产名录”，2006 年，水书习俗入选首批国家级非物质文化遗产名录。水族刺绣、染织和雕刻在所有民间工艺中较为有名。马尾绣与水族人民养马、赛马的习俗有关，是一门传承了上千年、最古老而又最具生命力的原始艺术。在长期的生活生产中，水族妇女培养了敏锐的审美能力和洞察力，善于将民俗习惯和自然风光融入马尾绣工艺中，绣品上的花鸟鱼虫极富文化底蕴。目前马尾绣已远销海外，深受人们的喜爱。

在中国近代史上，水族人民涌现出许许多多的英雄人物。1855 年 10 月，水族农民起义军领袖潘新简配合太平天国运动，领导水族人民进行反压迫、反剥削、反歧视的抗清起义，在坚持斗争 15

年中，他矢志不移，在英勇就义时，还痛斥清王朝反动统治。新民主主义革命时期，邓恩铭作为中国共产党的创始人之一，是中共一大代表中唯一的少数民族同志，后在济南被捕，英勇就义。2009年9月，邓恩铭同志被中央宣传部、中央组织部等评选为“100位为新中国成立作出突出贡献的英雄模范人物”之一。

（三）提升和发展少数民族优秀文化的具体路径

1. 深入推进少数民族特色文化产业品牌化

迅速发展经营性文化产业能够实现民族地区创业就业，加快脱贫步伐，但由于贵州省文化产业起步较晚，有的品牌出现定位模糊、战略创新力不够、营销策略的传播力不足等问题，贵州民族特色文化产业整体上呈现“弱、小、散”等状态。“大力发展贵州文化产业，重点是做优做强特色文化产业，深度挖掘‘多彩贵州’品牌商业价值。”[①] 为增强民族特色文化产业的发展动力，首先应在民族特色文化产业品牌化、战略化上下功夫，着力打造具有较强竞争力和较大产业规模的文化品牌。

明确定位，不断丰富民族文化品牌的内涵。近年来，贵州省开发了黔酒、黔茶、黔银、黔绣等“黔系列”民族文化产品，使贵州省文化产品的知名度和影响力得到了大幅提升，诸多文化产品走向全国乃至世界，受到消费者的喜爱，但离形成有民族特色的文化品牌体系还存在较大差距。主要问题在于诸多民族文化品牌的定位过于肤浅，从文化品牌内在的设计理念到外在的形象标识，都难以体现该品牌独具特色的价值内涵，千篇一律，难以在激烈的竞争市

① 岳振：《改革创新是文化强省动力源——四论建设多彩贵州民族特色文化强省》，《当代贵州》2016年第16期。

场中独树一帜。要想把文化品牌做大、做强、做精，就必须深入挖掘民族区域文化特色的差异性、独特性，分门别类地将地方历史、文化和传统风俗融入旅游产品开发中，体现不同系列文化产品的区域性和差异性，以满足人们多层次、多方面、多样化的精神需求。同时，对整合后的产业品牌做好后续开发工作，对不同类型和功能的文化产品做好细化分类工作，提升品牌的利用效率。以“黔酒”为例，通过对不同产地的酒进行差异化分析，将每一种酒打造成地方特色浓郁的文化符号。“黔茶”“黔银”等系列品牌也要深入定位，细化研究，将所有的文化符号组合成展现“贵州身份”的区域文化标识。

创新文化理念，持续推进品牌战略化。各级政府要切实强化品牌战略意识，要坚持品牌推广和文化保护、产业发展协同推进，实现经济效益和社会效益双丰收。政府应加大对特色文化产业在资金、税收、创意、科技等方面的扶持力度，把民族文化保护与传承理念融入产业开发，以“工匠精神”打造“黔系列”民族文化产业品牌。在全省推广“一县一品牌”战略，在民族文化资源较为集中、文化特色较为明显的区域，深入推进“一乡镇一品牌”战略，集中精力打造具有知名度和美誉度的民族特色文化品牌，延伸文化产业链，提高其附加值。加快民俗文化产业转型升级，针对不同类型和地区的文化资源制定发展规划，要储备一批具有发展潜力的文化资源，为文化产业的深远发展奠定基础，同时也要重点打造一批新兴的民族文化品牌，在巩固现有文化产业发展的基础上，创新发展，使民间传统文化产业能适应时代发展要求，推动文化资源优势向产业优势转化。

整合营销传播，扩大民俗文化产业品牌效应。应重点在全国主要城市、境外重点市场、各级媒体开展品牌宣传活动，强化营销手段，助力全省文化旅游、民间工艺品产业的市场化进程。“紧扣文化旅游融合互动，突破行业限制，整合部门、市县资源，形成了一批优势文化产业集群和现代文化产业园区。”[①] 积极寻求国家政策支持，促进产业转移，促进跨区域的文化产业发展。省政府应把建设民族文化产业发展带纳入发展规划，整合优化区域内发展项目，国家层面协调与东部省份文化产业战略协作，将文化产品引向其他兄弟省份。利用“一带一路”，加大境外推广传播的力度，在贵州“万企融合”的背景下，优先推进大数据与文化产业的深度融合，有效分析和把握国外消费者的审美习惯和消费倾向，创新包装形式和营销手段，增强刺绣、马尾绣、竹编、蜡染等传统工艺品在国际市场的竞争力。2018 年 5 月 20 日，新华社民族品牌工程“黔系列”民族文化产业品牌行动正式启动。省政府要继续全面加大与知名媒体、新媒体平台的合作力度，加大文化产品在网络、电视、广播、报纸中的宣传力度。组织选派具有示范效应和发展优势的文化企业，参加国际有影响力的文化产业博览交易会，展示多彩贵州民族文化产业发展的新成果。把中国（贵州）国际民族民间文化旅游产品博览会，打造成促进民族民间文化交流的专业化、市场化、国际化舞台，依托各高校和研究院所开展的传统工艺振兴工作交流会，通过高水平的研讨交流提升设计与制作水准，促进民族文化产业振兴发展。

2. 加强少数民族题材的文艺创作

近些年来，贵州少数民族题材文艺创作取得了一定成绩。当然，成绩的背后还存在不少问题，如民族文艺资源缺少科学有序的开发，部分作品在内涵拓展方面有所欠缺，民族文化元素存在一定

① 汪枭枭：《努力构建多彩贵州民族特色文化强省》，《当代贵州》2017 年第 Z3 期。

程度的流失。因此，繁荣少数民族文艺创作还需要多方面的共同努力。

以抢救保护为抓手，推动少数民族文艺创新发展。少数民族文艺创新发展的首要前提是进行民族传统技艺的抢救保护，避免濒危艺术“人亡艺绝”的尴尬境地。一是对有价值的民间艺术开通少数民族“申遗”通道。申请非物质文化遗产能够使民族文化得到前所未有的重视，侗族大歌在入选人类非物质文化遗产代表作名录后，频繁登上国际顶级舞台，在国际社会引起很大反响。因此，各级政府首先应设立民族民间文化申遗专项基金，为更多民间传统技艺入选各级非物质文化遗产名录提供资金保障。同时要重点落实《贵州省非物质文化遗产保护发展规划（2014—2020 年）》，加大对非物质文化遗产的保护与传承力度。二是通过信息化手段提升民族艺术保护与传承的效度。民族地区普遍落后，艺术的传承大多靠口传心授，而现实中大多数年轻人离乡务工，对本民族传统技艺不感兴趣。运用大数据全面记录歌曲、舞蹈等艺术形式，在保存完整的基础上做好后期制作，通过网络新媒体平台传播，让更多人能突破空间的障碍欣赏和学习民间艺术，增强人们保护与传承民族文化的意识。三是不断推进民族艺术进校园。要提倡民族地区的中小学开设民族民间文化课，将民间技艺和传统体育项目融入音乐、美术、体育等课堂，培养孩子们对古老艺术的兴趣和爱好。四是加强少数民族文艺人才的培养。借助各类文艺汇演，“多提供平台，多使用新人，真正使（剧）节目编创过程，成为挖掘新人的过程、培养新人的过程、启用新人的过程、推出新人的过程。”[①] 在高校

① 汪枭枭：《坚定文化自信，助力多彩贵州民族特色文化强省》，《当代贵州》2018 年第 3 期。

尤其是民族地区院校增设民族民间传统技艺相关专业，定期选派演艺人员外出学习。同时，要重点实施非遗手工技艺传承人“十百千万”培训计划，让更多农户参与培训，成为真正的民间艺术传承人。

扩大对外交流，推动少数民族文艺国际化发展。进入新时代，展示贵州人民的文化自信，就要有世界眼光，彻底摆脱民族文化“养在深闺人未识”的困境。当前，应进一步拓宽少数民族文艺团体对外交流渠道，变被动交流为主动展现，让多姿多彩的贵州民族文化艺术登上国际舞台。首先应充分运用好“中国文化年”这一文化平台，努力将贵州文化艺术推向海外，让世界知道和了解贵州。近年来，贵州少数民族文艺团体已多次参加“中国文化年”，例如“2014 西班牙中国文化年 · 多彩贵州文化节”“2015 俄罗斯 · 多彩贵州文化年”“2016 墨西哥 · 多彩贵州文化节”“2017 马耳他 · 多彩贵州文化艺术节”，向国际展示贵州少数民族文化艺术的独特魅力。除了参加海外的文化艺术节外，政府部门应加快“走出去”的步伐，在国外积极举办具有影响力的文化艺术节，将贵州具有代表性的苗族飞歌、侗族大歌、布依族八音坐唱等民间艺术表演带到国外，将贵州文化艺术融入“一带一路”等。同时，还要吸引更多艺术团体、国外友人来贵州。在省内举办多彩贵州文化艺术节、少数民族文艺会演、非物质文化遗产活动月、少数民族文化活动月，吸引更多人来贵州，感受贵州深厚的文化底蕴和迷人的自然风光，通过歌唱祖国、歌唱家乡、赞美新时代的美好生活，全面提升贵州本土文化艺术节的影响力和文化自觉。

紧扣时代主题，创作出经得起历史考验的文艺精品。政府应把鼓励文艺精品创作作为文化强省建设的一项重要举措。近几年，贵州少数民族文艺创作呈现许多叫好叫座的文艺作品，如大型花灯剧

《月照枫林渡》、歌舞剧《天蝉地傩》、音乐剧《嘎老》、舞蹈诗《巫卡调恰》、话剧《天地文通》，它们在国内外各大剧院巡回演出，深受观众喜爱。在决胜脱贫攻坚、同步全面小康的关键时期，贵州省实现“后发赶超”，需要有生命力、有文化活力的文艺精品，以提振全省人民的士气、增强人民的文化自信和自豪感。习近平总书记多次提到文艺创作的重要性，并强调：“文艺创作方法有一百条、一千条，但最根本、最关键、最牢靠的办法是扎根人民、扎根生活。”[①] 少数民族文艺创作也不例外，各级政府要以政策支撑为基础，鼓励文艺创作者把更多时间投入基层调研和艺术创作，从少数民族群众的生活中获得创作灵感，围绕涌现在群众身边的英雄、典型和楷模进行创作，刻画出新时代贵州人的精气神，彰显出优秀民族文艺作品的精神力量。全省要在市、县、镇（街道）和村（社区）建立四级采风工作网络点，政府部门出资建立农家客栈，也可以联系农户为文艺工作者提供食宿，并给予经济补助。文艺工作者所在单位要解除他们下乡调研期间生活上的后顾之忧，适当提高他们的工资待遇，让其沉下心来，不断在基层生活中提炼和感悟。通过一部部文艺精品，激励更多人投入决胜同步小康的伟大实践中，让世界人民感受到贵州人团结奋进、拼搏创新、苦干实干、后发赶超的精神气概。

3. 建强公共文化服务体系

2015 年，贵州出台了《关于构建现代公共文化服务体系的实施意见》，对推动民族地区公共文化建设做了深入部署，要求把少数民族贫困地区作为主战场。2017 年，《贵州省十三五文化事业和文化产业发展规划》提出以“大文化助推大扶贫”为主线，重点

---

① 《习近平谈治国理政》，外文出版社，2014。

实施“十大工程”，对加强民族乡镇公共文化服务体系建设予以高度关注。构建新时代具有贵州特色的现代公共文化服务体系，促进民族地区基本公共文化服务均等化，需要深挖资源、补齐短板，着力解决公共文化服务供需对接不到位、服务效能不高等问题。

创新公共文化服务理念。相关部门应深刻认识到，加强民族地区、贫困地区公共文化服务是实现基本公共文化服务均等化的关键。因此，要建立公共文化服务城乡联动机制，推进文化服务内容、形式方面的创新，实现城市、农村公共文化服务资源整合。各市（州）和县（市、区）要在主城区规划建设布局合理、设施完善的文化服务核心区，一方面让来自基层的优秀文化走出村寨、走向城市，同时要坚持开展“文化下乡”，通过“送文化”“种文化”“养文化”等一系列活动，优化资源配置，让城乡居民共享优质文化资源。另一方面，“要建立公共文化服务体系建设的群众评价反馈机制，实行点单式服务，真正把公共文化服务的选择权和评价交给群众”。①省文化和旅游厅要定期组织专家到民族贫困地区开展专项调研，切实了解群众的真实生活和文化需求，改进方法，制定措施，特别针对老弱病残等弱势群体制定特定服务内容，融入更多群众喜爱、参与度高的活动形式。建设村镇综合文化服务中心，积极推进基本公共文化服务向民族地区最基层延伸，加强部门联动，丰富群众文化活动，提升公共文化服务的实效性。要为交通不便的边远民族地区提供电影放映车和流动舞台，运用好现代化的宣传演出设备，开展政策宣传、文艺演出、画作展览、非物质文化遗产传承等文化宣传服务活动。

完善公共文化服务基础设施。近年来贵州民族地区文化基础设

① 刘赫：《建设多彩贵州民族特色文化强省对策试析》，《贵州师范学院学报》2015 年第 11 期。

施建设有较大改善，但仍不能完全满足人民群众的需要。完善公共文化基础设施建设，应重点在两个方面发力。一是增加对民族地区文化事业的投资费用，重点支持贫困地区乡镇、村基层服务点的基础设施建设。重点进行少数民族文化重大项目建设，更加健全省、市、县、乡、村五级文化服务网络，健全覆盖全省民族地区的公共文化服务体系。建设好贫困地区的民族文化活动中心、民族文化博物馆、图书馆、乡镇文化站、农村文化室等基础设施，购置图书、广播器材、文化设备、体育器材等，增强人民群众的文化获得感。二是要加强文化信息资源共享工程人才培训，组织一支网络文化开发、维护和建设的技术骨干队伍，提升公共文化服务数字化程度。全省要组建并利用好专业人才队伍，加快广播电视网络建设，推进多彩贵州“广电云”村村通工程，使所有自然村实现联通广播电视全覆盖。加快互联网的普及，配置信息设备，提升数字化水平，实现乡乡有公共电子阅览室，文化信息资源共享工程服务点覆盖到村。同时，贵州广播电视台和地方各级电视台要开办少数民族语言频道，提高少数民族文艺节目在各大频道的播出率，提高民族语言节目制作、播映和传输覆盖能力。

第四章
新时代贵州精神植入人心的路径

马克思曾说："理论一经掌握群众，也会变成物质力量。"① 毛泽东认为："先进阶级的正确思想，一旦被群众掌握，就会变成改造社会、改造世界的物质力量。"② 党的十九大召开期间习近平总书记参加贵州代表团审议时强调，贵州的同志要全面贯彻落实党的十九大精神，大力培育和弘扬"团结奋进、拼搏创新、苦干实干、后发赶超"的精神。贵州省委十二届二次全会把"团结奋进、拼搏创新、苦干实干、后发赶超"的精神定位为新时代贵州精神。新时代贵州精神是贵州经济社会发展的强大精神支撑，只有让新时代贵州精神引领和融入贵州经济社会发展，打赢脱贫攻坚战，加强生态文明建设，推进大数据、大旅游、大健康、大生态协同发展，让老百姓有最大的获得感，才能让贵州人民深刻领会、认真培育和切实践行新时代贵州精神，才能让新时代贵州精神真正植入人心。

---

① 《马克思恩格斯选集》第 1 卷，人民出版社，1995，第 9 页。

② 《毛泽东著作选读（甲种本）》，人民出版社，1965，第 383 页。

一　用新时代贵州精神引领贵州脱贫攻坚战

思想是行动的先导，认识是行动的动力，解决思想认识问题，就是解决方向和动力问题，就是解决最根本性的问题。新时代贵州精神是新时代贵州全面发展的精神动力和支撑，必须把培育和弘扬新时代贵州精神放在贵州脱贫攻坚战的重要位置，并且使之贯穿贵州脱贫攻坚决胜期，让新时代贵州精神根植贵州人民，为贵州脱贫攻坚提供强大的精神支撑和动力源泉。

（一）用新时代贵州精神提振干部群众脱贫攻坚的精气神

李克强总理曾说过，“如果缺失了贵州实现全面建成小康社会，那我们全国全面建成小康社会就是不完整的。”① 贵州是全国脱贫攻坚的主战场，精准脱贫形势严峻，任务艰巨，并且关系到全国全面建成小康社会的大局。习近平总书记 2015 年 6 月在走访贵州遵义农村时强调：“好日子是干出来的，贫困并不可怕，只要有信心、有决心，就没有克服不了的困难。”归根到底，在贵州脱贫攻坚中，良好的精神状态是战胜贫困和建成小康社会的力量之源，广大干部群众认真培育新时代贵州精神，并用新时代贵州精神调动和激发自己脱贫攻坚的积极性、主动性和创造性，团结奋进，拼搏创新，凝心聚力，切实脱贫，尤为重要。总体来看，在贵州精准扶贫战役中，绝大部分干部群众能够认识到脱贫攻坚的重要性和艰巨性，保持一种时不我待、只争朝夕的精神状态。但是也存在一些干部群众

① 2013 年 3 月 7 日李克强总理在参加十二届全国人大一次会议贵州代表团审议《政府工作报告》时的讲话。

思想觉悟不高，消极怠工，不愿啃“硬骨头”，譬如：有的干部抱怨“工作条件艰苦、工资待遇与工作量不匹配、群众脱贫积极性不高”；有的干部“上官不紧，下官不为”，官僚主义和形式主义严重；有的干部的基层群众工作能力不足，遇到群众反映的棘手问题总是选择回避和搪塞。同时，部分贫困群众脱贫意愿不强、动力不足，没有脱贫攻坚的积极性和主动性，总是认为脱贫攻坚是脱贫干部的政绩工程，自己脱不了贫，扶贫干部就会被问责，并以这些为要挟，提出一些不合理和离谱的要求，譬如，“不要紧，我脱不了贫，扶贫干部就要被处分问责，他们比我们还急”，以及“给我多少钱，上面检查时我不乱说”等。习近平总书记指出：“要加强扶贫同扶志、扶智相结合，激发贫困群众的积极性和主动性，激励和引导他们靠自己的努力改变命运。”[①] 目前，脱贫攻坚到了啃硬骨头、应对风险挑战的决胜期，要用新时代贵州精神引领贵州贫困地区基层党建工作，充分调动广大党员的主观能动性，始终保持基层党组织的先进性和纯洁性，努力增强基层党组织对脱贫攻坚工作的政治领导力、思想引领力、群众组织力和社会感召力，着力发挥基层党组织在脱贫攻坚中的政治堡垒作用。

第一，加强贫困村“带头人”队伍建设。党支部强不强，关键还要看“领头羊”。各级党委要始终把贫困村“带头人”的队伍建设作为着力点，对所有贫困村党组织进行深入调查和走访，对那些组织松散、相互推诿、群众反对或者精准脱贫不力的村“两委”班子要及时进行调整，对那些能严以律己、严以修身和严以用权的村党支部书记要重用。对那些涉黑涉恶且被查处的村干部，要及时选拔优秀人员补齐缺位。乡镇党委书记要承担起优化配置的直接责

① 2018 年 2 月 12 日习近平总书记在全国打好精准脱贫攻坚战座谈会的讲话。

任，要深入群众，了解合适人选，暂时没有合适人选的，要从外面引回来，或者从上面派下去。要结合贫困村的实际，对外出务工的优秀人员登记造册，并且抓住外出务工人员返乡探亲的有利时机，通过上门走访、召开座谈会等形式，回引一批有文化、懂技术、会经营的优秀外出人才。同时，要突出问题导向，认真查找和解决村“两委”存在的问题，特别是有的村干部文化素养低、思想政治觉悟低，组织协调能力不足，对项目规划和经营管理缺乏战略思维等突出问题，要搞好有针对性的专题培训和实战化训练，不断增强村“两委”在脱贫攻坚中的政治领导力、思想引领力、群众组织力和社会感染力。

第二，壮大新型村级集体经济。认真贯彻党中央关于精准扶贫各项政策，增强扶贫村集体经济实力，并把其作为以党建促脱贫的重要任务。各级党委要把发展壮大扶贫村集体经济摆上重要议事日程，统筹规划，周密部署，落到实处。要把贫困村作为重点扶持对象，优化配置项目、资金、技术、人才等资源，成立发展扶贫村集体经济领导小组，形成党委统一领导、部门协同配合、乡镇和村负责落实的工作机制。贫困村党组织要发挥组织优势，让全村党员凝心聚力，率先垂范，充分调动全村群众脱贫攻坚的主观能动性，根据扶贫村实际，尊重农民脱贫意愿，遵循市场经济规律，坚持循序渐进，突出可持续发展方向，把发展农民专业合作和股份合作作为主要形式，通过融入式的发展模式，在开发式、“造血式”扶贫上狠下功夫，帮助贫困村发展一批具有长期稳定收益的产业项目，发展壮大扶贫村集体经济，不断增强扶贫村的综合经济实力。

第三，加强扶贫村党支部规范化建设。一是各级党委要以扶贫村党支部规范化建设为引领，不断创新完善扶贫村党组织设置，建立健全农民合作社、农业企业、农业服务机构的党组织，逐步建构以乡镇党委为龙头、以村级党组织为主体、以产业党组织为链条的扶贫村基层党组织体系。二是扶贫村党组织要认真落实“三会一课”、组织生活会、民主评议党员和主题党日等活动，使扶贫村党组织成为广大党员群众政治学习的阵地、思想交流的平台和党性锻炼的熔炉。同时，要加大软弱涣散的扶贫村党组织整顿力度，通过对症式整改、组团式帮扶、造血式转化、台账式管理等措施持续整顿，跟踪问效，做到常抓不懈、久久为功。要把出现黑恶势力或者涉黑涉恶案件的扶贫村，列为重点整改对象，由县级领导挂点关注，乡镇党委书记驻点督办，选派第一书记蹲点落实，通过召开党组织生活会、调整村“两委”班子成员、严肃党内政治纪律等方式开展集中整顿工作，促其各项工作走上正轨。

第四，强化驻村工作队的指导作用。要加强驻村第一书记和驻村工作队的建设，驻村第一书记和驻村工作队要认真履责，发挥好其在脱贫攻坚中的指导作用。一要加强学习，通透政策。驻村第一书记和工作队要认真学习把握党中央和各级党委关于脱贫攻坚的方针政策和战略部署，切实执行各级党委、政府关于脱贫攻坚的具体举措。二要深入群众，体察村情。驻村第一书记和工作队要通过走访乡镇干部、前任驻村工作队，以及村民群众，多渠道调查研究所在村“两委”运行、贫困程度，致富能人、原籍本村的成功人士等情况，吃透村情，从村情出发推进脱贫攻坚工作。三要交流沟通，真正融入。驻村第一书记和工作队要与村“两委”班子成员、党员和村民交流座谈，同时广泛接触致富带头人和外出务工回乡创业人员等，通过交流谈心，了解他们的真正关切，了解村情，拉近距离，融入环境。四要查找问题，理顺思路。驻村第一书记和工作队要牢牢把握驻村脱贫攻坚的主动权，认真查找扶贫工作中面临的问题，针对存在的问题，理顺解决问题的思路，沉下心来做工作，不急不躁往前走。五要集中民智，科学决策。驻村第一书记和工作队，要与县、乡分管领导和帮扶部门进行对接和沟通，共同规划本村脱贫攻坚工作；与本单位领导、同事和原籍本村的干部进行交流，争取让他们为本村脱贫攻坚工作提供帮助和支持；同时，要深入群众调查研究，倾听群众的呼声和建议，集中全村群众智慧，对本村脱贫攻坚工作做出科学决策。

省委十二届二次全会指出："团结奋进"，就是要心往一处想、劲往一处使，万众一心、奋发有为；"拼搏创新"，就是要攻坚克难、敢为人先、推陈出新、敢闯新路；"苦干实干"，就是要不惧辛劳、脚踏实地、担当实干、狠抓落实；"后发赶超"，就是要不甘落后、跨越发展、弯道取直、赶超进位。在脱贫攻坚中，必须准确把握新时代贵州精神的丰富内涵，着力构筑新时代贵州精神高地，以习近平新时代中国特色社会主义思想为指引，把培育和弘扬新时代贵州精神放在脱贫攻坚的首位，并贯穿决战决胜脱贫攻坚始末，切实提振自己的精气神，强化使命担当，坚定必胜信念，着力构筑新时代贵州精神高地，为脱贫攻坚凝聚强大的思想共识，汇聚磅礴的精神力量，注入不竭的动力源泉，始终坚持脱贫攻坚是关系贵州经济社会发展全局的战略共识，以时不我待和只争朝夕的精神状态，凝心聚力，真抓实干，充分领会和用好精准脱贫相关政策，激发内生动力，坚决打赢贵州脱贫攻坚战。

（二）用新时代贵州精神宣传和塑造贵州脱贫攻坚典型

自实施精准扶贫战略以来，贵州全省上下抢抓机遇，共谋脱贫攻坚大计，在贵州脱贫攻坚实践中，探索出了诸如"摘帽不摘政策""资源变股权、资金变股金、农民变股民""四看法""塘约道路"等重大扶贫举措，形成了一套切实可行、科学系统且具有典型示范作用的“贵州脱贫攻坚经验”，创造了全国扶贫开发的“省级样板”，全省综合实力和人民生活水平得到较大的增强和提升。但是不可否认，由于受发展观念、自然环境、基础设施、人才匮乏等因素的影响和制约，贵州与其他省份各方面的差距依然很大，后发优势没有得到很好发挥。尤其是精准扶贫的思想观念还有待进一步解放、转变。由于贵州多年来采取一些物资帮扶的“输血式”扶贫方式，在一定程度上使部分群众滋生了“等、靠、要”的依赖思想，一些贫困户宁愿贫困也不肯脱贫，甚至患上了“不达目的不脱贫”的“精神贫困”症，参与脱贫攻坚的积极性和主动性不高，如有些群众以贫困为荣，争当“贫困户”，乐当“贫困户”，有些非贫困户还通过走关系来搞个贫困户指标，进而享受扶贫政策带来的红利等。习近平总书记在 2015 年 11 月召开的中央扶贫开发工作会议上强调：“脱贫致富终究要靠贫困群众用自己的辛勤劳动来实现。”新时代贵州精神是贵州优秀传统文化精神的传承和发扬，例如，像黄大发、余留芳、左文学等脱贫攻坚一线同志的先进事迹，就是弘扬新时代贵州精神在脱贫攻坚中的生动典型和具体体现，并时刻激励着参与贵州脱贫攻坚的广大干部群众。

曾担任贵州省遵义市播州区平正仡佬族乡团结村党支部书记的黄大发，从 20 世纪 60 年代起，敢于同严峻的自然环境做斗争，带领群众改变了当地贫穷落后的面貌，用实际行动践行了新时代贵州精神。他带领广大人民群众，面对困难不退缩，遭遇失败不气馁，探索和运用科学方法，艰苦卓绝数十载，在科学技术不发达的当时，仅仅靠锄头、钢钎、铁锤这些简陋的工具，在悬崖峭壁上开凿出一条贯穿三个村的 9400 米的绝壁天河——“生命渠”，终于解决了当地缺水的难题，被当地群众亲切誉为“大发渠”，当地老百姓不仅用上了清澈干净的饮用水，而且解决了农业灌溉用水难题，农业生产出现质的飞跃，自然生态也得到明显改善。同时，黄大发带领群众发扬自力更生、艰苦创业的精神，充分发挥当地群众的主体能动性，大力开展“修村路、架电线、坡改梯、建学校”等工作，当地综合实力极大增强，人民生活得到明显改善，使当地群众真正走上脱贫致富的康庄大道。黄大发以坚定的理想信念信仰和不屈的奋斗精神书写了绝地逢生的精彩传奇，展现了贵州贫困山区党员干部拼搏创新和苦干实干的精神风貌。

十年前，贵州省盘州市淤泥乡岩博村自然环境极其恶劣，海拔较高，气温较低，土地贫瘠，交通闭塞，不少村民的温饱问题还没有得到解决，村民人均收入不足 800 元，村集体债台高筑，举步维艰。自余留芬2001 年担任该村党支部书记以来，她以“经济增长、百姓富裕”为初心和使命，以基础设施建设为基点，以科技创新和村民素质提升为支撑，以优化产业结构和调整发展方式为主线，采取银行贷款、村民集资、合作经营等方式，大力推进砖厂建设，修休闲山庄，发展蔬菜基地、魔芋基地、特种养殖场、小锅酒厂等产业，经过十多年的艰苦奋斗，该村先后修通长 30 多公里的通村路和通组路，并完成 13 公里的油路改造；先后完成退耕还林 5000 多亩，乡村旅游蓬勃兴起，蔬菜、杨梅、果林、脱毒洋芋等产业发展迅速，岩博村的农民人均纯收入为 1.1 万多元、集体资产达 3600 万元，集体经济积累为 310 余万元。她为村里创办的企业每年为全村创造上千万元的产值，在解决 300 余人就业的同时也给全村带来 300 余万元的收入。在她的带领下，岩博村成为远近闻名的“先进村、文明村、示范村”。2018 年 12 月 18 日，党中央、国务院授予余留芬同志改革先锋称号，颁授其改革先锋奖章，其被评为深度贫困地区带领村民脱贫攻坚的优秀代表。

左文学自担任贵州省安顺市平坝区乐平镇塘约村党总支书记以来，带领村“两委”突出党建引领作用，将全村划分为4个网格党支部和10个党小组，实行村级党员“驾照式”管理，对班子成员、村民小组长、村民议事会分别实行“三级考评”，完善村委会自身监督、监督委员会监督和村民小组监督“三方”监督制度，通过“党支部管全村、村民管党员”，进一步推进从严治党，夯实发展根基，同时塘约村与贵州中瑞阳光运营管理公司合作，拟定《平坝区乐平镇塘约村农村综合改革发展规划》，制定出“以人为耕、以农为本、以文为心、以旅为轴”发展蓝图，明确了“村社一体、合股联营”的发展道路。依托金土地合作社，塘约村搭建起农村产权确权信息管理平台，在保障农民土地集体所有性质不改变、耕地红线不突破、农民权益不受损等前提下，率先在全省范围内对全村土地承包经营权、小型水利工程产权和农村集体财产权等“七权”进行了精准确权。目前全村入库农村耕地确权面积为4881.21亩；林地为2616.8亩；房屋为957家，其中集体房屋为7宗；集体所有水利工程为19宗。通过确权，明晰了集体与个人各类产权，实现产权所有权、经营权、承包权的分离。塘约村在建的“青岛一安顺共建蔬菜产业化示范区”，属于塘约村农旅结合项目点之一，得到了上级的充分肯定，2017年9月获“2017年全国脱贫攻坚奖创新奖”。2018年1月31日，左文学在贵州省第十三届人民代表大会第一次会议上，当选贵州省出席第十三届全国人民代表大会代表。

贵州要结合本省脱贫攻坚实际，利用传统媒介和现代传媒宣传和解读新时代贵州精神，大力选出贵州脱贫先进典型，着重宣讲贵州的脱贫故事，传播贵州脱贫好声音，在全社会形成良好的舆论宣传导向，让广大人民群众真正领悟新时代贵州精神的引领和支撑作用，用新时代贵州精神武装头脑，指导扶贫，推动脱贫，充分发挥广大基层干部群众在脱贫攻坚中的首创精神，引领人民群众凝心聚力，决胜脱贫，彻底改变贫困落后面貌。因此，按照新时代贵州精神的内在要求，要打赢脱贫攻坚战，必须摆脱思想观念的“贫困”，坚决摒弃“等、靠、要”思想和做法，坚决杜绝“戴穷帽炫富”等现象的发生。干部群众不等不靠、自力更生，激发战胜贫困的积极性、能动性，助推脱贫攻坚再上新台阶，为促进贵州经济社会发展做出应有的贡献。

（三）用新时代贵州精神强化贵州脱贫攻坚的举措

思想是行动的指南，实践是检验思想真理性的唯一标准。在贵州脱贫攻坚中，要充分发挥新时代贵州精神的引领作用，彰显新时代贵州精神的时代价值。新时代贵州精神是贵州人民宝贵的精神财富，是新时代贵州精神面貌的集中体现，其内涵丰富，语言精练，逻辑严密，思想深邃，具有深刻的辩证思维和鲜明的时代特征，对贵州脱贫攻坚具有精神支撑、理论指导和实践借鉴价值。新时代贵州精神昭示我们，只有团结奋进才能协同发展，只有拼搏创新才能少走弯路，只有苦干实干才能脚踏实地，只有后发赶超才能同步小康。新时代贵州精神是贵州人民决战脱贫攻坚、决胜全面小康的强大精神支撑和引领力量。贵州脱贫攻坚蓝图已经绘就，关键在于贵州人民切实践行。广大干部群众要认真培育、弘扬和践行新时代贵州精神，在脱贫攻坚战场上靠精神支撑，靠作风助力，用实效说话，用民心实证，以“扣扣子”“担担子”“钉钉子”的精神抓落实，坚决打赢脱贫攻坚战。只有彻底让贵州贫困人口和贫困地区脱真贫、真脱贫，并和全国人民一道全面进入小康社会，人们才能真正认同、信仰和践行新时代贵州精神，因此，必须以新时代贵州精神为引领，推进脱贫攻坚各项工作。

第一，注重科学决策，健全扶贫机制。随着时代的发展，贵州省原来的一些扶贫机制已经不能发挥应有的作用，新的扶贫实践需要新的扶贫体制机制来作为保障。贵州省以往的扶贫机制侧重在实施上，对相关部门和党员干部的扶贫责任缺乏明确界定，缺乏科学的考核机制。这在一定程度上阻碍了扶贫的持久性和科学性。为了破除体制机制上的障碍，利用制度的力量推动扶贫事业发展，党的十八大以来，省委省政府因时而进，因地制宜，不断改革创新扶贫机制，发挥扶贫体制机制的保障作用。2015 年 12 月，省委贯彻落实中央相关规定，结合自身的实际情况，印发了《中共贵州省委贵州省人民政府关于落实大扶贫战略行动坚决打赢脱贫攻坚战的意见》，提出要科学编制“十三五”扶贫规划，为贵州省扶贫开发机制创新提供纲领性指导。在此之后，省委省政府相继出台了一系列精准扶贫的新体制、新机制。始终坚持省委在脱贫攻坚中的领导地位，以及省政府在脱贫攻坚中的主体地位。为了明确各级党委政府在扶贫工作中的职责，贵州省建立了扶贫责任制，防止党员干部扶贫不力的情况，强化各级党委和政府的职责。一方面，扶贫体制机制不会随干部领导的调整而改变，否则就会影响扶贫的稳定性、长久性和可持续性。扶贫是一项长期事业，如果缺乏体制机制保障，那么扶贫就会变成“一阵风”，实现脱贫的家庭有可能缺乏体制机制保障而重新陷入贫困。另一方面，体制机制的建立和完善，必须在顶层设计和基层实践有机融合上提高扶贫的科学性、可行性，填补扶贫的体制机制漏洞。譬如，建立完善扶贫工作领导协调机制；强化脱贫攻坚工作调度机制；建立脱贫攻坚责任链；落实“五包”责任制，落实政策实施部门责任；实行目标、任务、资金和权责“四到县”制度；加强财政专项扶贫资金和项目管理；把领导干部的工作重心引导到扶贫工作上等。

第二，加强基础建设，清除贫困障碍。贵州省“天无三日晴，地无三尺平”，综观贵州省深度贫困地区，基本上位置偏远、交通不便、通信不畅，可以说基础设施很落后。接近一半的自然村寨、村民组道路未硬化，晴通雨阻；有的甚至不通路，长期处于闭塞状态；工程性缺水问题突出，靠天吃饭的现象依然严重；个别乡镇农村电网改造滞后，电压不稳，用电困难；有的地方通信信号不稳定、通信质量差的问题还比较突出。针对上述情况，贵州省制定了打基础设施建设攻坚战的日程表。围绕贫困推出计划，针对老百姓最希望迫切需要解决的电、路、水、讯等基础设施建设问题，深入实施“四在农家·美丽乡村”基础设施建设的“六项行动计划”，加大基础设施建设的投入力度，全面改善贫困地区的生产生活条件，解决“最后一公里”问题。改善贫困地区教育和医疗卫生条件，落实对贫困学生的各种补助政策，加强教育师资建设，以及增加教育设施的投入，从根本上解决深度贫困地区农村教育师资力量不足，以及幼儿教育的基础设施差和适龄儿童未能得到良好教育的问题。为贵州省73.8万名贫困人口提供各种医疗保险，大量引进医务人员，提高医务人员的待遇，加大医疗设施的建设力度，从而解决基层卫生基础设施差，服务能力弱，缺少医务人员，群众看病远、看病难的问题。

第三，拓宽扶贫渠道，凝聚扶贫合力。贵州省坚持专项扶贫、行业扶贫、社会扶贫等多方力量有机融合的“三位一体”大扶贫格局，继续完善帮扶机制，推动人才、资金、技术等要素向深度贫困地区流动，对口帮扶资金优先用于深度贫困地区。一要深化双向合作，加强东西部扶贫协作和对口支援，各市州主动到对口帮扶城市衔接好对口帮扶工作，在产业、旅游、教育、医疗、人才、劳务等方面加强合作。二要动员社会力量，安排国有大型企业结对帮扶深度贫困县，引导有实力的民营企业在深度贫困县开展“千企帮千村行动”，总结推广万达集团帮扶丹寨县、恒大集团帮扶大方县等经验做法。三要广泛动员包括民主党派、人民团体、社会组织、各界人士在内的社会各界参与深度贫困地区脱贫攻坚工作，发挥“扶贫日活动”平台作用，凝聚全社会力量参与扶贫。第四，把准市场导向，遵循市场规律，创新市场机制，发挥市场优势，把更多信贷资金、社会资金投向扶贫领域。第五，立足资源优势，增强市场意识，瞄准市场需求，把游客引进来，把“山货卖出去”，促进山区经济和市场经济深度融合。

二　用新时代贵州精神引领贵州生态文明建设

生态文明，是在人类社会发展进程中，建构和优化人与自然和谐共生的生态社会而取得的物质层面、精神层面和法律制度层面的绩效总和。2015 年 6 月 16 日至 18 日习近平总书记视察贵州时强调：“贵州要守住发展和生态两条底线，培植后发优势，奋力后发赶超，走出一条有别于东部、不同于西部其他省份的发展新路”。贵州要把培育和弘扬新时代贵州精神放在生态文明建设的重要位置，并且使之贯穿生态文明建设的始终，让新时代贵州精神根植于贵州人民，为贵州生态文明建设提供强大的精神支撑和动力源泉。

（一）培育和弘扬新时代贵州精神，为贵州生态文明建设提供思想保障

贵州生态文明建设面临诸多问题，首要的是思想观念问题。新时代贵州精神对贵州大生态战略具有现实指导意义。贵州干部群众

以习近平生态文明思想的价值观念为指导，坚持用新时代贵州精神引领贵州生态文明建设，牢固树立“绿水青山就是金山银山”的发展理念，遵循“尊重自然、顺应自然、保护自然”的发展规律，把习近平生态文明思想的价值观念和新时代贵州精神融入贵州生态文明建设之中，筑牢新时代贵州生态文明建设的思想基础。

习近平生态文明思想是对马克思主义关于生态文明思想的继承创新与发展，即人与自然和谐共生，实现中国特色社会主义伟大事业可持续发展的战略目标。习近平生态文明思想价值观念主要包括以下内容。一是自然生态观。自然生态观主要是关于“人与自然和谐共生，以及尊重自然、顺应自然、保护自然”一系列观念。人类社会是从自然界分化出来的，自然界是人类社会发展的物质基础。离开自然界的物质和能量供给，人类社会就不可能存在和发展。人类和自然本身就是一个有机共同体，人类要以资源环境的承载力为基础，以自然规律为准则，努力实现人与自然和谐共生。二是发展生态观。发展生态观主要是关于习近平提出的“保护生态环境就是保护生产力，改善生态环境就是发展生产力”的价值观念。始终坚持“绿水青山就是金山银山”的绿色发展理念，不能以破坏环境和浪费资源来寻求短期的经济增长，不能以牺牲后代人的生产生活环境来满足当代人的生产生活需要，遵循习近平总书记提出的“宁肯不要钱，也不要污染”的原则，坚守“生态和发展”两条底线，坚持人与自然和谐共生的发展理念。三是人文生态观。人文生态观是习近平生态文明思想价值观念的一大亮点，坚持以人民为中心的生态文明观念，始终秉承“环境就是民生，青山就是美丽，蓝天也是幸福”的人文理念，真正做到生态文明建设为了人民、生态文明建设依靠人民、生态文明建设成果人民共享。四是国际生态观。国际生态观体现的是习近平生态文明思想价值观念的全球目标，即“建设生态文明关乎人类未来。国际社会应该携手同行，共谋全球生态文明建设之路，牢固树立尊重自然、顺应自然、保护自然的意识，坚持走绿色、低碳、循环、可持续发展之路”。[①] 这也是建构人类命运共同体的重要内容，这一价值观念倡导世界各国要以全球资源环境的承载力为基础，以遵循自然规律为前提，以全球经济社会可持续发展为目标，特别是要积极维护和遵守《巴黎协定》这些国际生态环境方面的基本遵循，大力加强全球生态文明建设，加快推进人类命运共同体建设。

在贵州生态文明建设中，要充分发挥网络传媒的优势，深入学习领会习近平生态文明思想价值观念，大力培育弘扬新时代贵州精神，要让习近平生态文明思想价值观念和新时代贵州精神真正融入贵州生态文明建设实践之中，积极营造节约资源、保护生态的良好氛围。同时，由于贵州人均资源的占有量低于我国平均水平，人口数量和质量也是短期不能改变的状况，人们的生态文明意识还比较淡薄，因此，要以新时代贵州精神为动力支撑，加强生态文明方面的宣传教育，强化干部群众生态保护的思维方式和行为习惯。同时，注重对贵州少数民族传统文化的发掘和传承，特别是要发掘和传承关于生态保护方面的少数民族优秀传统文化，使民族文化真正与生态文明建设有机融合。首先，要加强生态文明建设的宣传和教育，将新时代贵州精神融入生态文明建设之中，让人们认识到贵州生态文明建设的重要性和必要性，形成一种“节约环保光荣，浪费污染可耻”的生态荣辱观，增强人们节约资源和保护环境的意识，增强人们对生态保护的责任感和使命感，真正实现人与自然和谐共生。其次，要提高人们生态文明建设的忧患意识，让人们清醒

① 2015 年 9 月习近平在第七十届联合国大会一般性辩论时的讲话。

认识到生态环境恶化和能源日益枯竭会给贵州可持续发展带来危机，正确处理好“发展”和“生态”两条底线的关系，充分发挥贵州人民在生态文明建设中的积极性、主动性和创造性。最后，贵州各级各部门要严格加强主体功能区规划和设计，立足贵州实际，着眼长远目标，科学谋划生态文明建设空间开发格局，通过整体推进、分步实施，建立科学合理的生态功能布局，优化经济结构，转变发展方式，发掘发展动能，引导贵州城乡走绿色发展的生态文明之路。

（二）培育和弘扬新时代贵州精神，为贵州生态文明建设提供组织保障

习近平总书记强调，“要像保护眼睛一样保护生态环境，像对待生命一样对待生态环境”。[①] 准确把握新时代贵州精神的丰富内涵，通过贵州生态文明建设的组织建设着力构筑新时代贵州精神高地。贵州党政职能部门必须深入领会和践行新时代贵州精神，切实加强组织领导，健全完善体制机制，做到组织到位、职能转变、管理创新，不断提高管理现代化水平，为生态文明建设提供坚强的组织保障。

以新时代贵州精神为引领，筑牢贵州生态文明建设的“压舱石”。理论上清醒是政治上坚定和行动上自觉的前提。要扎实深入推进新时代贵州精神学习教育常态化、制度化，结合“不忘初心，牢记使命”主题教育，以理想信念宗旨教育为基点，将习近平生态文明思想作为党员干部教育培训的重点内容，力求以精准的学习、透彻的领悟提高党员干部对生态文明建设认识程度，引

① 2018 年 5 月 18 日习近平总书记在全国生态环境保护大会的重要讲话。

导广大党员干部担负起贵州生态文明建设的责任。首先，要认真学习领会习近平生态文明思想的理论精髓和精神实质，通过梳理习近平生态文明思想的发展历程，深刻领会和把握习近平生态文明思想价值观念，即自然生态观、发展生态观、人文生态观、国际生态观，要在贵州生态文明建设中真正彰显习近平生态文明思想的当代价值。其次，要认真学习领会新时代贵州精神的实质和丰富内涵，弘扬和践行新时代贵州精神，并将新时代贵州精神贯穿贵州生态文明建设全过程，切实提振干部群众的精气神，强化使命担当，坚定必胜信念，着力构筑新时代贵州精神高地，为贵州生态文明建设凝聚强大的思想共识，汇聚磅礴的精神力量，注入不竭的动力源泉，以时不我待和只争朝夕的精神状态，凝心聚力，真抓实干，充分领会和用好生态文明建设的相关政策，激发内生动力，打赢贵州生态文明建设战役。同时，要让广大干部和群众认识到，抓好生态文明建设本身就是在践行“拼搏创新”的新时代贵州精神，贵州要后发赶超就必须走一条有别于西部其他省份的发展道路。

以新时代贵州精神为引领，培育贵州生态文明建设的“主心骨”。积极探索贵州生态文明建设新思路和新路径，关键是打造一支业务精湛、作风优良、勇于担当、团结协作的生态文明建设干部队伍。要完善和落实生态文明建设责任制，加强生态文明建设的组织机构建设，构建责权明确、分工协作、管理科学、务实高效的工作机制。要积极推动干部上下双向配置，将作风优良和业务精湛的干部放到生态文明建设一线岗位实践锻炼，注重从国有企业、高等院校、科研结构选拔有生态文明建设方面专长的科技人才进入生态文明建设的领导岗位，不断增强生态文明建设的政治领导力和业务指导力。同时，要建构“党委领导、部门主管、社会协同”的生态文明建设机制。经调查发现，凡是生态文明建设工作成效显著的地方，一般是村集体经济发达、村党建工作出色和乡村贤人辈出的地方。因此在贵州生态文明建设中，要发挥党委政府的思想引领、政治领导、群众组织和社会感召作用。首先，地方党委政府要发挥组织和统战职能，以思想引领为前提，以乡情乡愁为纽带，广泛联络和结识有文化、懂技术、会经营、品德高尚、作风优良的乡贤，积极引导他们以各种形式参与家乡生态文明建设，充分发挥其对于贵州生态文明建设的带动效应。其次，要建立“共谋、共建、共管、共评、共享”的生态文明建设机制，在生态文明建设中要充分保障群众的知情权、决策权、参与权和监督权，充分调动群众在生态文明建设中的主观能动性，真正发挥群众在生态文明建设中的主体作用。再次，要建立完善村规民约，将美丽乡村的建设要求，如垃圾分类、生态维护、污水处理、庭院美化等纳入村规民约，发挥村民理事会对于生态文明的宣传教育和环境整治的考评作用。最后，要立足贵州生态文明建设实际，注重人才队伍建设。要通过多形式多路径培养生态文明建设的专业人才，譬如生态养殖、生态旅游、生态种植、生态文化等方面的能手，发挥他们在生态文明建设中的引领和示范作用，同时要积极构建示范引领、资源优化、群策群力、村民自治的乡村生态文明建设模式，大力推进贵州乡村生态文明建设。

以新时代贵州精神为引领，打造贵州生态文明建设“桥头堡”。党的基层组织是提升党的执政能力和水平的基础，推进贵州生态文明建设离不开党的基层组织的有力保障。要用新时代贵州精神引领贵州基层党建工作，充分调动广大党员的主观能动性，始终保持基层党组织的先进性和纯洁性，努力增强基层党组织对生态文明建设的政治领导力、思想引领力、群众组织力和社会感召力，着力发挥基层党组织在生态文明建设中的政治堡垒作用。一是各级党委要以基层党组织规范化建设为引领，不断创新完善基层党组织设置，建立健全生态文明建设相关机构和社会组织的党组织，逐步建构以乡镇党委为龙头、以村级党组织为主体、以社会组织的党组织为链条的生态文明建设基层党组织体系。二是生态文明建设基层党组织要认真落实“三会一课”、组织生活会、民主评议党员和主题党日等活动，使生态文明建设基层党组织成为广大党员群众政治学习的阵地、思想交流的平台和党性锻炼的熔炉。同时，要加大软弱涣散的生态文明建设基层党组织整顿力度，通过对症式整改、组团式帮扶、造血式转化、台账式管理等措施持续整顿，跟踪问效，做到常抓不懈，久久为功。同时，要着力推动人财物和权责利对称下沉到基层，积极推行“生态党建”发展模式，依托生态资源、环保产业建立党组织，并以求真务实精神推动全面从严治党向基层延伸，不断创新党员管理方式，探索建立党员生态文明建设“责任卡”、创新开展“生态文明示范村”评选等活动。

（三）培育和弘扬新时代贵州精神，为贵州生态文明建设提供法制保障

2018 年 5 月 19 日习近平总书记在全国生态环境保护大会提出要“用最严格制度最严密法治保护生态环境”。生态文明法制是以中国特色社会主义制度为基本遵循，综合运用我国相关法律、法规、政策、方针等协调处理人与自然的关系，促进生态文明建设更趋科学化、民主化、法制化和制度化，从而达到实现人与自然和谐共生目的的各种法律和规范的总和。生态文明法制的完备性的关键在于形成系统完备、科学规范、法效具备、运行有效的法制体系，

其在中国特色社会主义法制中具有基础性、渗透性和融合性等特征。生态文明法制建设是中国特色社会主义法制建设的重要组成部分，这是由生态文明法制建设与中国特色社会主义法制建设的内在逻辑关系决定的。

制度是保障，法律是准绳。中国特色社会主义生态文明建设必须以科学完备的生态文明法制为保障。2013 年 5 月 24 日习近平在十八届中央政治局第六次集体学习时指出："保护生态环境必须依靠制度、依靠法治。只有实行最严格的制度、最严密的法治，才能为生态文明建设提供可靠保障"。针对新时代贵州生态文明建设面临的现实问题，特别是在生态文明法制的具体实施过程中，必须处理好两个难题：第一，如何将生态文明建设纳入社会发展综合评价体系，在法制层面给予社会发展主体更加公平的生态评价指标体系；第二，怎样将生态文明法制贯彻生态文明建设实践之中，真正发挥生态文明建设的法制保障作用。在贵州生态文明建设中，要深入推进"全面依法治国"的战略部署，把新时代贵州精神融入贵州生态文明法制建设之中，运用法制手段进行生态文明建设规范，为贵州生态文明建设提供有力保障。首先，科学立法为贵州生态文明建设提供法理依据。贵州生态文明建设需要以有效的法律规范为支撑，要结合贵州各地区实际，制定生态文明建设的相关法规和制度，切实把生态文明建设装进法规和制度的笼子，加强对生态文明建设权力的监管和约束。其次，严格执法，为贵州生态文明建设提供强力保障。在生态文明建设中，要加大水质污染、空气污染和土壤污染的监测和监管力度，严把生态环境保护关，切实保障人民群众对生态环境保护的知情权、决策权和监督权，破解生态保护监督难和执法难问题。在生态文明建设的执法监督中，要依照相关法律法规严格控制和查处浪费资源和污染环境的违法违规行为，在严查严惩资源浪费和污染环境的违法违规主体时，也要对相关主管部门和监管部门领导进行追责问责和执纪执法；环境保护部门要加强与公、检、法部门协同配合，联合执法，建立生态文明建设监管与执法的联动机制，有效保障和促进贵州生态文明建设。最后，要按照谁开发谁保护，谁破坏谁恢复，谁受益谁补偿的原则，建立健全生态修复和生态补偿的相关机制。省政府应为建立生态修复和生态补偿机制提供相关政策，尤其要根据各地区的生态现状，统筹规划，综合平衡，科学确定和制定生态修复和生态补偿的范围和方案，加大对贵州生态系统功能的修复和补偿力度，推进贵州生态文明建设可持续发展。

（四）培育和弘扬新时代贵州精神，助推贵州生态文明建设再上新台阶

要让新时代贵州精神在贵州生态文明建设中深入人心，就必须把新时代贵州精神融入贵州生态文明建设的具体路径中，真正发挥新时代贵州精神对贵州生态文明建设的引领作用，让人民群众通过共享生态文明建设的红利来增强对新时代贵州精神的认知、认同、培育和践行。

以新时代贵州精神为引领，以生态和发展两条“底线”为准则，助推贵州生态文明建设。两条“底线”的辩证法理论和实践对贵州生态文明建设来说极为重要。贵州具有典型的喀斯特地貌山区，长期以来经济发展滞后，人民生活水平不高，生态破坏严重，生态环境脆弱，自然修复难度大。在践行“绿水青山就是金山银山”理念和守住两条“底线”的具象实践中，贵州迎来了生态文明建设的良好发展机遇。生态底线就要坚持节约资源

和保护环境的基本方针，以资源和环境的承载力为基础，以遵循自然规律为准则，以绿色发展为目标，建设资源节约型和环境友好型多彩贵州。近年来，经过坚持不懈的生态修复和治理，贵州生态环境得到极大改善，环境综合治理成效明显提升，毕节市赫章县河镇乡海雀村就是这方面的典型。中国特色社会主义进入新时代，生态旅游、红色旅游、民俗旅游等在全国蓬勃发展，贵州优美的自然生态环境已经成为国际国内游客生态旅游的最佳选择。“爽爽的贵阳”“多彩贵州”“山地公园省”等名片的广告效应已经凸显，贵州俨然成为人们生活居住、旅游休闲的向往地。习近平总书记强调：“要正确处理好经济发展同生态环境保护的关系，牢固树立保护生态环境就是保护生产力、改善生态环境就是发展生产力的理念，更加自觉地推动绿色发展、循环发展、低碳发展，决不以牺牲环境为代价去换取一时的经济增长。”[①] 贵州正是在这些年的发展中，创新发展思路，转换发展方式，以“拼搏创新”的方式，始终把资源节约和环境保护放在第一位，始终践行“绿水青山就是金山银山”的理念，这也是牢牢守住发展和生态两条“底线”的最好诠释。同时，在贵州新时代精神的引领下，贵州经济社会的快速发展，要实现后发赶超的目标，特别是新时代工业化和城镇化进程的加快，给贵州资源能源和生态环境的承载力带来潜在的风险和挑战，这些已然成为贵州人民普遍关切的现实问题。

以新时代贵州精神为引领，加强生态文明的基础设施建设，为贵州生态产业发展创造良好的条件和基础。一是通过各种渠道，筹集建设资金，加强交通、互联网、水利等方面的基础设施建设，为

① 2013 年 5 月 24 日习近平在中央政治局第六次集体学习时的讲话。

贵州生态产业健康可持续发展奠定坚实的基础。二是走特色发展道路。根据贵州实际和市场导向，发展具有贵州特色的生态农业、生态工业、生态旅游业、生态畜牧业等，增强创新能力，提高科技附加值，建立完整的产业链。三是走聚合发展道路，有效优化整合生态文明建设资源。以生态产业园、农业示范园、生态小城镇、城市综合体和生态旅游区为轴心，优化整合人力、资源、环境、资金等，促进贵州生态经济健康可持续发展。四是走绿色发展道路，建设资源节约型、环境友好型生态产业。建设一些投资少、消耗低、污染少、产出高、人力资源得到充分利用的生态产业，加强循环经济建设，提高资源能源的利用率，发掘可替代资源能源。五是在加快绿色城镇化进程的同时，以建设生态乡村为重点，以“四在农家·美丽乡村”为示范，推进社会主义新农村建设，节约农村资源，保护农村环境，实现生态改善和农民增收有机统一，加快推进生产发展、生活富裕、生态优美的新农村建设。

以新时代贵州精神为引领，加强生态产业建设，为贵州生态文明建设提供强力经济支撑。实践证明，区域如果缺乏生态产业的强力支撑，强农、惠农、富农的政策就难以执行到位，乡村如果缺乏生态产业的强力支撑，乡村振兴的战略就难以实施。因此，要加强生态产业融合发展，为贵州生态文明建设提供强力的经济支撑。在生态农业方面，要因地制宜，根据土壤、水源、气候、资源和环境等特点，发展独具特色的优势产业，尽量克服同质化，形成“一村一品”“一镇一业”“一县一态”，真正使农业产业发展与自然生态有机融合。在生态工业方面，要以城镇工业园区为依托，充分利用乡村资源和能源，特别是要使人力资源得到充分发挥，发展一些消耗低、污染小、投入少、产出高、科技附加值高、人力资源能够充分利用的地方特色工业，如农产品深加工、代加工等。在生态服务业方面，可借鉴江苏昆山、浙江湖州等地的乡村建设经验，依托大城市需求，加大交通、网络、水电等基础设施建设力度，发展生态观光园区、生态康养基地、生态乡村民宿、生态特色小镇等生态服务业，在统筹规划和保护生态的前提下，把绿水青山转化为金山银山，真正实现百姓富、生态美、乡风纯的目标。

以新时代贵州精神为引领，以城乡融合发展推进贵州生态文明建设。有些农村地区在经济、技术和人才方面存在短板，在基础设施和公共服务方面与城市相比存在不充分和不平衡的问题，因此，可依托城镇化、区域经济一体化和农业现代化，在推进城乡发展一体化的进程中，加强与城市的交流和对接，争取城市资金、技术、人才的援助与合作，在共商共建和互惠互利的前提下，加强城乡融合发展，从而增强自身的综合实力。基于城镇在生产、生活和生态方面的需求特点，调整自身的供给侧结构，从而提升农业综合生产能力，提高农业供给质量，增加乡村资源和生态的科技附加值，在城乡优势互补和协同发展中推进贵州生态文明建设，实现城镇化。为此，贵州应出台城乡融合发展的相关政策，建立健全城乡融合发展的体制机制，在节约资源和保护环境的前提下，在城镇化和工业化的大格局中推进乡村振兴，发挥乡村生态环境和自然资源的增值潜能，形成工农互促、城乡互补、协同互融、互惠互荣的新型城乡融合发展格局。只有这样，贵州乡村生产才能得到更好发展，农民生活才能更加富裕，农村生态才能有效维护，生态潜能才能充分发掘，生态文明建设才能健康可持续。

以新时代贵州精神为引领，全面实施“生态立省”，夯实贵州生态文明建设的根基。良好的自然生态，是贵州生态文明建设的后发优势。习近平总书记强调：“要实施重大生态修复工程，增强生态产品生产能力。环境保护和治理要以解决群众健康突出环境问题为重点，坚持预防为主、综合治理，强化水、大气、土壤等污染防治，着力推进重点流域和区域水污染防治，着力推进重点行业和重点区域大气污染治理。”① 第一，加强自然生态的保护与修复。要继续实施天然林资源保护、退耕还林和水土保持等工程，加强水源地、湿地、生物多样性保护，提升生态系统功能，缓解生态脆弱的困境。第二，大力推进石漠化综合治理。贵州喀斯特地形比较普遍，要加大石漠化防治力度，特别是要对林草植被进行保护和修复，缓解坡耕地水土流失，同时建立“数字石漠化”基础数据库，对全省石漠化进行动态监控和修复监管。第三，加强自然环境保护和监管。在工业强省和城镇化进程中，贵州必须处理好生态与发展的关系，加大城镇和产业园区的环保基础设施建设力度，特别是要加大对垃圾处理和污水处理等基础设施建设力度。同时，要充分发挥贵州大数据优势，强化对重点行业污染和区域大气污染的监控，建立健全生态环境监测预警系统和生态环境污染事故的应急处置机制。

三　用新时代贵州精神引领大数据的崛起与发展

（一）贵州大数据的崛起，是对新时代贵州精神的重要诠释

在 20 世纪 80 年代前，对于一个地处西部内陆、经济社会发展滞后的省会城市，历史留给贵州的是守着“金山银山”过穷日子，或被称为“富饶的贫困”。如何才能振兴？如何确定发展与保护、创新与继承的两者关系，跳出二元对立的思维模式，这

① 2013 年 5 月 24 日习近平在中央政治局第六次集体学习时的讲话。

是几代人都曾思索的问题。面对漆黑的层层云雾，大部分人陷入雾里看花之境地，没有人能准确预测未来。凡是过去，皆是序曲。

1. 创新思维与独具慧眼的选择

进入新时代，特别是到 2012 年，伴随互联网、云计算和大数据的滚滚科技浪潮，千帆竞发，百舸争流，一波又一波迭起，大数据呼啸而来，搅动着世界风云，大数据价值开始被广泛认识，大数据作为“新的石油”“新的资产”，各国政府都想抢占先机。2012 年，奥巴马政府宣布通过大规模投资拉动大数据相关产业发展，将“大数据战略”上升为国家意志；2013 年 1 月，印度政府绘出一幅基于大数据跻身全球五大科技强国的蓝图；2013 年 6 月，日本公布“创建最尖端 IT 国家宣言”，提出要建设一个具有“世界最高水准的广泛运用信息产业技术的社会”，2013 年 8 月，英国政府发布《英国农业技术战略》，致力于用大数据将英国打造成农业信息学世界级强国。

着眼我国，全国实施国家大数据战略、“互联网 + ”行动计划等，力促经济社会融合发展。国务院《促进大数据发展行动纲要》对我国大数据发展做出了顶层设计和总体部署。

国家大数据发展战略的制定有利于变革。随着互联网技术的不断发展，人类逐渐步入大数据时代，数据资源正和土地、劳动、资本等生产要素一样，成为促进经济增长和社会发展的基本要素。任何一个行业和领域都会产生有价值的数据，而对这些数据的统计、分析、挖掘和人工智能则会创造出意想不到的价值和财富。谁能把它的发展方向看清楚，谁敢先下手，谁才可能是最后的赢家。好在近年来贵州省委、省政府一直努力借助技术变革、产业变革之势，探索后发赶超之路。

机遇总是偏爱有准备之人，水到绝境是飞瀑，人到绝境是转机。智者以创新的思维，独具慧眼，思路一转天地宽，将贵州传统劣势与优势换位思考后，环境变得优异：喀斯特地质稳定，电能资源丰富，信息化和工业化的薄弱减少了厚重利益的障碍。而大数据这一转变人们生活方式、思维习惯的技术变化，在历史与时代潮流中，加上自身环境的综合比较，最后我们破题——要努力走创新驱动和生产发展之路，就必须聚焦走大数据引领的创新驱动和发展生态文明的“双赢之路”上，这也许正是贵州独具慧眼的选择与先行的方向，为此，贵州省委、省政府决策层抓住大数据时代稍纵即逝的机会，首先将目光锁定“云计算”，高层多次率团进京游说，用缩小“剪刀差”的方式打“资源牌”，抢占先机，赶上 2013 年——中国大数据元年。

2. 团结奋进与先行先试

贵州人一旦认准了，就以“知行合一、协力争先”的精神，不仅先发声，而且快赶路。首先是贵州省委、省政府深入调研、睿智选择、吹响集结号、合理布局。2014 年 3 月，贵州在北京举办大数据推介会，比别的省份早了一大步；接着在 6 月，贵州成立由省主要领导担任组长的大数据产业发展领导小组，并先后召开了四次领导小组会议，明确发展大数据的必要性和关键问题，积极搭建贵州大数据的发展框架。对大数据发展前景的敏锐洞察和及时反应，让贵州走在了全国前列。

明晰规划。为了大数据能够循序渐进地稳步发展，贵州为其制定了明确的发展规划：以 2015 年、2017 年和 2020 年为节点，贵州将大数据产业建设划分为基础构建、集群聚集和创新突破三个发展阶段。不同发展阶段的建设目标明确，契合发展实际。明晰的规划使大数据在贵州的发展更加踏实和顺畅。

统一理念。贵州发展思路契合国家总体发展战略。贵州把握大数据这一历史机遇，与国家“十三五”规划推动大数据发展的理念相统一。在此基础上，贵州省委、省政府主要领导高度重视大数据发展，贵州各级政府目标一致，全省干部群众踊跃参与，贵州各地在推动大数据发展的过程中，百舸争流，奋勇争先，显示出干事创业的精神。

有力宣传。在贵州发展大数据的过程中，大型的推介会和博览会贯穿始终。贵州通过“广宣传、频推介”的手段，既干又喊，最大限度动员各方力量参与，搭建与社会各界沟通交流的平台，2015 年 5 月的数博会吸引了众多海内外资深专家学者和商业领袖的参加，形成了“谈大数据必谈贵州”的良好局面。

3. 苦干实干与持之以恒

贵州人还有的是倔强，换言之，就是“咬定青山不放松”的精神。深入的理解、明确的规划需要高效的执行以发挥巨大的作用，贵州省政府极强的执行能力是大数据产业在贵州蓬勃发展的强力保障。大风起兮“云”飞扬，2014 年是贵州大数据发展的元年，从省委书记、省长开始，从机关到企业，从干部到群众，大家心往一处想、劲往一处使，大家都是蛮拼的。对待大数据这一新生事物，贵州人既有满腔热情，又脚踏实地，以钉钉子精神，把发展大数据产业钉紧钉实。贵州设置大数据产业发展领导小组办公室，推进落实领导小组决议；设立贵州大数据发展管理局，为全省的数据资源提供技术支撑；创立“云长”负责制，为“七朵云”工程提供组织基础，加速完善政府数据“聚、通、用”的战略大局。从围绕数据从哪里来、数据放在哪里、数据由谁来使用三个基本问题开始，把握市场规律和新生事物发展规律，以摸着石头过河和钉钉子的态度，精准发力，坚持“数据是资源、应用是核心、产业是目的、安全是保障”四个理念，打造“基础设施层、系统平台层、云应用平台层、增值服务层、配套端产品层”五个产业层级，发展大数据“核心业态、关联业态、衍生业态”三类业态，逐步建成“大数据内容中心、大数据服务中心、大数据金融中心”三个中心，实现“以大数据提升政府治理能力、以大数据推动转型升级、以大数据服务改善民生”三个目的。

4. 后发赶超与引领跑步

几年来，贵州以大数据技术和产业引领经济社会和各项事业发展，以面向未知的探索与实践进行战略性博弈，从夯实基础，政府先行，筑巢引凤，企业领航，数据招商全球首创，创新平台、助力组合效应迭出，制定政策，规范行业行为发展等出发，大数据已成为弯道取直、后发赶超的战略引擎。截至 2018 年底，贵州省的 GDP 增速连续八年全国第一。[①]

数据的引领，正越来越说明贵州发展大数据走出了一条不同于东部、有别于西部的发展新路，贵州的大数据，从无到有、从小到大，从 2015 年习近平总书记称赞“贵州发展大数据确实有道理”，到现在正逐渐成为“世界认识贵州的新名片”，亮眼的成绩让贵州笃定了深挖“钻石矿”的决心和信心。贵州发生的历史性变化，是全国改革开放巨大成效的一个重要缩影。这种把握机遇、认准就坚持，由政府强力推动、优厚政策扶持，努力实现换道超车的实践探索，不仅是新时代贵州精神的最好人心植入，还是新时代文化自信的范例，它正在中国具有越来越大的影响，在某种程度上也成为中国 40 年改革开放、国家事业大踏步前进的一个缩影。

---

① 《最新发布！2018 年贵州九市州 GDP 排名出炉！第一名竟然是……》，搜狐网，http：//www. sohu. com/a/295064486_ 100097552。

（1）数据的政用、商用、民用，引领四大创新

2017 年，贵州省省会——贵阳市大数据与实体经济深度融合指数达到 42.5，比全省平均水平高 8.7；贵阳成立了全国首个大数据国家工程实验室，成为首个国家大数据及网络安全示范试点城市、健康医疗大数据中心国家试点城市、国家中小企业知识产权战略推进工程试点城市，政府数据共享开放总体解决方案成为国家推荐方案；贵阳市还以打造“中国数谷”为目标，突出抓好大数据“聚、通、用”等。

潮平两岸阔，风正一帆悬。这一系列成就，使贵阳在大数据发展方面实现了理论引领，抢占大数据理论创新制高点；立法引领，抢占大数据制度创新制高点；标准引领，抢占大数据规则创新制高点；还有以应用场景为支撑的实践创新。

2018 年，贵阳市大数据与实体经济深度融合指数在 44 以上。贵阳市紧紧围绕供给侧结构性改革，加快贵阳国际软件产业园、贵州阿里巴巴产业基地等 10 个大数据产业园建设，打造两个 50 亿元级大数据产业基地。新增规模以上大数据企业 50 个，全市大数据企业主营业务收入突破 1000 亿元，增长 25%；软件和信息技术服务业业务收入为 174 亿元，增长 20%；规模以上电子信息制造业增加值为 27 亿元，增长 15%；网络零售额为 102 亿元，增长 30%。贵阳市还扎实开展“千企融合”行动，正在打造 100 个以上大数据应用场景。

贵阳市始终保持大数据先行优势，不断完善“数据铁笼”，全力打造“制度铁笼”，在建设新型智慧城市中，把大数据打造为引领经济社会高质量发展的强大引擎，加快推动大数据产业创新发展，加快推进大数据保障和改善民生等，说明内生动力正成为促进经济发展的新动能和增长极，大数据是高质量发展的助推器，正促进贵阳经济由高速增长转向高质量发展。

（2）亮丽名片

目前，贵州大数据的基础框架已经搭建起来，正从数据汇聚、存储向发展数据信息服务与产业深化，从大数据的政用化向大数据商业化发展。中国“天眼”、大数据与立体交通“三变”以及山地公园省、多彩贵州风的“两新”成为当今世界对贵州的新认识，颠覆了贵州数百年的形象符号“三言”“两语”等。贵州正以“生态产业化、产业生态化”拓宽“赶”与“转”之路，像保护眼睛一样保护生态环境，把“绿色＋”融入经济社会发展方方面面，为美丽中国建设做出“贵州贡献”。

站立潮头的数博会、生态文明论坛已成为新时代“知行合一”“爽爽的贵阳”增强文化自信的亮丽名片，在万众瞩目、高朋满座带来的头脑风暴、窥见未来时空的涟漪中，贵阳依然保持着自己固有的坚韧，贵阳人深“知”自己“做表率、走前列”的使命，“知”就落实到“行”上，踏石留印，抓铁有痕，无论遇到什么样的困难，都不忘初心，砥砺前行，坚持“守好发展和生态两条底线”，走出发展创新路，百姓富、生态美的愿景正在变为现实。

（3）举世瞩目

以“数化万物　智在融合”为主题的2018中国国际大数据产业博览会，成为全球大数据发展的风向标和业界具有权威性的国际性平台。据统计，2018年数博会共有来自全球29个国家、388家国内外企业的5万多名代表和嘉宾参会，参观人数高达23万人次。与此同时，这次大数据博览会见证了我国国际影响力的增强。LinkedIn是世界领先的专业人士社交网络平台，为期5天的展会吸引了10413名粉丝。在大数据领域，它吸引了超过10000名海外从业者，成为省会城市的第一个工业品牌。

而以“走向生态文明新时代：生态优先　绿色发展”为主题的生态文明贵阳国际论坛2018年年会，发布《2018贵阳共识》。参与论坛年会的联合国机构共4家，驻华使馆共3家，知名国际组织共17家，几乎涵盖全球生态自然环境和可持续发展领域所有顶级国际知名组织。

2018年5月，美国有线电视新闻网（CNN）推出报道——“Guizhou：The Road to Success”（《贵州：成功之路》），从贵州的交通建设、扶贫进展、旅游文化等领域报道贵州如何走上成功之路。

这并不是CNN第一次将目光聚焦贵阳。早在2018年3月，CNN就刊出文章——《贵州：中国的大数据“硅谷”》，指出，贵州省贵阳市被美国智库梅肯研究院评选为中国表现最佳城市，此外，在这篇文章中，CNN还生动地描述了西南省份贵州被大数据改变的故事。

“中国改革开放四十年以来，贵州正在成为中国甚至世界绿色发展的模范。贵州是中国的‘绿色走廊’，同时也是中国的‘数据峡谷’。”大数据改变一个省会的故事不仅在CNN的报道里，而且在阿根廷最大的新闻门户网站、南美最大的App平台Inforbae上，贵州被描述为“中国的一个空气纯净率达97%的新‘绿色走廊’”。

《瞭望》新闻周刊记者在坚持对贵州与大数据采访中发现，不仅人们关心的问题已从贵州为什么要发展大数据变成了大数据究竟给贵州带来了什么，而且大数据在贵州实体经济的转型升级和社会治理中，增强了贵州拥抱世界、走向世界的底气和信心。

躬逢伟大的时代，我们充满无限的豪情和勇气，贵州人正以永不懈怠的奋斗精神书写时代答卷。针对贵阳数博会和生态文明国际论坛两大盛会，习近平总书记都发来贺信，这充分体现了以习近平同志为核心的党中央对贵州的亲切关怀和对大数据发展、生态文明建设的高度重视，贵州人民满怀激情，深受鼓舞、倍感振奋、倍增信心。我们将牢记嘱托、感恩奋进，以习近平新时代中国特色社会主义思想为指引，把习近平总书记的殷切期盼转化为团结奋进、拼搏创新、苦干实干、后发赶超的强大动力，守好发展和生态两条底线，构建贵州强大内生发展动力，谱写新时代大数据发展、生态文明建设新篇章，奋力创造出无愧于历史、无愧于时代、无愧于人民的辉煌业绩，以新起点、新征程，大踏步奔向“多彩贵州”更加幸福美好的新未来！

（二）用新时代贵州精神推进大数据与实体经济的深度融合

回首过去的几年，贵州大数据在鏖战中兴起，不仅攫取大数据红利，还踩上世界的节奏，与未来争锋。大数据的发展上升为国家战略是贵州人民用新时代贵州精神指导实践、拼搏创新、后发赶超的一个缩影。为贯彻落实习近平总书记关于守好发展和生态两条底线、走出发展新路的重要指示，近年来贵州采取一系列重大举措，着力推动大数据优政、兴业和惠民。贵州省第十二次党代会指出，要努力让大数据在贵州经济社会高质量发展中发挥更大作用，推动质量变革、效率变革、动力变革。

习近平总书记在2018中国国际大数据产业博览会贺信中鲜明地指出：希望各位代表和嘉宾围绕“数化万物·智在融合”的博览会主题，深入交流，集思广益，共同推动大数据产业创新发展，共创智慧生活，造福世界各国人民，共同推动构建人类命运共同体。因此，全省上下必须用新时代贵州精神武装头脑，凝心聚力，团结奋进，科学谋划大数据融合发展之路，切实把大数据作为贵州实现后发赶超、跨越发展的战略选择，通过大数据的发展让新时代贵州精神进一步根植人心。

2018 年，贵州省大数据的发展进入新阶段，在顶层设计、产业集聚、技术创新、行业应用等方面取得了显著成效。以下为《2018 年度盘点：贵州大数据领域 20 个大事记》的有关内容。

2 月，《省人民政府关于印发贵州省实施“万企融合”大行动打好“数字经济”攻坚战方案的通知》（黔府发〔2018〕2 号）印发，并编制《大数据与实体经济深度融合评估体系》，在全省 14947 户实体经济企业中推广应用，加快大数据与实体经济深度融合，助力“数字经济”发展，加速推进国家大数据综合试验区建设；3 月 22 日，《贵州省大数据发展领导小组关于印发〈2018 年全市大数据发展工作要点〉的通知》（黔数据领〔2018〕2 号）对大数据战略行动要点做了重要部署，贵州大数据发展在面临巨大挑战的同时也迎来了新的机遇；6 月 6 日，贵州省发改委批复同意“贵州省大数据产业基金组建方案”，这标志着贵州省大数据领域首只由省级政府出资设立的产业基金正式成立。基金的成功组建将有效撬动社会资本，通过基金的杠杆作用，引入更多社会资本，有效拓宽大数据企业融资渠道，增强企业市场竞争力，助推贵州省大数据产业发展迈上新台阶，助力数字贵州加快发展；9 月 13 日，国家技术标准创新基地（贵州大数据）在贵阳高新区揭牌成立，这是继贵州省 2017 年 2 月在全国率先组建大数据标准化技术委员会后，在抢占大数据标准化“制高点”上的又一重大举措，也标志着贵州省成为全国首个建设大数据国家技术标准创新基地的省份；11 月 19 日，大数据产业技术联盟在贵阳高新区成立，在成立仪式上，宣布贵州大数据产业创新平台落户贵阳。这一联盟旨在通过促进产业生态与大数据融合、传统行业与新兴产业融合、学术机构与产业界融合，为大数据资源整合、跨域合作、技术应用及创新等做出积极贡献；据中国政府网11月26日报道，贵州省大数据企业达到9551家，比上年底净增600多家。1～9月，贵州省共签约大数据项目264个，合同投资总额为593.9亿元。科大讯飞、猪八戒网、科大国创、康佳创投、腾讯云计算等一批知名企业成功落地。另据中国信息通信研究院公布的《中国数字经济发展和就业白皮书（2018年）》，贵州省数字经济增速达37.2%、数字经济吸纳就业增速达23.5%，两项指标均名列全国第一；12月13～14日，贵州航天云网科技有限公司和贵阳朗玛信息技术股份有限公司入选“2018年度中国产业互联网TOP100”排行榜，为贵州传统产业与互联网相互融合、全产业链发展、产业互联网的研究和实践树立了标杆等。

这一件件大事，令人目不暇接，不仅是贵州善作善成的写照，还是方兴未艾、蓬勃发展的潮头实证，无论是已有的实践还是擘画，贵州的大数据发展都是令人欣喜的。

围绕国家大数据战略和“数字贵州”，推进大数据与实体经济深度融合，是贵州人民拼搏创新、后发赶超的重点工程，它包括加快大数据与工业深度融合，推动工业向智能化生产、网络化协同、个性化定制、服务化延伸融合升级；加快大数据与农业深度融合，推动农业向生产管理精准化、质量追溯全程化、市场销售网络化融合升级；加快大数据与服务业深度融合，推动服务业向平台型、智慧型、共享型融合升级；加快发展以大数据为引领的电子信息产业；开展大数据融合高科技企业招商引资；完善大数据与实体经济深度融合支撑体系，引导推动各领域、各行业实体经济企业融合升级全覆盖等。

习近平总书记指出：“要坚持以供给侧结构性改革为主线，加快发展数字经济，推动实体经济和数字经济融合发展，推动互联网、大数据、人工智能同实体经济深度融合。”[①] 省委书记、省人大常委会主任孙志刚不仅部署进行大数据与实体经济融合，还深入企业进行调研、检查，并多次强调：“要推动大数据与各领域的深度融合，促进产业转型升级、公共服务水平全面提升。”[②] 各级政府首先要精确把握习近平总书记对大数据的重要论述、重要观点，以及省委省政府的战略部署，依托大数据国家工程实验室、中科院上海生科院贵安新区生物医学大数据中心、贵安超算中心等科研平台，发挥好大数据在重构经济体系中的作用，构建以大数据为关键要素的数字经济体系。《大数据白皮书（2018 年）》显示，在全球数字经济浪潮下，我国大数据与实体经济的融合应用正在不断发展，大数据已经成为数字经济攻坚战的“催化剂”。因此，全省上下要在新时代贵州精神的指引下强化大数据思维，所有实体经济更要有与时俱进、开拓创新的发展规划，把主要精力放在推动资源型、技术型、融合型、服务型数字经济发展上面，增强实体经济的内生动力，加快数字贵州建设步伐。作为国家大数据（贵州）综合试验核心区，政府应首先将贵阳打造为“中国数谷之心”，并作为全面发展数字经济的先行区，以点带面地引领周边地区数字经济发展，促进产业链上下游深度融合。

中国工程院院士邬贺铨在“2018 大数据产业峰会”提出，随着每个企业都将成为数据驱动企业，企业内部数据资产需要尽早完善。[③] 通过工业云平台，推动“大数据 + 智能应用”技术升级，完善企业内部数据资产，构建全面立体、多元高效的经济体系。同

① 《审时度势精心谋划超前布局力争主动　实施国家大数据战略加快建设数字中国》，《人民日报》2017 年 12 月 10 日。

② 马宁宇：《以十九大精神为指引推动大数据创新发展》，《贵州日报》2018 年 1 月 9 日。

③ 王熙：《探析 2018 年大数据发展 与实体经济深度融合仍存不均衡现象》，《通信世界》2018 年第 11 期。

时，要持续推进“万企融合”大行动的实施，把大数据作为产业创新的主攻方向，通过各市区实施融合示范项目，带动大数据与传统企业融合发展。例如，老干妈作为贵州传统产业的代表，运用大数据技术已经率先实现了产业创新发展，通过全球运营大数据库与创新性数据分析建模系统，管理人员能够及时掌握区域库存的变化、产品销售情况，提升了精细化分析和精细化管理水平。而且运用大数据，企业可以轻松掌握不同区域、不同人群的口味情况，而这些市场信息通过传统的调研方式很难知晓，这极大地提升了企业的生产能力与生产效率。同样，贵州瓮福集团依托大数据同样实现了产业改造，在生产化肥前，技术人员会运用大数据分析某一区域土地的营养成分，按需配比化肥，进而科学施肥，既减少了成本，又增加了产量。总体上，促进大数据与实体经济的深度融合，需要用新时代贵州精神指导实践，需要进一步创新发展思路，为实体经济量身定制管理思路和解决方案，只有这样，二者才能相互促进、相得益彰。

2017 年，贵阳市对贵州轮胎、詹阳动力等 647 个传统企业进行了数字化、智能化改造升级，贵阳市已有 60% 的规模以上工业企业实现“上云”；贵州省建设了 100 个标杆项目、1020 个示范项目，带动融合企业 1530 户；“工业云”成为全国 4 个面向特定区域平台的试验项目之一，航天电器、贵阳海信等 9 家企业入选国家级智能制造和两化融合试点示范。贵阳市大数据与实体经济融合指数高达 42. 5。

统计显示，2018 年，纳入省大数据发展管理局监测调度的亿元以上大数据领域重大项目有 230 个，实际完成投资 431. 52 亿元，超额完成年度计划目标。此外，贵阳、遵义、贵安成为大数据项目建设主战场。230 个亿元以上项目中，贵阳有 51 个，遵义有 39 个，贵安有 23

个，共占全省的49.13%；累计完成投资245.33亿元，占全省的比重为56.85%。

重大项目顺利推进。贵安“两大一超”项目、国家生物大数据中心已完成工作组组建；FAST大数据中心项目选址已经确定；国家超级计算中心作为生物医学大数据中心应用基础，已经启动与生物医学大数据中心技术对接工作；苹果iCloud中国云服务项目正式开展服务，iCloud中国（贵安）数据中心落户贵安新区；腾讯数据中心一期已建成投入使用；华为全球数据中心项目快速推进；华为软件开发云平台、创新中心两个项目正式投入使用；华芯通ARM架构高性能服务器芯片快速拓展应用场景。

创新型项目扩大应用。易鲸捷国产数据库示范应用项目，经工信部有关机构检测，多项指标优于国际同类产品；大数据交易所交易框架协议突破3亿元，涵盖30多个领域的近20000个数据产品；贵安新区“数据宝”获得30个国家部委级授权数据加工资质。

2018年，贵州全年组织小分队开展大数据招商超过700次，签约大数据项目为264个，合同投资总额为593.9亿元。贵州聚焦引进标志性项目和引领性项目，重点项目、重点企业加快推进，成功引进落地科大讯飞、猪八戒网、科大国创、康佳创投、腾讯云计算、马蜂窝等10多家知名大数据企业，继续加大对苹果、华为、阿里、货车帮、朗玛、易鲸捷等30多家大数据龙头企业的培育力度，大数据发展专项资金、大数据产业基金支持产业发展项目73个，共1.6亿元，带动9.07亿元的项目投资。

同时，华为拟与贵州省共同建设产值规模为4000亿元，年产1.5亿台智能终端及50万台服务器的产业基地；阿里与贵州省在企业上云、农村电商、产业扶贫等17个方面的项目合作深入开展。康佳创投打造AR/VR创新中心，引入和孵化项目合作企业。

此外，大数据也推动大数据在各行各业的应用，加快推动全省新兴业态发展。

2017 年，全省建成贵阳、贵安 2 个大数据清洗加工基地及贵阳经济技术开发区大数据安全基地。贵阳市服务外包及呼叫中心签约投运规模达 10 万席，成为全国第五大服务外包及呼叫中心产业集聚地。贵阳正因大数据的风生水起而荣获“影响中国”城市的美誉。

截至 2018 年末，贵州公共大数据重点实验室的建设、申报紧锣密鼓地推进着。它一旦获批，将是贵州省在 IT 领域唯一的国家重点实验室，必助推贵州在大数据隐私保护、融合，块数据与政府治理以及服务地方经济方面走向前沿，抢占全国乃至世界的科研高地。

总之，贵州正进一步加大对现有大数据企业的支持力度，加大对大数据企业的招商力度，加大与大数据融合的高科技企业的招商力度也成为贵州发展大数据新途径。贵州大数据要走的不是一条单一维度的数据之路，而是一条数字产业化、产业数字化的多维度、多层次的大数据之路，即横向上，加强大数据与工业、制造业、农业等传统行业的融合；纵向上，在数据收集、数据分析、数据挖掘、数据清理、数据交易上延伸拓展；同时，积极制定、颁发相关法律法规，弥补大数据领域的法规空白，促进大数据行业规范发展。

（三）用新时代贵州精神推进大数据与乡村振兴的融合

面对贵州省农村地区发展基础薄弱、贫困程度较深等问题，贵州农经网有“大数据助力村域经济扶贫模式”。该模式曾入选联合国可持续发展脱贫和环境目标实践典型案例，受到社会各界好评。它借助大数据，对农户生产、消费等数据进行收集，为分散各地的农民提供授信、贷款、支付等金融服务，最后通过搭建农村信息发布平台、电子商务平台，打通农户从贷款、种植再到销售的全链条。目前，该项目的市场运营主体已完成全省 10 万余户农户基础信息采集及信用评级，初期贷款正在启动中。

贵州省遵义市湄潭县生产草鞋，湄潭把扶贫开发与现代农业、乡村旅游等统筹推进，全县建档立卡贫困户为 12961 户 43689 人，已脱贫 9913 户 35777 人。

如果说老干妈数据运营、茅台电商业务、贵阳海信的智能制造是大数据对传统产业的重塑的话，那通村村、多彩宝等互联网 App 的出现，则赋予贵州人民不一样的生活方式。

对这种“不一样”体会较深的或许是来自贵州黔东南苗族侗族自治州雷山县偏远山区的司机，他们通过在一款农村网约车平台——通村村 App 上跑车，能实现每个月收入增加 1000 元，这对于一个普通村民来说十分可喜，而这样的事也许正发生在通村村覆盖的贵州 39 个县的居民身上。

而由贵州航天智慧农业有限公司打造的“智慧农业综合管控平台”运用物联网、人工智能、大数据等技术，以智慧物联体系和云网平台做支撑，通过建立智慧农业云网平台和大数据综合管控中心，采集各项目地的作物、气象、土壤、灌溉、设备状态等各种信息，为农业生产提供智慧灌溉、智能水肥决策等服务。

通过对多年农作物数据的分析和经验的积累，贵州航天智慧农业有限公司已经逐步摸索出针对数据采集、治理、存储方面的相关方法和标准，并通过数据挖掘和人工智能对气象、土壤、灌溉、虫情等数据进行分析，建立病虫害特征识别库及病虫害原因关联分析库，从而对农作物在不同种类、不同时间情况下进行健康状况分析，以及时发现农作物生产问题，并利用航天科工集团无人机植保等力量开展病虫害防治工作。

未来，贵州航天智慧农业有限公司还将继续深耕农业领域，运用航天科工集团的技术优势，为我国智慧农业发展提供核心装备技术及整体解决方案服务，形成以“互联网 + 大数据 + 现代农业”模式的“智慧农业”新模式。

通过一组数据，我们能更直观地感受到大数据对贵州生态经济发展带来的变化。在由贵州省统计局、国家统计局贵州调查总队发布的《贵州省 2018 年上半年主要统计数据》中，贵州省限额以上单位通过公共网络实现商品零售额 42. 25 亿元，比上年同期增长 50. 0% ，“黔货”品牌影响力逐渐增大。

下一步贵州全省将继续以苦干实干、后发赶超的新时代精神，以大数据为支撑，助力乡村振兴战略实施。一方面，要构建不同区域互联互通的“精准扶贫”数据平台，通过贫困地区低收入人群众识别模型、扶贫协同系统，精准掌握不同地区大扶贫开展情况，对扶贫政策的落实、扶贫对象的识别、扶贫资金的运行情况做好监督，推进贵州大扶贫数字化。另一方面，要努力促进电子商务在深度贫困地区可持续发展，着力解决农产品销路问题。政府部门要积极利用“互联网 + ”带动农村电商发展，提升市、县、乡、村电商聚集区和运营中心的覆盖率，重点推进农村合作社、农产品加工企业的电商化，推广“企业（合作社） + 基地 + 网店”运营模式。在充分运用天猫、淘宝、京东等传统电商的基础上，加快培育农村本土电商，鼓励农民入股经营，实现农产品线上销售的高效化。还有开展以互联网为基础的大数据智慧旅游、乡村旅游，促进旅游服务升级与消费持续增长等。

要扩大全省农业物联网的覆盖面，将其应用于现代农业生产，推动农产品销售高效化和农业生产智能化，努力走出一条质量兴农、绿色兴农的发展新路子。通过推广环境实时监测系统，对茶园、果园、农场的气候条件进行检测，根据实时感知的数据，为管理人员提供最新的环境信息，提升精细化管理水平；通过视频采集分析系统，准确采集疾病、虫害、杂草情况，并进行远程诊断、智能预警、自动控制，根据分析的情况，有针对性地控制化肥、药物的使用量；依托大数据可持续采集更新系统，构建鲜活农产品价格数据库，创新养殖和销售模式；通过大数据分析市场供给量，判断价格走向，为管理员提供可循规律，进而优化养殖业结构。总体上，大数据在农业生产中的运用，能够推进农业由增产向提质转变，有助于带动农村地区产业升级，为培育贵州现代山地特色高效农业提供新动能。

（四）用新时代贵州精神推进大数据与服务民生相融合

习近平总书记在中共中央政治局第二次集体学习时指出，要运用大数据促进保障和改善民生。政府的全力扶持是推进大数据与民生服务融合发展的强大后盾。各级政府要以新时代贵州精神为指导，在弥补民生短板、强化民生服务上下功夫，推动大数据融入各行各业，重点解决交通、医疗、教育、就业等民生热点问题，让人民有更多的获得感。要做好顶层设计和统筹规划，确保“在保障数据安全的情况下，打通各个部门、平台之间的壁垒，形成多个源头的数据共享平台”。[①] 要以人民群众最关心的问题为突破口，要充分发挥大数据在存储、分析、预测等方面的功能，构建便民服务体系，为人民群众提供安全、公平、高效、多元的网络信息服务，

---

① 汤正：《数据观产业巡礼丨探访“筑民生”：如何用大数据服务民生?》，数据观网站，http：//www. cbdio. com/BigData/2017 - 09/15/content_ 5599609. htm。

让“大数据多跑路，让人民少跑腿”。

开发智慧交通平台，通过“实时交通”App，为市民带来更畅通的出行；随着人口老龄化的加快，要打造智慧医疗平台，将全省公立、私立医院尽可能多的联通起来，实现远程医疗在乡镇卫生院全覆盖，通过远程在线提供医疗信息查询、在线预约等服务项目，在全省推广“一窗式”挂号；打造智慧教育平台，使远程在线教育覆盖更多人，通过“教育云+扶贫云”，自动识别贫困学生，协同办理教育扶贫资助，实现教育扶贫不漏一人；打造有特色的双创服务体系，引领贵州双创发展。要努力把民生项目向纵深推进，加快养老保险服务平台、外来务工人员服务平台、空巢老人服务平台、留守儿童服务平台建设，实现数字民生功能最大化，让人民群众享受到大数据带来的红利。

被互联网改变、影响甚至颠覆的故事不只发生在涂子沛的《数文明》文字记录中，贵州大数据也正在一点一滴地影响、改变、重塑这里的经济结构、商业力量甚至生活方式。

“大数据+智能制造”“大数据+电商”“大数据+金融”“大数据+物流”等，表明利用大数据或互联网重构商业形态，或为平台带来了可观的营收，或为民众带来了极大的便利。如连续三年中国国际大数据产业博览会（以下简称“数博会”），不仅能让我们看到很多有趣好玩的科技展品，贵阳也有来自世界各地的人，数博会给了我们一个了解世界的窗口；具体案例还有用App扫码即可搭乘地铁的上班族，又比如通过“筑民生”平台即可享受在网上办理户籍证照，获取生活账单、医疗、出行等一站式服务的贵阳市民。

由贵州省委网信办、贵州省大数据发展管理局牵头推动，贵州多彩宝互联网服务有限公司建设的“多彩宝‘互联网+’益民服务平台”，契合了“运用大数据促进保障和改善民生”的要求，已成为大数据运用在“民用”领域的典型案例。

多彩宝“互联网 + 益民服务”城乡全覆盖工程依托多彩宝“互联网 +”益民服务平台建设，是运用互联网、大数据促进保障和改善民生的惠民工程，为全省人民群众提供生活缴费、政务服务、社会保障、公共交通、文化旅游等一站式互联网民生服务。同时，通过便民资讯平台将政策、民生、旅游、致富等信息传递到千家万户，更好地解决民生痛点、堵点、难点问题，实现数据多跑路、百姓少跑腿的目标。

多彩宝平台已经完成了 3 个大版本迭代，正进行 4.0 全新升级，努力打造生活服务、政务服务、到家服务、资讯服务、特色服务五位一体的超级 App。多彩宝业务不仅实现贵州全省 9 个市州及贵安新区全覆盖，还深入全省 54 个县城、351 个乡镇，覆盖范围还在迅速扩大。

在 2018 年年初，贵州省水利厅发布 2016—2017 年度贵州省水利科学技术奖获奖名单，其中，贵州东方世纪科技股份有限公司打造的项目——“‘东方祥云’基于遥感大数据的洪水预报系统研究”获唯一的特等奖。该项目利用大数据，对全球范围内采集到的水库、河流水量等指标和数据进行计算分析，将洪涝灾害预测期从过去的 20 分钟延长至 72 小时，以实现对洪水的预报与调度。基于大数据的洪涝灾害预测，为政府环境治理、民生治理无疑提供了一个更有效、更科学化的手段。该项目同时成为 2017 年工信部“大数据优秀产品、服务和应用解决方案案例集”入选的唯一的水利和气象项目。

总之，从年轻学生到上班族，大数据、互联网正改变、影响着贵州人民的生活习惯甚至兴趣爱好，而反映到城市风貌上，则是城市年轻指数、创新氛围的提高和改善（在 QQ 大数据发布的“2018 全国城市年轻指数”中，贵阳市以 88 的城市年轻指数首次居“最年轻城市”榜首），如今的大数据，于贵州来说已是实至名归的一张名片。

（五）用新时代贵州精神推进大数据与政府治理相融合

在贵州省第十二次党代会上，确立了以“大扶贫”补短板，以“大数据”抢先机，以“大生态”迎未来的三大战略行动，彰显了贵州以全新的方式谋划跨越发展新路径。数化万物，智在融合。贵州省一直以政务服务、精准扶贫、医疗健康、智能交通、社会治理等为突破口，以各云上贵州系统平台和部门云、市州云建设为支撑，利用大数据洞察民生需求，改善民生服务，加强社会治理，着力推动数字经济与民生服务深度融合，开发出一大批民生应用系统与政府治理系统。通过积极探索发展数字经济改善民生的有效途径，努力提升数字经济惠民便民水平，提升政府治理能力。在数字经济与民生领域融合应用诸多方面，建设成效显著，国务院办公厅电子政务办公室公布的《省级政府网上政务服务能力调查评估报告（2018）》显示，贵州省延续了 2017 年的势头，网上政务服务能力稳居全国三强，荣获全国“互联网 + 政务服务”综合试点示范省称号，后发优势显现。其中就有优秀贵阳市政府数据开放平台和典型的贵州公安大数据治理等。

1. 贵阳市政府数据开放平台

作为全国首个市、区两级政府一体化数据开放平台，贵阳市政府数据开放平台经过一年多的探索建设、三次改版升级，已取得丰硕成果。《2018 中国地方政府数据开放报告》显示，贵阳市政府数据开放平台在全国地市级（含副省级）指数排名中列第一，是中国政府数据开放平台的引领者和探路者，而政务服务“一网通办”又使贵阳获国务院办公厅通报表扬。

据介绍，贵阳市政府数据开放平台的数据覆盖 52 个市级部门及 13 个区县（开发区）。贵阳当地企业能够从平台发布气象、环境、企业信用等各行各业的实时数据，发现商机，创新商业模式，深度挖掘数据价值。除此之外，贵阳本地创新企业还基于平台开放的数据开发了如“易动体育”等覆盖交通、旅游、食品等领域的 10 余款便民惠民 App。

在数据惠民方面，据了解，贵阳市民可以在平台上找到每日粮油价格、中小学划片区信息、公共体育场馆及设施信息、停车路线及车位信息等大家日常较为关心的民生数据。以医疗为例，市民既可以在平台上直接搜索获取相关区县医院信息，也可以通过“筑民生”“健康贵阳”等 App 获取相关信息，其中包括是否属于医保医院、药品价格等。

2. 贵州公安大数据治理

贵州公安的飞速发展，离不开一个词——大数据。贵州省公安机关以贵州省“大数据”战略，坚持以大数据引领公安改革方向，初步形成了用数据说话、用数据决策、用数据创新的数据型警务，公安现代化建设初具雏形。

目前，体系化打击已经在贵州全面推开。2017 年，全省公安机关依托大数据平台，破获电信网络诈骗案件 800 多起，同比上升 171.8%，抓获犯罪嫌疑人 500 多人，同比上升 91.67%；止付金额为 3300 多万元，查询涉案账号 4300 多个。

为了使广大人民群众共享大数据建设应用的成果，贵州公安把深入实施大数据战略行动与全面深化公安改革特别是与“放管服”改革有机结合，以实施“数据服务工程”为抓手，以互联网、

App、微信、广电网络为载体，打破空间和时间的限制，不断创新、丰富服务方式、服务内容，拓宽便民利民服务渠道和载体，提高了管理效能和服务水平。

“贵州交警”App 自上线以来，提供了超过 1000 万次的线上服务，群众利用 App 查询违法等信息逾亿次，其受到广大人民群众普遍欢迎和一致好评，群众对交管服务的满意率由原来的 63% 提升到现在的 95%。

另外，全省建立“互联网 + 户政便民利民平台”。全面实行户口注销、出生落户、户口迁移等业务网上申请、网上受理，全面推行“一次性告知、一站式服务、一单清收费、一条龙服务”的阳光办事服务模式。

下一步，贵州必将紧抓大数据这一后发赶超的“法宝”，把发展大数据作为创新政府治理方式的新动力。政用大数据已经成为大数据创新应用的一大趋势，因此，贵州省要发挥拼搏创新、后发赶超的精神，尽快进行政府智慧施政体系建设，制定构建、管理和开放大数据平台的法律法规，为获取政府治理信息提供便利。努力加快政府数据共享平台建设，加强部门之间信息往来和数据互换，有效实施政务信息整合，推动贵州数字治理体系的应用。要通过数字平台提升收集治理对象、治理过程和治理结果相关信息的效率，并实时进行内容分析、网络分析和舆情分析，快速发现政府部门在治理过程中存在的问题，了解群众对政府各部门的评价反馈，为政府治理能力的提升提供依据。

政府要与高校、企业、科研平台建立应用合作机制，及时将大数据的最新研究成果应用于管理平台。政府各部门要提升大数据技术的管理和驾驭能力，领导干部除了要懂得大数据外，更要用好大数据，在实际工作中发挥技术优势。依托“大数据+政务服务”平台，打造“智慧城市”“智慧社区”“智慧乡村”，使网上办事大厅覆盖省、市、县、乡、村五级，全方位提升政务服务能力和办事效率。要重点推进电子政务基础设施建设，确保数据信息安全，提高和扩大外网的服务能力和范围，保障关键信息和完善数据保护系统。在此基础上，政府应积极建立社会广泛参与的政府数据开发利用平台，向社会组织和企业开放数据平台的应用接口，借助成熟的大数据技术，提升治理能力。

在新时代贵州精神的指引和激励下，为保障大数据深化融合应用,全省上下必须发挥先行优势，强化要素集聚。一是要加强人才培养，打造大数据产业人才高地。当前贵州省应制定和完善更有倾向性的人才优惠政策，将培养和引进大数据人才纳入发展规划，尽快弥补贵州大数据人才存在的巨大缺口。要引进国内外高精尖的专业人才，更要提升贵州省本土人才培养的能力。政府应尽快引导高校、科研院所、企业建立多方合作机制,共建大数据学院，推进产学联动的大数据人才培养。二是要增强创新能力，突破核心技术。整合全省研究力量，结合优势项目，组建高水平研究团队，同时要坚持“引进来”和“走出去”并重，深化与国际前沿科研团队的合作，加快核心关键技术的研发。通过创新成果转化应用，尽快带动一批贵州创新型大数据领军企业。三是要加强数据治理，确保有序安全。为提高重要数据和关键信息的防护水平，政府应进一步完善与大数据相关的法律法规，建立多元共治的协同监管机制，为贵州省深化大数据融合应用提供安全有效、创新包容的法治环境。

四　用新时代贵州精神引领大旅游、大健康协同发展

（一）用新时代贵州精神引领贵州旅游“井喷式”发展，实现弯道取直、后发赶超

贵州素有中国“公园省”之称，山川秀丽，气候宜人，以典型的喀斯特地貌风光著称。除了黄果树、龙宫等 12 个国家级风景名胜区和花溪、百花湖等 57 个省级风景名胜区以外，还拥有 22 个国家级及省级自然保护区和 15 个国家森林公园和地质公园，300 余处国家级及省级重点文物保护单位，以及贵阳市等 3 个中国优秀旅游城市。待开发的自然旅游资源有 1000 余处，可开发的乡村旅游点有 1000 余个，旅游的自然资源十分丰富。为推动贵州经济发展，《国务院关于进一步促进贵州经济社会又好又快发展的若干意见》于 2012 年颁布，首次从国家层面明确了将贵州建设为“文化旅游发展创新区”的战略定位，为贵州大旅游发展创造了政策环境和制度环境。习近平总书记先后多次对贵州旅游进行指示，要求贵州“把旅游业做大做强，丰富旅游生态和人文内涵”。省委贯彻党的十八大、十九大精神，把大旅游与大数据、大生态作为“三大长板”，出台实施《贵州省发展旅游业助推脱贫攻坚三年行动方案（2017 ~ 2019）》《关于推进旅游业供给侧结构性改革的实施意见》，制定《贵州省温泉产业发展规划》，把乡村旅游作为精准扶贫的重要途径，实施一系列配套政策，激励旅游业发展，全面发挥“公园省”资源优势，开启“举山地旗、走全域路”旅游模式，提高旅游业在贵州经济社会发展中的战略地位。贵州处于浅内陆山区，近边、

近江，是中国西南地区连接发达的华南地区的前沿，处于西南南下出海的交通枢纽位置。自 2014 年贵州进入高铁时代，贵州省会贵阳市与珠三角、长三角等经济发达城市已实现两小时经济圈。贵州旅游潜在客源量大幅增加，形成了人均可支配收入较高、以健康养生休闲为出游目的的优质客源市场。“大旅游”发展战略作为新时代贵州精神根植于人心的重要路径，对守住发展和生态两条底线，实现贵州经济社会后发赶超，实现贵州人民与全国人民同步小康，实现百姓富、生态美的有机统一，具有重要意义。

1. 发扬新时代“团结奋进”的贵州精神，创新旅游体制机制，优化旅游市场环境

用新时代“团结奋进”的贵州精神，创新“大旅游”基调下多部门共同管理的“大管理”体制，改革企业经营机制，多途径联合经营，塑造贵州品牌。建立多元投资机制，形成民间资本、外资、政府资金以及大型基础设施融资的多元投融资格局。创新对外开放合作机制，吸引国内外产业链落地贵州旅游市场。

全省一盘棋，从制度上保证旅游业可持续发展，建立健全全省旅游行业信用体系和征信系统，严格行业标准。健全旅游市场监管体系，加强旅游市场综合治理，探索建立“旅游警察”“旅游巡回法庭”“旅游工商分局”。发挥协会作用，成立餐饮、民宿、酒吧、零售等协会，制定行业标准和奖惩制度。建立完善考核评价体系，增加旅游业发展指标比重，把旅游纳入政府、企事业单位及其工作人员的目标任务、考核奖惩、提拔任用、职务培训范畴。完善景区经营管理体制，加强景区规范管理，引进标准化景区管理流程，探索对景区施行备案管理、年度审核等制度。

进行顶层设计，统筹谋划区域旅游合作，制定统一政策，为区域旅游合作提供公平的政策环境。政府、企事业单位及其工作人员

形成合力，从产品塑造、宣传营销、服务质量等方面找到结合点，形成清晰的任务清单，推动旅游市场良性互动。本着利益共享、责任共担、合理适当补偿的原则，建立合理的利益分配和协调机制，缩小各地旅游发展差距，强化与加大合作的根基与力度。[①] 从整体战略布局考虑，探索差异化的旅游发展新路，创新旅游产品和服务，形成独立品牌。

2. 发扬新时代“拼搏创新”的贵州精神，创建旅游特区，提升贵州旅游产业地位

贵州旅游资源极为丰富，具有自然风光、民族文化相结合的独特优势，为设立“旅游特区”提供了得天独厚的条件，可以为贵州探索出一条“建立文化旅游发展创新区”的新路子。“旅游特区”是“文化旅游发展创新区”建设的重要平台和载体，在贵州设立“旅游特区”需要新时代“拼搏创新”的贵州精神来指引。可以把整个贵州建设成旅游特区，也可以重点在旅游资源独特的地区建立旅游特区，比如建设贵阳、安顺、毕节等以喀斯特地貌为主的自然风光生态旅游特区，设立黔东南、黔南、黔西南民族文化生态旅游、乡村生态旅游以及科考旅游特区，创建以黔北为主的红色文化旅游特区等。主动融入全国旅游发展大格局，与珠三角加强旅游合作与对接，加大与周边省份的旅游合作力度。加快旅游特区基础设施建设，延伸旅游业产业链，优化旅游特区产品结构，实现观光旅游向创意旅游转型。正确处理基础设施、产业发展、旅游资源与生态环境保护之间的关系，保证旅游特区可持续发展。

随着 2017 年 8 月 15 日国际山地旅游联盟在兴义市正式挂牌成

① 秦元旭：《欧盟旅游一体化对贵州构建跨区域旅游合作的启示》，《贵州师范学院学报》2016 年第 8 期。

立，贵州抢占发展先机，奠定了贵州在山地旅游发展领域的引领地位，借“山”出海的梦想变成了现实。山地旅游资源和产品特征符合21世纪休闲时代的社会需求，依托全球旅游市场，未来发展前景非常广阔。山地旅游是贫困山区的致富良方，是旅游扶贫的有效途径。发扬拼搏创新、后发赶超的新时代贵州精神，锐意改革、多部门联合推进山地旅游发展，全力打造以民族文化和山地生态为核心价值的山地旅游品牌，创新山地旅游产品和服务。处理好景区开发与环境保护、旅游产业发展与环境长期友好、生态维护与配套建设的关系，把山地生态保护、旅游减贫富民、资源创新利用、国际合作交流的大战略与山地旅游有机融合。

在山地旅游发展中，大力发展生态旅游。构建完善的生态旅游认证体系，尽可能减少对生态环境的负面冲击，确保自然系统平衡。协调社会生态环境，保持其原生性，增加对游客的吸引力。借鉴国际上生态旅游发展的成功经验，研究国际环境保护的规则，构建全域化格局，开发集避暑度假、山地观光、户外运动、科普探险、装备制造于一体的具有山地特色的新业态，全力打造山地旅游发展升级版，把贵州建设成为国内一流、世界知名的山地旅游目的地。

3. 发扬新时代“苦干实干”的贵州精神，发展乡村旅游，助推旅游扶贫

科学、合理地制定并完善贵州乡村旅游发展战略，避免盲目开发乡村项目，注重乡村传统文化资源的整体保护，处理好旅游与民族文化传承保护的关系。文化自觉是实现少数民族村寨内生保护与发展的原动力，调动村民对民族文化的自我觉醒和热爱，用文化自信应对全球化、信息化和工业化的挑战，使文化获得长足发展，增强乡村文化旅游发展的内驱力。

在村落整体保护规划中，设定保护核心区、控制区和环境协调区。核心区作为村落生活与文化的重要保护区，维持现有空间布局，控制新建建筑；控制区修建的建筑必须对其高度、风格、功能进行控制和规划，与原有建筑风格保持一致；环境协调区以园林绿地为主，严禁修建其他形式的建筑，保护村落周边绿地和梯田不被破坏。构建区域整体发展框架，合理布局旅游业、新型农业等各项产业，形成新常态下的地方聚落产业与乡村文化体系，把贵州建设成为一流的、独特的乡村旅游目的地。

在决战脱贫攻坚和决胜同步小康、后发赶超的关键阶段，通过乡村旅游带动乡村振兴，建立完善旅游扶贫云系统，构建省、市、县三级联动的旅游精准扶贫机制，确保“百区千村万户”乡村旅游扶贫工程不走过场，打造一批乡村旅游创客示范基地。挖掘开发一批具有贵州乡村地域特色的乡村专题旅游，如推进“黔东南苗侗文化寻根游”“三都水族风情游”等，树立乡村旅游品牌形象。建设一批具有文化内涵的文旅小镇，开发农耕文明、乡村文化、传统建筑等重要资源。组建乡村旅游合作社，通过统一规划、税收分成、资金补助等方式，鼓励农家乐经营户成立乡村旅游合作社，发展个性化、特色化、差异化的旅游业态，推动农家乐从零散经营向集约经营转变，打造以农旅融合发展为主线的休闲观光农业品牌，实现以旅游脱贫致富。

4. 发扬新时代“后发赶超”的贵州精神，借力大数据，发展智慧旅游

守住发展与生态两条底线，采取“信息技术 + 生态环境 + 旅游业”三者共同发展的“后发赶超”的新兴商业模式，将旅游业发展与相关行业相融合，做足文化功夫，汇聚各方力量，打造贵州“大旅游”模式。加快智慧化建设，将旅游信息化工作与大数据产

业发展相融合，以企业为主体进行智慧旅游云产业建设，提高智慧旅游管理、智慧旅游营销和智慧旅游服务水平，打破传统旅游行业利益格局壁垒。搭建大旅游的智慧旅游云平台，推动交通、公安、环保、气象、食药监等部门的数据共享交换，推进旅游交易、支付、结算云服务。建立智慧化的营销平台，根据游客需求制定相应的旅游产品和服务目录。在景区建设中投入高科技产品，实现网络覆盖，增设虚拟体验、线上线下互动等。完善公共信息服务平台，加强电子商务、政府管理和后台技术支撑和保障体系建设，制定法规规范电子商务发展。通过科技手段对旅游进行监控、管理，加入智慧化元素，降低人力成本，提高管理效率。加强贵州大旅游可视化智慧系统的开发及应用，与国内外旅游网络运营商进行广泛交流、务实合作，吸引省外和境外旅游企业入驻贵州。实施贵州旅游业联网审计，对旅游业项目建设过程中的重大改革方案、项目建设和资金实时跟踪、动态核查，提高旅游业监管水平，做到审计出效益、强管理、防风险、促发展。

实现资源与渠道的有效对接和竞争，加强对资源和产业链的整合，以智慧旅游带动其他产业发展。大力发展文化旅游，注重文化旅游品牌培育，建立旅游产业与文化产业的联动机制，促进文化与旅游的价值平衡和协调。发展文创产业，开发文创产品，以消费者为核心，打造文化 IP，着力促进文化 IP 在景区的整体应用，借助文创产品创意、IP 衍生品设计、产业链结合和价值提升等，用一两个含有 IP 的拳头文创产品，拉动景区二次消费，带动景区和周边地区整体发展。开展民族文化旅游，展示节日文化，实现民族旅游经济与民族文化齐头并进。大力开发文化旅游商品，将贵州文化渗透到旅游业六大要素（即食、住、行、游、购、娱）之中。推动文旅深度融合，培育一批文化主题公园、文化创意园区等新兴业态，用“文化＋科技”融合的发展战略，结合丰富多彩的地域文化打造一批具有唯一性和排他性的地方文化主题公园。规划建设一批文化旅游产业园区，打造民族文化休闲街区，培育品牌节庆产品和旅游演艺品牌，推动贵州文化旅游产品由观光向综合型体验升级。打造旅游文化精品，实现文化和旅游的无缝链接。重点开发屯堡文化、夜郎文化和阳明文化，满足旅游者“求知、求新、求奇、求异”的心理需求。建立贵州民族风情园，向全国乃至全世界集中展示贵州丰富的民族文化资源。

只有充分发扬“团结奋进、拼搏创新、苦干实干、后发赶超”的新时代贵州精神，围绕“大旅游”“旅游＋”“扶贫旅游”“旅游经济”这四大关键词，以大交通带动大旅游，以大生态提升大旅游，以大数据助推大旅游，才能推动贵州大旅游跨越式发展，让百姓更多分享旅游发展红利，为贵州决战脱贫攻坚和决胜同步小康奠定坚实基础。同时也能更好地彰显新时代贵州精神，让新时代贵州精神根植人心。

（二）用新时代贵州精神，守好发展和生态两条底线，引领贵州大健康“医养健管游食”六大产业发展

贵州素有“天然药物宝库”之称，现有中药材品种为4852种，占全国中药材种类总数的40%，中药材种植面积达到458万亩，居全国第三位，是中国非常重要的动植物种源地和四大中药材主产地之一。贵州良好的自然生态与独特的人文文化交相辉映，表明贵州具有发展大健康产业的比较优势和巨大潜力。经过多年发展，贵州省医药产业风生水起，具有自主知识产权的民族药品品种为154个，占全省药品品种总数的16%。党的十九大报告提出了

实施健康中国战略，人民健康是民族昌盛和国家富强的重要标志。贵州省委贯彻党的十九大精神，全面实施大扶贫、大数据、大生态战略，主动融入长江经济带的分工合作之中，定期举办生态文明贵阳国际论坛等，为贵州发展大健康产业提供了好机遇，大健康产业逐渐成为贵州省新的经济增长点和支柱产业。

大健康产业是随着健康理念的延伸而形成的与健康关联产业的集合。大健康产业可分为产品主导和服务主导的大健康产业两大类，主要有以医疗服务机构为主体的医疗产业，以保健食品、保健茶、保健酒、养生产品、药妆、药酒、健康日化等健康相关概念的所有健康产品，以个性化健康检测评估、咨询服务、调理康复和保障促进等为主体的健康管理服务产业和健康保险、健康风险管理产业，健康中心类运动保健服务等。

基于人民群众对美好生活的期望，健康是第一步。全面小康首先要有全面健康，进一步推进大健康产业发展是解决供给侧不充分问题的重要内容。把新时代贵州精神与大健康产业相结合就是要把“团结奋进、拼搏创新、苦干实干、后发赶超”的精神根植人心，推动大健康产业又好又快发展，服务民众、造福民众，让老百姓对健康的需求得到满足，生活质量越来越好，幸福感越来越强。

1. 发扬新时代“团结奋进”的贵州精神，完善健康医疗产业基础，增强基本公共卫生服务能力，提高全民健康素质

基本公共卫生服务是最基本的卫生服务项目，也是涉及民众最广、最基础的预防医学，是保卫群众身体健康、疾病预防控制的第一道防线。

坚持健康优先，促进人的全面发展。省、市卫生健康委员会加大对基本公共卫生经费的投入力度和提高公共卫生人员的服务水平，为大健康工作链奠定坚实的物质基础。多部门共同参与，增强

全民对慢性病的防范意识，建立大健康经济观、大健康社会观、大健康人文观的新时代大健康素养，发挥社会意识的能动作用，助推大健康产业发展，实现省市县乡四位一体的医疗卫生资源分级诊疗，坚持以基层为重点，补齐卫生与健康事业短板，打造“健康贵州”基层堡垒，使老百姓在家门口享受到高效、优质的基本医疗服务。打造“15 分钟医疗圈”和提高基层医疗服务水平是缓解当前医疗资源分配不合理、基层医疗服务能力薄弱的重要举措。

合理配置医疗资源，特别是医疗卫生人才的合理分配，解决当前人民群众“看病难、看病贵、看病远”的重要问题。医疗服务的主体是人，提供医疗服务的主体也是人，提高基层医疗服务能力的核心是要有“苦干实干”的医疗卫生人才。打造群众满意的乡镇卫生院，进行标准化村卫生室建设以及加强对基层医疗机构的对口帮扶，提高基本医疗服务能力。提高基层服务的卫生人才和在乡镇工作的具有一定资质的卫生人才的待遇。打牢医疗卫生设施基础，以人才堡垒夯实医疗资源配置，将“苦干实干”的新时代贵州精神深入医疗服务，为群众健康保驾护航。

2. 发扬新时代“拼搏创新”的贵州精神，推进健康医药产业增长，实现绿水青山和金山银山协调发展

中医药、民族医药是我国的民族瑰宝，特别是中医药、民族医药诊疗技术，不仅是对传统医学的传承，也是中国哲学辩证思想的精华。2016 年 12 月 6 日，国务院颁布的《中国中医药》白皮书中，阐释了独特的生命观、健康观、疾病观、防治观，实现了自然科学与人文科学的融合，这与新时代大健康观是相符的，同样与新时代贵州精神引领大健康产业发展目标是一致的。目前，我国的中医药已传播到 183 个国家和地区，世界卫生组织中 103 个会员认可使用针灸，有 30 多个国家和地区开办数百所中医药院校，在奥运会运动员康养所，中医药诊疗技术越来越被其他国家认可和使用。

中医药、民族医药“治未病”理念是新时代大健康理念中预防保健的核心内容，利用中医药养生保健、疾病预防的特点，助推大健康产业发展，创新研发中医药预防保健服务。采用新技术新工艺研发中药，挖掘民间组方，促进“老药新用”，做强民族医药产业，提高中医药预防保健功效，实现中医健康养生文化的现代创造性转化。

当前，中医药已成为我国独特的卫生资源，是有巨大潜力的经济资源，已成为进行原创的科技资源和文化资源。贵州是我国四大中药材主产区之一，具有丰富的特色中药及民族药资源，药材种类数位居全国前列，并有丰富的民间用药经验及理论，中药、民族药开发具有广阔前景。特色民族药的开发是我国民族医药体系现代化、重大慢性疾病防治、创新药物研制等研究的重要组成部分和突破口之一，其研究成果对医药产业发展和地区经济社会发展具有重要的支撑作用。为推进中医药现代化发展，应利用贵州先天自然环境，弘扬“拼搏创新”的新时代贵州精神，大力发展中医药创新产业，推动以药食两用中药材为主要原料的健康类产品产业化生产。

大力发展中医药、民族医药产业是发扬“拼搏创新”的新时代贵州精神的重要体现，借鉴现代科技成果，挖掘贵州中药、民族药特色，使之与现代健康理念相融合，服务人民健康，服务健康贵州建设。

3. 发扬新时代“后发赶超”的贵州精神，推进健康养老和医养结合，促进贵州养生养老优质产业发展

利用贵州天然的生态、气候、环境和人文资源，着力打造以“养”为支撑的健康养生产业。依托贵州温泉资源，发展以

温泉疗养、温泉保健等为调养手段的健康养生业态，推动自然资源开发利用，促进文化、健康产业发展，产生新的经济增长点，增加就业，提高生活质量，推动农村剩余劳动力转移，持续将“后发赶超”精神融入大健康产业发展，早日决胜全面小康。

目前，我国人口老龄化已成为重要的社会问题，到 2050 年，我国老龄人口将达到 4.8 亿人，老龄人口越多，对健康需求的迫切度越高。伴随人口老龄化的老年抚养、老年健康等问题油然而生，随之产生的老年人赡养等问题也接踵而至。针对老年人健康养老，减轻社会负担是政府的重要工作之一。特别在贵州经济较落后地区，养老产业发展滞缓，青壮年大多外出务工，孤寡老人和留守儿童是主要人群，老年人健康养老问题十分棘手。全面建成以乡镇为基础、以县区为依托、以机构为补充、医养相结合的多层次养老服务体系，不断满足老年人多样化、多层次的养老服务需求是推进“后发赶超”的健康养老和医养结合产业发展的重要举措。在乡镇养老院配备医务人员，为老年人提供基本医疗服务；没有配备养老院的乡镇以乡镇卫生院和社区卫生服务中心的医务人员为单位，形成与家庭医生相似的模式，定期提供体检和其他相关服务。实现居家社区养老服务全覆盖，加快推进医疗卫生与养老服务相结合，养老机构能够以不同形式为入住老年人提供医疗卫生服务。

实施健康贵州发展战略，加快以病人为中心到以健康为重，推进健康服务供给侧结构性改革，发展大健康产业，按健康服务需求，优化供给侧结构，因向施策，精准发力，提供高质量的健康服务。医养结合产业资源消耗低、环境污染小、发展潜力大，涉及三类产业，能够与工业、农业、服务业有机融合，实现协调、绿色、共产的高效发展。

4. 借力新时代贵州精神探索现代化健康管理发展模式，促进贵州大数据与大健康产业协调发展

鼓励技术创新和模式创新相结合，加快大数据与医疗领域的融合，推广应用移动健康终端产品，构建数字化、网络化大健康信息平台，实现本地和远程相结合的健康信息管理，培育差异化的健康管理服务项目。[①] 持续完善“五个全面建成”项目之一的远程医疗服务平台建设，联合大数据网络平台实现省市县乡四级医疗远程联网，能够为乡镇老百姓提供更具权威性的诊疗服务。乡镇卫生院通过远程会诊平台，能够与上级医院实现互联互通，上级医院专家能够通过平台调阅患者的信息，第一时间提供诊疗方案，大大缓解基层老百姓看病难、看病远、看病贵问题。探索利用大数据和智能终端的健康管理 App 和机器人医生等，大力发展智慧医疗和智慧健康管理，进一步促进大数据与医疗康养深度融合。逐步推广应用分级式健康管理服务模式，不断提升产业层次和服务质量，推动健康管理产业向新型化、个体化、网络化、社会化发展，促进优质医疗资源纵向流动，实现大数据与大健康协调发展。

新时代贵州精神激发人、教育人、鼓舞人，要用“团结奋进、拼搏创新、苦干实干、后发赶超”的新时代贵州精神指导大健康产业发展，用“五步工作法”抓实大健康产业发展的各个要素。将新时代贵州精神内化于心，根植于群众，造福于群众；外化于行，助推大健康产业链发展，形成新时代促进民众生存、健康、长寿的国家经济建设重要支柱，为实现百姓富、生态美的多彩贵州做贡献。

---

① 朱征明：《实施健康贵州战略　促进大健康产业发展》，《贵州日报》2018 年 5 月 24 日。

（三）充分发扬“团结奋进、拼搏创新、苦干实干、后发赶超”的新时代贵州精神，促进大健康产业与大旅游产业协同发展

1. 利用大数据、“互联网 +”技术推进大健康产业与大旅游产业发展

大数据、“互联网 +”、大健康产业和大旅游同为最近发起的战略性新兴产业，其相遇必然会带来一次产业革命。充分利用“互联网 +”平台优势，以大数据、“互联网 +”战略为引领，丰富旅游文化，实现游客与景区信息化、质量管理的“无缝对接”。通过开发大健康管理软件，提高大健康产业的智能化和信息化水平，利用“互联网 +”的评价影响作用，客户和顾客可以在互联网上对药品性能和不良反应、保健品质量和口感、医疗旅游的体验评价、养老产业的入住感受、服务质量等进行评价。通过对这些评价进行大数据挖掘和分析，将其及时反馈给制药方、保健品生产商、医院等机构，它们获得这些信息后可以根据用户和顾客的评价及时整改，改进生产技术和提高服务质量，最大限度满足用户和顾客的需求，做到根据用户和顾客的现实需求生产个性化产品和提供精准的医疗服务。

2. 从休闲、运动、疗疾和益智四大方面将旅游项目与大健康产业相结合

大健康产业与大旅游的结合点，在于满足不同人群对于健康养生的需求，包括心理养生、生理养生两大方面。前者强调精神层面的内在修养及平衡祥和的心理状态；后者注重身体上的放松和康复，以及身体机能的维护。开发消费养生休闲旅游产品，满足以下几大诉求。

延年益寿：寻求高质量的生活方式，结合不同时节，以有益的

养生生活方式达到长寿的效果。

强身健体：在理想的养生场所进行适时运动来养精固元。

修身养性：以简单的生活方式和生活节奏来舒缓身心。

医疗：通过优质生态环境，针对各种疾病进行康复治疗。

修复保健：逃离污染严重的城市环境，寻找修复环境。

生活方式的体验：与传统文化中的民俗相结合，与旅游多种构成要素相结合。

养生文化体验：将文化景观与养生文化结合。

了解了不同人群的健康诉求，旅游项目与大健康产业就有了契合的方向。根据不同的资源，结合市场需求特点，开发养生休闲旅游项目。

居住养生：依托当地的自然资源、旅游景区等建造养生居住社区以向人们提供没有污染、没有公害的新鲜空气、有机食物和住宅条件。

游乐养生：挖掘具有当地文脉，参与性、趣味性较强的养生休闲旅游活动，通过一定的技术手段和创意，把一些生硬的、静态的资源进行情景化和趣味化处理，使之让游客主动参与到养生休闲活动中去，并使其获得一定程度的身心放松和教育。

文化养生：深入挖掘文化精髓，做大做强以民族文化为核心，以红色文化、国酒文化、历史文化、宗教文化、特色文化等为支撑的文化旅游产品，进一步加强旅游业与文化产业的融合。

医疗养生：医疗养生旅游产品以药物治疗为主要手段，配合一定的休闲活动内容进行康复养生，其中包括康体检查类产品，它是医疗旅游开发的重要内容。

美食养生：药食同源，是东方食养的一大特色，美食养生是大健康与旅游结合中至关重要的内容，应把中药产业园区与药材种植基地以及景区建设相结合。

生理美容养生：生理美容养生是时下女性游客比较喜爱的一项活动之一，把生理美容同养生休闲旅游结合起来，可以取到较好的互动效果，比如，将 SPA 水疗、抗衰老美容融入某些旅游项目之中，同时可结合一些花卉产品开发系列美容产品，如花香、精油，以外用美容、内服等。

运动养生：依托贵州独特的山地旅游资源，大力发展山地户外和水上运动康体养生产品，创建一批有影响力的体育赛事品牌。

生态养生：生态养生首先在于环境，城市的废气、污染是人类健康的大敌，生态的绿色环境是养生休闲的理想场所，生态养生需要在观光游乐中开展，如森林浴养生法、生态温汤浴法、生态阳光浴法等。

根据以上健康养生类型，建立资源与环境评价体系，规划选择合适的生态养生项目。

3. 围绕大旅游，打造有贵州特色的"大健康产业"并将其惠及于民

贵州省是全国重要的动植物种源地和四大中药材主产区之一，全省共有中药材 4802 种，居全国第 2 位，中药材种植面积居全国第三位，因此贵州医药产业将成为区域主导产业，围绕大旅游，应重视以下几个方面。

（1）发展中药材种植

根据贵州省各市（州）的气候特点，统筹规划适宜地方种植的中药材种类。贵州省种植的中药材不仅可以供省内大健康产业使用，还可以供应其他地区的大健康产业，乃至出口。

（2）发展特色保健食品

老年健康产品如保健品、营养食品等面临巨大的发展机遇。贵州省生态保持良好，森林覆盖率高，素有"天然氧吧"之称，具

备发展绿色无公害保健食品的得天独厚的优势和条件，可重点发展保健天麻酒、保健核桃饮料、保健刺梨饮料、保健竹笋酒等具有地方特色的保健食品。

（3）发展现代生态农业休闲观光

贵州省地处云贵高原中部，海拔适中，气候宜人，生态环境良好，具备发展现代生态农业休闲观光园的优势和条件，应主动把握机遇，积极应对各种挑战，大力发展集旅游观光、养生、餐饮于一体的现代生态农业休闲观光园，延长大健康产业链。集中力量建设一批布局合理、生产标准化、产业集群化、覆盖农业主导产业、具有山地特色的现代高效农业示范园区。

4. 建设和成立大健康与大旅游协同创新联盟

为了发挥贵州生态环境和中医药发展的优势，把握大旅游的发展机遇，紧紧围绕“发展和生态”两条主线，贵州省委省政府确定了全面实施大健康发展战略，大力打造“健康贵州”，创造贵州大旅游发展的新方向。

2015 年 1 月，时任省委副书记、省长陈敏尔到铜仁市调研时指出，要注重大健康产业。将大健康与大生态、大旅游发展相结合，与农村产业结构调整、山地现代高效农业发展相结合，系统谋划大健康产业规划、空间布局和政策支持。这一指示为贵州大健康与大旅游协同发展指明了方向。

2015 年 2 月，在《省人民政府印发〈关于支持健康养生产业发展若干政策措施的意见〉、〈贵州省健康养生产业发展规划（2015－2020 年）〉的通知》（黔府发〔2015〕8 号）中，贵州省委省政府对如何实施大健康战略进行了具体部署，提出要利用良好的外部政策环境、内部动力和广阔的市场空间大力发展休闲养生、滋补养生、康体养生、温泉养生四大业态。这为贵州大健康与大旅游协同发展创造了优越的政策环境。

在省委省政府的大力支持下，大健康与大旅游协同发展势在必行，但目前能将两者联系起来的机制几乎没有，在此，可以充分依托省内高等院校和科研院所，联合健康医药企业和医疗机构成立大健康与大旅游产业协同创新中心，开展大健康与大旅游产业发展的关键共性技术研究，通过挖掘大健康产业中的医疗服务、保健产品、养生休闲旅游等业态发展的资源优势，设计与大健康产业相关的旅游产品和线路，实现大健康产业与旅游业互相促进、协同发展，从而拉动区域新型城镇化建设、生态文明建设和特色产业培育，促进地方经济全面发展。

通过协同创新中心的人才和平台优势重点攻关大健康与大旅游产业发展面临的深层次、全局性问题；为大健康产业与大旅游发展研究制定和完善相关产业法规和政策；培养大健康与大旅游产业的高层次人才。

第五章 新时代贵州精神和文化自信的当代价值意蕴

文化是人类社会特有的现象，是人类历史发展的宝贵财富。人创造了文化，文化又塑造了人。中华民族五千多年的文明发展史是各族人民共同努力，一起创造出来的成果。它不但为民族的壮大提供了精神动力，还为世界文明的发展进步做出了不可磨灭的重大贡献。在经济全球化的进程中，文化软实力在综合国力竞争中的地位日益上升。从当今世界的整体发展状况可以清晰地看到，刨除掉经济等硬实力的影响，哪个国家在文化上占据优势，哪个国家就会在综合国力竞争上占据绝对优势。文化已经成为各个国家竞相发展的重要力量所在。放眼全球，我们可以看到文化对于国家整体实力的影响越来越大，对于一个地区而言，其也同样发挥着积极作用。贵州作为我国西南腹地的多民族聚集区，有着丰富的红色历史文化，如何利用好丰富多彩的民族特色文化、各具风格的少数民族精神品质以及红色文化，就成为新时代贵州精神需要不断凝练和总结提升的重要资源。只有将新时代贵州精神的时代内涵阐释好、解读好、运用好，才能够更好地发挥新时代贵州精神的应有作用。对于贵州而言，大力弘扬新时代贵州精神和文化自信，不仅是为自身各项事业发展凝心聚力，还是为中国文化自信建设增砖添瓦，以进一步促进当代中国文化自信建设。

一　为西部欠发达地区增强文化自信提供贵州范例

总结凝练新时代贵州精神，目的在于不断增强贵州的文化自信，进一步丰富当代中国文化自信的理论基础，作为中华民族优秀文化中的重要组成部分，新时代贵州精神是凝聚贵州百姓加快发展的动力源泉，同时也是决战脱贫攻坚、全面建成小康社会的精神动能。"团结奋进、拼搏创新、苦干实干、后发赶超"的新时代贵州精神，来源于贵州领导干部群众的生动实践历程，新时代贵州精神不仅属于贵州，还属于全中国。习近平总书记给贵州提出的这十六个字，从某种意义上讲，是全国人民都需要的，尤其是西部欠发达地区。在增进中华民族文化自信的历程中，新时代贵州精神发挥的积极作用远不仅限于贵州，而且为西部欠发达地区发挥自身优势、积极作为、后发赶超、民族团结等方面树立了贵州范本。

（一）树立民族团结的贵州范例

党的十九大报告指出："文化是一个国家、一个民族的灵魂。文化兴国运兴，文化强民族强。没有高度的文化自信，没有文化的繁荣兴盛，就没有中华民族伟大复兴。"[①] 中华民族生生不息，靠的是各民族团结友爱。一个家庭不团结，可能亲人反目；一个民族不

① 习近平：《决胜全面建成小康社会　夺取新时代中国特色社会主义伟大胜利——在中国共产党第十九次全国代表大会上的报告》，《人民日报》2017 年 10 月 28 日。

团结，可能一盘散沙；一个国家不团结，可能分崩离析。我国各民族在历经数千年的迁徙、贸易、婚嫁、交融中，形成了你中有我、我中有你，交错杂居、共生互补的格局，孕育了团结友爱的宝贵传统。特别是近代以来，国家积贫积弱，人民饱受欺凌。当时西方人普遍认为中国必然像奥匈帝国等多民族国家一样，分裂为无数的单一民族国家。但是，他们的预言失败了。中华民族不仅没有分裂，反而"用我们的血肉筑成我们新的长城"，打败了侵略者，赢得了民族的独立、自由和统一。中华民族之所以能够浴血奋战、浴火重生，一个重要原因就在于，各民族在反对共同敌人的斗争中形成了休戚与共、荣辱一体的命运共同体。在同仇敌忾、共御外侮的过程中，不仅民族团结友爱的优良传统得以空前光大，而且中华民族从自在的联合走向自觉的联合，团结一致走上了通向伟大复兴的崭新征程。

中华民族繁荣富强，靠的是各民族团结友爱。新中国的成立和社会主义制度的确立，开辟了各民族团结友爱的新纪元，中华民族展现出巨大的向心力、凝聚力，展现出无比的自信心、自豪感。70 年来，各族人民高举民族大团结的伟大旗帜，和衷共济、和睦相处、和谐发展，携手推进社会主义建设和改革开放事业，谱写了中华民族自强不息、团结奋进的壮丽史诗。70 年来，中华民族在前进过程中克服了来自政治领域、经济领域和自然界的种种困难和考验，顶住了来自国内外的种种压力和挑战，使我国现代化建设和改革开放的航船乘风破浪、胜利前进。其中，一个很重要的原因就是各民族始终同呼吸、共命运、心连心，同心同德、并肩战斗。今天，"汉族离不开少数民族、少数民族离不开汉族、各少数民族之间也相互离不开"的理念已经成为各族人民的自觉行动，共同团结奋斗、共同繁荣发展的主题已经成为各族人民的共同追求。这是中华民族自强不息、不断前进的力量源泉。中华民族伟大复兴，还要靠各民族团结友爱。今天，各族人民在中国共产党领导下，继往开来、意气风发，大踏步赶上新时代前进潮流，中华民族迎来伟大复兴的光明前景。民族复兴的神圣使命把各民族紧紧地凝聚在一起。讲任务，是 56 个民族共同的任务；讲成绩，是 56 个民族共同的成绩；讲困难，是 56 个民族共同的困难；讲前途，是 56 个民族共同的前途。只有 56 个民族同心同德、群策群力、携手并肩、团结奋斗，中华民族才能焕发出无比磅礴的伟大力量，民族复兴的伟业才会展现出宽广灿烂的光明前景。

贵州是少数民族聚居较多的省份，全省囊括了我国全部 56 个民族，各民族间在相互交往、不断融合的过程中，形成了各民族间相互包容、和谐共处、团结奋进的共有精神家园。纵览中华民族 5000 多年的发展历程，可以清晰地看到各民族自身在长期的历史交往中形成的优秀文化，其已经成为中华民族优秀传统文化中的一道亮丽的风景。贵州素有一山不同族的说法，各民族在长期的交往过程中，能够同舟共济、和睦相处。鉴于贵州特有的恶劣地理环境，各民族在长期的交往过程中形成了一家有事、众邻相帮的优良传统，他们为战胜自然而形成了休戚与共的命运共同体，从而形成了世代相依的合作关系，这种世代相依的合作关系，在长期的民族交往过程中形成了特定的政治共同体、经济共同体、文化共同体。特别是在当前全面建成小康社会的关键时期，贵州各民族人民最重要、最迫切的任务就是要和全国人民一起同步建成小康社会，这是摆在贵州各民族群众面前的一项重要任务，同样是摆在贵州各民族群众面前的共同奋斗目标。在共有的奋斗目标前提下，尊重少数民族群众的共有价值观念，是促进民族团结的关键，在这个方面贵州给出了可操作性的范例。

（二）树立自力更生的贵州范例

从贵州的发展历程可以清晰地看到，长期以来生活在相对较为艰苦的环境中的贵州百姓想获得生存和发展的机会，就要付出比平原地区的人们更多的努力和汗水，从一定意义上说，新时代贵州精神就是对贵州百姓长期与恶劣天气环境、地理环境斗争精神的高度凝练和集中表达。孙志刚同志在2018年新年寄语中讲道："历史的画卷，总是在砥砺前行中铺展；时代的华章，总是在接续奋斗中书写。"

新时代贵州精神恰如其分地表达了贵州在决战脱贫攻坚、决胜全面建成小康社会的自力更生情况。我们党在领导革命、建设、改革长期实践中，历来坚持独立自主开拓前进道路，这种独立自主的探索和实践精神，这种坚持走自己的路的坚定信心和决心，是我们党全部理论和实践的立足点，也是党和人民事业不断从胜利走向胜利的根本保证。自力更生是审时度势的觉醒。一个民族、一个国家不可能靠"搭便车"实现发展。没有自强精神的支撑，就难以立足于世界民族之林。曾几何时，我们一度走"以市场换技术"的捷径，对全球市场产业链的分工也有所依赖，而疏远了自力更生的法宝。先进技术、关键技术求不到、买不来，要靠我们中国人自己的头脑创造，掌握核心技术、掌握知识产权，才有市场竞争力，才有国际话语权。今天比任何时候都需要重拾自力更生的精神，为中国梦铺垫雄厚的底气。

自力更生是化危为机的智慧。我们面对困难，我们更面对机遇，很多时候，困难恰如铺路石，而非绊脚石。能化困难为机遇的人才是睿智的勇士。自己难，对手或许更难。我国正在推进高质量发展，建设“一带一路”，正是装备制造业大有可为之机。把握好机遇，就能化危为机。当然，打铁必须自身硬。要继续练好“内功”，继续改革创新，确保永立不败之地，永远掌握主动权。

自力更生是脚踏实地的行动。要肩负起历史重任，付诸实际行动，不是坐而论道、纸上谈兵；要制定好发展路线图，对标世界先进技术，只要努力追赶，一步一个脚印，就能让“中国芯”绽放；要调动各类人才创新创业积极性，创造各显其能、人尽其才的政策环境，最大限度地激发人才队伍活力，充分释放人才资源潜能，为经济行稳致远提供强有力的智力支撑；要加强党的领导、班子建设，提高管理水平，充分显示中国人自力更生的智慧和创造力。自力更生是法宝，靠自己才靠得住。全国人民风雨同舟、砥砺前行，就一定能把我们的事业越办越好，就一定能拥有更加美好的未来。

贵州这片广袤的崇山峻岭之中，始终蕴含着一种精神力量，这种精神力量不断地历练这片土地上的人民从贫瘠走向温饱、从温饱走向小康，续写贵州人民战胜穷山恶水的光辉篇章。贵州的历史是一部与天斗、与地斗的奋斗史，是持续不断自力更生的历史。新中国成立后不久的三线建设奠定了贵州工业发展的基础。近些年来，贵州凭借干部群众凝心聚力、自力更生、艰苦奋斗创造出了不少在全国乃至全世界都能够拿得出手的先进典型案例，如国家生态文明试验区建设、国家大数据综合试验区建设、“多彩贵州”民族文化旅游品牌等案例，这些典型案例的取得要比其他地区来得更加不易。自力更生始终是贵州人民内心固有的精神力量源泉，贵州的历史发展就是贵州干部群众面对恶劣的自然环境，发挥自身的主观能动性，不断提升自我能力的历史。近年来贵州干部群众不甘落后、勇于创新、自力更生，创造了一个又一个奇迹，从全面建成小康社会的决战脱贫攻坚到大数据中心和中国“天眼”、县县通高速，以及那些飞跃天空的桥梁隧道，打造了一张属于贵州自己的自力更生的生动画面，为全国其他欠发达地区创造了一个自力更生的典范。

（三）树立苦干实干的贵州范例

2016 年，在纪念红军长征胜利 80 周年大会上，习近平的一段话，阐明了坚持艰苦奋斗与中国特色社会主义伟大事业之间的必然联系，让我们刻骨铭心：“实现伟大的理想，没有平坦的大道可走。夺取坚持和发展中国特色社会主义伟大事业新进展，夺取推进党的建设新的伟大工程新成效，夺取具有许多新的历史特点的伟大斗争新胜利，我们还有许多‘雪山’、‘草地’需要跨越，还有许多‘娄山关’、‘腊子口’需要征服，一切贪图安逸、不愿继续艰苦奋斗的想法都是要不得的，一切骄傲自满、不愿继续开拓前进的想法都是要不得的。”[①] 在这里我们可以看到，长征途中“雪山”“草地”“娄山关”“腊子口”等这些艰难险阻摆在红军面前，红军在长征中所表现出的苦干实干的精神风貌，大部分是在贵州省内完成的，总结红军的长征精神不是为了回忆过去的心酸，而是为了在今天我们建设中国特色社会主义伟大事业的实践中，不断推进各项新的伟大工程实施，目的是通过宣传这种苦干实干精神，进一步激发人民群众埋头苦干、实事求是，从而进一步体现人民群众苦干实干的精神风貌。伟大事业需要伟大精神做支撑，伟大精神需要苦干实干来滋养。新时代贵州精神，与党的十八大以来贵州砥砺奋进之姿态、苦干实干之伟力花开并蒂，闪耀着实践检验真理的思想光

① 习近平：《在纪念红军长征胜利 80 周年大会上的讲话》，《人民日报》2016 年 10 月 22 日。

芒。精神寓于实干，实干磨砺精神。回望来路，勤劳淳朴的贵州人在长期的革命和建设中，孕育并践行了长征精神、遵义会议精神、三线建设精神、大关精神；在迎战21世纪特大旱灾中，挺立起了“不怕困难、艰苦奋斗、攻坚克难、永不退缩”的“贵州精神”；在跳出经济“洼地”、奋起跨越赶超的征程中，又高扬“开放创新、团结奋进”的贵州时代精神。如今，在新时代的浩荡春风里，贵州各族儿女正大力培育和弘扬团结奋进、拼搏创新、苦干实干、后发赶超的新时代贵州精神，认准了路在干、铆足了劲在拼。构筑精神高地，是历史的选择、时代的呼唤。实践证明，贵州要决战脱贫攻坚、决胜同步小康，必须大力培育和弘扬新时代贵州精神，最大限度凝聚全省各族人民的智慧和力量，最大限度激发全省上下的热情和干劲，苦干实干，水滴石穿，把党的方针政策落到实处，以实际行动赢得群众的信任、拥护和支持，方能实现后发赶超、跨越发展。构筑精神高地，是现实的要求、人民的期望。好日子是拼出来的，好前景是干出来的，贵州跨越发展成就的取得，离不开党员干部撸起袖子加油干，“当代愚公”黄大发便是苦干实干的典型代表、生动阐释。这就要求我们站在新的历史起点上，更加紧密地团结在以习近平同志为核心的党中央周围，锐意进取、苦干实干，决战脱贫攻坚，决胜同步小康，建设百姓富、生态美的多彩贵州。

（四）提供后发赶超的贵州范例

“守住发展和生态两条底线，培植后发优势，奋力后发赶超，走出一条有别于东部、不同于西部其他省份的发展新路。”2015年6月，习近平总书记在贵州视察调研时给贵州经济和社会发展提出要求。近年来贵州百姓干部紧紧围绕总书记的号召，在全省上下确立了决胜脱贫攻坚、全面建成小康社会的目标，建设生态美、百姓富的新贵州，贵州在后发赶超的新征程上奋力。近年来贵州在“团结奋进、拼搏创新、苦干实干、后发赶超”的精神指引下，改变了过去人们对于西南腹地贵州原有的“天无三日晴、地无三里平、人无三分银”印象，从 2011 年开始，贵州经济发展的增速从全国的 29 位上升到第 2 位，给中国经济和社会的发展提供了高速增长的范例。截至 2017 年，贵州省的地区生产总值增长速度都保持在两位数以上，在经济和社会发展过程中，贵州多方位、多层次转变经济发展方式，陆续推出了“多彩贵州、大数据、高铁枢纽、天眼、爽爽的贵阳”，从而改变了人们对于贵州贫穷、落后的印象。贵州通过大扶贫、大数据、大生态三大战略行动带动，加上国家大数据综合试验区、国家生态文明试验区、内陆开放型经济试验区等三大国家级试验区的强力支撑，改变过去的经济发展方式，实现了贵州从过去的“经济洼地”转变为经济高速增长的“增长高地”；在经济发展的动能上实现了从过去的“资源依靠”到“数据引领”的经济增长方式的转变；在交通运输上实现了过去的“闭塞”到“枢纽”的转变，这些改变都是贵州在新时代不断进行后发赶超的契机。贵州省第十二次党代会提出深入实施大扶贫、大数据、大生态三大战略行动，为严守发展和生态两条底线构建了战略支撑。三大战略行动，是贵州“创新发展思路，发挥后发优势”的生动实践，深刻融入了符合贵州实际的底线思维，在小康建设、产业培育、绿色发展等领域为弯道取直、换道超车指明了努力方向。打赢脱贫攻坚战，是全面建成小康社会的底线任务。作为严守“贫困人口脱贫”这条发展底线的重要举措，大扶贫战略行动的核心，是构建以产业发展、基础设施建设、易地搬迁扶贫、教育扶贫等为重点的大扶贫格局。脱贫攻坚之所以难，就是因为需要处理好人的思想认识、生存理念、发展手段以及政策举措等各方面的复杂关系，开拓长期稳定可持续的脱贫道路，贵州一直在为此不懈奋斗。底线思维也是一种危机思维，“没有脱贫，就没有小康”，所以脱贫底线必须守住。党的十八大以来，贵州每年平均脱贫150万人，大扶贫取得大成就，为严守发展底线夯筑起坚实保障。同时在发展经济的过程中，贵州也实现了从“等靠要”到“实干精神”的转变，从而为欠发达地区经济和社会发展提供了后发赶超的范例。

二　丰富当代中国文化自信的内容

新时代贵州精神源于贵州人民对中华优秀传统文化、红色长征文化、社会主义建设文化以及优秀少数民族文化的认识和把握，从当前建设社会主义文化强国的角度可以清楚地看到，只有重视对于民族文化、中华优秀传统文化的传承和发展，才能够不断丰富当代中国文化自信的根基，可以说中华优秀传统文化对于当前构建中国特色社会主义文化话语体系，以及坚持中华优秀传统文化的创造性转化与创新性发展，在现实实践中不断着力于理论的阐释和实践的创新，将有利于稳固增强文化自信的基础。

（一）丰富中华民族的优秀传统文化

习近平指出：“对历史文化特别是先人传承下来的价值理念和道德规范，要坚持古为今用、推陈出新，有鉴别地加以对待，有扬弃地予以继承，努力用中华民族创造的一切精神财富来以文化人、以文育人。"[1] 作为中华优秀传统文化的一个重要组成部分，王阳明文化在传统文化中所代表的哲学思想，在中华民族的传统文化中占据了重要的位置，王阳明的哲学思想体现在他被贬官至贵州开始，在贵州的龙场任职期间，王阳明对于贵州文化的发展发挥了非常重要的作用，王阳明在贵州期间所形成的知行合一的哲学思想，是中华传统儒家文化发展的又一次完善。在贵州大地上还存在"屯堡文化""沙滩文化"等多种优秀的传统文化，这些传统文化对于丰富和发展中华民族优秀传统文化发挥了举足轻重的作用。王阳明对于贵州文化的贡献在于开启了贵州文明开化的历程，王阳明没有将自身的不幸遭遇转嫁于贵州的百姓，而是将个人的不幸内化为民族的幸运，不断将自己对于生活的感悟续写成中华民族的优秀传统文化。其"知行合一"的文化理念和中华传统文化中的"天人合一"的理念不谋而合。对于贵州在长期的历史中所形成的优秀传统文化来讲，要站在历史的延长线上，既回溯优秀传统文化产生和发展的源头，又要面向未来，从时间的维度上来看，新时代贵州精神是历史中贵州优秀传统文化不断凝练的集中体现。新时代贵州精神具有历史积淀的重要特征，它在循环累积的过程中积淀下来，其内在的价值就是文化自信的重要来源，正如习近平总书记所指出的那样："我们的同胞无论生活在哪里，身上都有鲜明的中华文化烙印，中华文化是中华儿女共同的精神基因。"[2] 从这里可以清楚地看到，凝结到中华优秀传统文化中的新时代贵州精神是全世界中华优秀儿女文化自信的源泉。

---

① 《习近平谈治国理政》，外文出版社，2014，第164页。

② 《习近平会见第七届世界华侨华人社团联谊大会代表》，新华网，http://www.xinhuanet.com/photo/2014-06/06/c_126588952.htm。

（二）丰富党领导人民的革命文化

一部中国近代史就是中华儿女的革命斗争史。从辛亥革命到五四运动，从全民族抗日战争到全国解放战争，再到新民主主义革命斗争的伟大胜利，形成了一部反对不公，反抗侵略、追求富强民主，实现中华民族伟大复兴的曲折革命斗争史。中国革命文化正是中华民族革命斗争史的高度文化凝聚，展示了中华文化独特的魅力。增强国家文化软实力，就是要大力弘扬中国革命文化。革命文化继承了中华优秀传统文化的基因。在中华优秀传统文化的厚重积淀中，有“自强不息”的奋斗精神、“精忠报国”的爱国情怀、“天下兴亡，匹夫有责”的担当意识、“舍生取义”的牺牲精神、“革故鼎新”的创新精神、“国而忘家，公而忘私”的奉献精神等。这些中华优秀传统文化基因渗透进中国共产党人的血液，形成了诸如红船精神、井冈山精神、苏区精神、长征精神、延安精神、西柏坡精神，大庆精神、航天精神、抗震救灾精神等富有时代特征、民族特色的革命文化精神。革命文化传承和升华了中华优秀传统文化的合理内核，成为中国文化自信的优质基因。

革命文化汲取了中华优秀传统文化的营养。在中华民族内忧外患、社会危机空前深重的背景下诞生的中国共产党，从幼稚走向成熟，离不开优秀传统文化的熏陶和滋养。从“天地之大，黎元为先”“民贵君轻”“君舟民水”的传统民本思想到毛泽东的“世间一切事物中，人是第一个可宝贵的”① 的“全心全意为人民服务”的公仆宗旨观，体现了中国共产党人以满足人民利益为准绳的价值取向，成为中国特色社会主义文化的灵魂。

---

① 《中华人民共和国成立十周年纪念文集》，人民出版社，1959，第 361 页。

贵州作为拥有中国长征革命文化的重要省份，从 1934 年 10 月到 1936 年 10 月，中国工农红军在贵州的活动时间最长、活动范围最广、所涉及的重大历史事件相对较多、在中国工农红军长征史上影响最为深远。在中国工农红军和中国革命乃至中国共产党转危为安、由弱小走向强大的重要历史时期，中国工农红军在贵州留下了跌宕起伏、高潮迭起、迂回曲折、辉煌灿烂的革命文化，中国共产党带领全国人民开展革命自救的过程中形成了独具特色的中国革命文化。以遵义会议精神为代表的贵州红军长征文化以融入贵州人血脉，以独特的文化个性最为闪亮而为历史铭记，为后来人追忆。长征是革命理想主义和革命英雄主义完美结合的无与伦比的英雄史诗。可以说一部长征史就是一部中国共产党在革命中不断战胜艰难险阻、不断增强自身文化自信的历史。艰苦卓绝的长征饱含着中国共产党和人民群众为实现民族独立和人民解放的精神追求，在这个追求民族独立和人民解放的过程中，彰显了以爱国主义为核心的革命文化，其不断改进和完善中华民族的革命文化，丰富和完善了中华民族文化自信中的革命文化部分。

（三）丰富社会主义先进文化

习近平总书记指出，要弘扬社会主义先进文化，深化文化体制改革，推动社会主义文化大发展大繁荣……朝着建设社会主义文化强国的目标不断前进。在中华民族从站起来、富起来到强起来的历史性飞跃中，社会主义先进文化新范式的建立与发展，推动中国社会深度转型中的精神文明重建，彰显了中国文化软实力。社会主义先进文化是当代中国的新文化。它以马克思主义为指导，以社会主义核心价值观为灵魂，以培育有理想、有道德、有文化、有纪律的社会主义公民为目标，是面向现代化、面向世界、面向未来的，民族的科学的大众的文化。可以说社会主义先进文化反映了当代中国先进生产力的发展要求，是推动中国经济和社会走向繁荣的强大精神动力来源。

大力推进社会主义先进文化发展，筑牢意识形态安全之基。社会主义先进文化与中华优秀传统文化、革命文化一脉相承。中华优秀传统文化经中华民族在长期生活中共同演绎，是民族得以维系的精神纽带。我们党在革命、建设、改革的历史进程中自觉继承弘扬中华优秀传统文化，推动社会主义先进文化形成、发展。社会主义先进文化进一步将中华优秀传统文化凝聚升华，成为中国共产党人和中国人民伟大实践的生动体现。推动中华优秀传统文化创造性转化、创新性发展，善于从中华优秀传统文化中汲取精神给养，不断提高人民思想觉悟、道德水平、文明素养，能够为社会主义先进文化注入不竭动力。必须坚持以马克思主义为指导，植根于中国特色社会主义伟大实践，既传承和创新中华优秀传统文化，又继承革命文化，同时发展社会主义先进文化，更好地筑牢意识形态安全之基。

大力培育和践行社会主义核心价值观，为维护意识形态安全立根铸魂。社会主义核心价值观是当代中国精神的集中体现，凝结着全体人民共同的价值追求。大力培育和践行社会主义核心价值观是社会主义先进文化发展的重要内容，也有助于提高意识形态安全水平。要不断提升道德建设水平，倡导核心价值理念，引导人们自觉遵守国家法律，承担相应的责任与义务，提高公民思想道德建设水平，营造良好的社会风尚。站在新时代的历史起点上，培育和践行社会主义核心价值观要注重落细落小落实，力求使之像空气一样弥漫在生活中，日用而不觉，从而激发中国人民筑梦、圆梦的主动性与创造性。要深刻揭示中华优秀传统文化的内涵，强化人们对社会主义先进文化的认同，坚定走中国特色社会主义道路的信念，加强阵地建设和管理，旗帜鲜明地反对和抵制各种错误观点，提高意识形态安全水平，促进社会和谐稳定发展。

贵州立足自身的地理资源环境状况，充分发挥新时代贵州精神的引领作用，不断改进工作方法、提升艰苦创业的水平和能力，有效推动贵州后发赶超。近年来，贵州的发展始终坚持马克思列宁主义、毛泽东思想和中国特色社会主义理论体系，将其作为建设社会主义先进文化的根本指导思想。坚决守住发展和生态两条底线，坚持生态优先、绿色发展，以新发展理念为指导，以供给侧结构性改革为主线，深入实施千企引进、千企改造工程，加快产业转型升级，加快新旧动能转换，不断提高发展的质量和效益。“勇于弯道取直走新路、善于创新发展谋跨越。”[①] 在社会主义新农村建设、乡村振兴方面率先探索出了“四在农家·美丽乡村”模式。

贵州以党的十九大精神为指引，切实认识、把握、引领经济新常态，保持战略定力，突出问题导向，强化底线思维，增强预见性，掌握主动权，在跨越发展、后发赶超征程中不断取得新成就。这些成绩的取得是和新时代贵州精神分不开的，贵州在脱贫攻坚、弯道取直、生态文明、大数据等方面所取得的成就无一不体现社会主义先进文化的内容，同时体现新时代贵州精神的时代特性，“团结奋进、拼搏创新、苦干实干、后发赶超”的新时代贵州精神丰富和发展了中国特色社会主义先进文化的内涵，体现了在新的历史时期贵州干部群众团结一心，为摆脱贫困所做的一切努力。新时代贵州精神中还蕴含着丰富的人民性，团结奋进、拼搏创新、苦干实干、后发赶超的目的是什么，这就是文化发展的一个根本性问题和原则性问题。可以肯定的是，贵州经济和社会的发展就是为了人

① 习近平：《坚守发展和生态两条底线切实做到经济效益社会效益生态效益同步提升》，《贵州日报》2014 年 3 月 10 日。

民、服务人民的生活需要、不断满足贵州人民对于美好生活的需求，解决贵州发展不平衡、不充分之间的矛盾。解决这一矛盾是体现社会主义制度优越性的一个重要举措。

（四）为脱贫攻坚提供精神动力和智力支撑

党的十九大报告指出，要坚决打赢脱贫攻坚战，“坚持大扶贫格局，注重扶贫同扶志、扶智相结合”。这为我们当前推进精准扶贫、全面进入小康社会提供了方向指引。[①] 在脱贫攻坚任务较为繁重的贵州，革命先辈们在这片神奇的大地上书写了“乌蒙磅礴走泥丸”的宏伟气魄，开创了“长征精神”“三线建设精神”“大关精神”“背篼精神”。从革命战争年代到改革发展的新时期，在贵州生存和发展没有一股精气神是难以克服眼前的困难的，也难以创造出一定的奇迹。贵州在继承传统、展望未来的过程中，总结凝练出了“团结奋进、拼搏创新、苦干实干、后发赶超”的新时代贵州精神，新时代贵州精神从改造客观世界的主体出发，体现出自力更生、艰苦创业的精神内涵。当前贵州正处于全面建成小康社会的关键期，只有将精神动力与脱贫攻坚的实践有效结合起来，才能够不断开创新贵州经济和社会发展的新天地，才能够为脱贫攻坚一线的干部群众提供不竭的精神动力和智力支持，才能够有效地提升和改变过去“等靠要”的落后思想观念。对于贵州贫困地区而言，贫困的不只是物质上的贫穷，更多的是来自思想观念的贫穷。正如在脱贫攻坚一线的扶贫干部所言：“贫穷并不可怕，怕的是智力不足、头脑空空，怕的是知识匮乏、精神委顿。”对于脱贫攻坚任务

---

① 刘合光：《推进精准扶贫与扶志扶智深度结合》，《中国社会科学报》2018 年 2 月 22 日。

而言，重视精准扶贫，更需要重视“精神扶贫”，让老百姓转变精神的贫困和智力的落后状态。在扶贫过程中要注重贫困人口主体性作用的发挥，让他们能够积极有效地参与到脱贫攻坚的全过程中，要让贫困群众知晓自身既是脱贫攻坚的对象，同时也是脱贫致富的主体。让贫困群众树立起不断改进自身生产、生活条件的精神，在新时代贵州精神的指引下，发挥自力更生、苦干实干的作风，不断改变和提升自身的生活状况和脱贫致富的效果，从而改变过去那种被动式脱贫的思想观念。

三　有利于加快当代中国文化自信建设步伐

改革开放40年来，我们取得了举世瞩目的成就，人民的生活水平和生活质量都得到了巨大提升。当代中国国家综合实力上升，使人民在解决了温饱问题之后，逐渐思考和找回由于近代中国的命运多舛而失去的文化自信。2016年在庆祝中国共产党成立95周年大会上，习近平总书记进一步强调：“文化自信，是更基础、更广泛、更深厚的自信。”[①] 在“四个自信”中，文化自信是更基础、更广泛、更深厚的自信。今天，我们要进行伟大斗争、建设伟大工程、推进伟大事业、实现伟大梦想，都离不开文化自信所激发的精神力量。而继承好、发展好自身文化，首先就要保持对自身文化理想、文化价值的高度信心，保持对自身文化生命力、创造力的高度信心。古往今来，世界各民族都无一例外受到其在各个历史发展阶段产生的精神文化的深刻影响。在当代中国，文化自信是具有时代

① 习近平：《在庆祝中国共产党成立95周年大会上的讲话》，《人民日报》2016年7月2日。

性的命题。它既是一种文化的自觉与自豪，也是反对“西方文化中心论”的有力武器，还是吹响推动中华民族复兴的精神号角。可以说，不懂中国历史，不懂近百年中国的奋斗史，特别是不懂中国共产党的革命、建设和改革历史，就难以理解文化自信的丰富历史内涵。“文运同国运相牵，文脉同国脉相连。”当前，文化自信必须落实到民族自强和国家发展上，落实到新时代中国特色社会主义建设上。创新、协调、绿色、开放、共享的新发展理念，就包括对经济、政治、文化、社会、生态的总体性思考。如果经济停滞、民生凋敝，文化自信就会成为一句空话；如果没有全面发展，只注重经济单项要素，也不可能持续发展。因此，应使文化自信融入理论自信、道路自信和制度自信，成为一种精神支撑。文化自信，说到底就是民族自信、国家自强和社会发展。

新时代贵州精神是当代中国文化在贵州的缩影，是贵州干部群众结合贵州自身实践，总结、凝练出的精神价值理念，是新时代中国特色社会主义文化的重要组成部分，新时代贵州精神不仅有利于贵州加快文化自信建设的步伐，还能够为当代中国文化自信提供贵州范本。

（一）坚持推进新时代贵州精神落地生根，在理论和实践创新中增强文化自信

“团结奋进、拼搏创新、苦干实干、后发赶超”的新时代贵州精神是对贵州百姓群众干事创业能力的要求，也是将贵州干部群众的思想观念凝聚到一起的一种精神力量。新时代贵州精神是和现代贵州特点相吻合、与百姓心里相呼应的文化理论。新时代贵州精神是以马克思主义为行动指南，以中国优秀传统文化为根基，以中国特色社会主义先进文化为依托的精神。对于耕耘在贵州大地上的

干部群众而言，实现新时代贵州精神的理论创新，就是要依据实践的发展来不断总结在贵州生产和实践中遇到的新问题、新情况，不断总结新的经验、开辟新的视野，不断提出新的观念，在继承的基础上不断开展马克思主义理论创新的新境界。

思想是行动的先导，认识到位才会行动到位。打赢脱贫攻坚战，是全面建成小康社会最艰巨的任务，是以习近平同志为核心的党中央向国内外做出的庄严承诺，事关人民群众民生福祉，事关第一个百年奋斗目标的圆满实现，事关党在人民群众中的威信和中国在国际上的形象。要深入学习贯彻落实习近平扶贫思想，将之作为发起总攻、夺取全胜的强大思想武器，切实增强发起总攻、夺取全胜的责任感、使命感、紧迫感，进一步凝聚“牢记嘱托、感恩奋进”的坚定意志，坚持“团结奋进、拼搏创新、苦干实干、后发赶超”的新时代贵州精神，汇集向脱贫攻坚战发起总攻、夺取全胜的磅礴力量。志行万里者，不中道而辍足。近年来，尤其是党的十九大以来，全省广大党员干部牢记嘱托、感恩奋进，举全省之力打脱贫攻坚战，取得了巨大成就，农村产业革命深入推进，“春风行动”捷报频传，“四场硬仗”战果连连，新时代贵州精神正在转化为决战决胜的强大力量，创造了贵州减贫史上的最好成绩。实践充分证明，贵州打赢脱贫攻坚战的措施是管用的，方法是精准的，只要我们一以贯之抓实抓牢各项工作，勇于创新创造，就一定能取得喜人的成效。但也要清醒地看到，打赢脱贫攻坚战，我们面临的形势十分严峻，任务依然艰巨。确保到 2020 年现行标准下农村贫困人口全部脱贫，确保贫困县全部摘帽，不仅仅是一个目标、一份承诺，还是一颗饮水思源的初心、一个矢志不渝的决心、一份舍我其谁的信心、一颗志在必得的雄心。

新时代贵州精神，是我们决战脱贫攻坚的强大精神动力，更是贵州干部群众不畏艰险、赶超跨越的真实写照。打赢脱贫攻坚战的过程，就是锤炼过硬作风的过程，就是大力培育和弘扬新时代贵州精神的过程。精神寓于实干，实干砥砺精神，要引导广大党员干部树立正确的政绩观，坚持脚踏实地、真抓实干，坚持以问题为导向，深入研究问题，破解难题，怀着对人民群众深厚感情深入基层做群众工作，尽锐出战、精准施策，只争朝夕、苦干实干，造就一支作风过硬、勇打胜仗的干部队伍，努力干出经得起实践和历史检验，经得起群众评判的脱贫攻坚实绩。

脱贫攻坚好成绩是干出来的，真抓才能攻坚克难，实干才能梦想成真。越是发起总攻、夺取全胜的关键时刻，越是要加强党的领导。总攻在即，决战当前，各级干部都要增强脱贫攻坚主战场意识，主动聚焦脱贫攻坚，在脱贫攻坚主战场上找准位置、担当作为，建实建强打赢脱贫攻坚战的基层战斗堡垒，重点针对“四场硬仗”“五个专项治理”“四个聚焦”“一场产业革命”等关键战役进行更加严格的督查考核问责，营造发起总攻、夺取全胜的浓厚氛围，凝聚脱贫攻坚的强大合力，以脱贫攻坚实效检验党的建设成效。

就具体的实践层面而言，首先就是要立足贵州的现实情况，不断汲取贵州人民在脱贫攻坚、弯道取直、生态文明建设过程中积累的经验和教训，汲取其中的合理因素，推动新时代贵州精神不断完善和发展，从而进一步丰富中国特色社会主义先进文化。其次就是要坚持马克思主义理论与贵州的民族文化之间的交流和互动，为新时代贵州精神的发展提供崭新视角，从而使新时代贵州精神不断完善创新，从而推广当代中国文化自信的贵州实践，从这方面可以看出，理论和实践上的创新是增强文化自信的有效路径，只有理论与时俱进，才能有效体现实践的重要意义，从而保持理论在实践的过程中发挥指引人民群众的重要作用，最大限度地得到人民群众的认可，从群众的角度来增强中国特色社会主义文化自信。

（二）不断推动传统文化的创造性转化和创新性发展，在文化创新中增强文化自信

马克思讲过："理论的对立本身的解决，只有通过实践方式，只有借助于人的实践力量，才是可能的。"[①] 实践高于理论，根源于它具有直接现实性的品格。

无论是创造性转化还是创新性发展，都是实践要求和实践行为，需要我们积极进行探索。唯有在付诸行动与实践探索，我们才能够让传统文化中的丰富政治智慧，服务于执政党治国理政实践；让传统文化中的充沛价值理念，助推社会主义核心价值观培育；让传统文化中的正心修身教益，作用于社会主义新人塑造；让传统文化中的完备人际规范，促进社会主义和谐社会建设；让传统文化中的厚重文化资源，支撑现代化各项事业发展；让传统文化中的深厚民族精神，凝聚中华儿女共襄复兴伟业；让传统文化中的包容和谐思维，推动与世界文明交流互鉴。

在付诸行动与实践探索过程中，我们要融会贯通，综合创新，正确处理好各种关系。比如，要处理好传承与创新的关系、传统与现代的关系、实质内容与表现形式的关系、历史作用与现实价值的关系、中国传统文化与马克思主义的关系、传统文化与革命文化和社会主义先进文化的关系等。我们还要采取切实可行措施，积极为转化创新夯实基础、创造条件。一要提高阐释研究水平，增进科学

---

① 杨适：《马克思〈经济学—哲学手稿〉述评》，人民出版社，1982，第101页。

认知，既要知其然又要知其所以然，既要知其何为又要知其如何为；二要加强遗产保护运用，延续血脉风骨，使其既有形又有神、形神兼具完整统一；三要强化宣传普及教育，提高国民素养，让人人都充分了解自己民族的历史与文化，清楚自己从何而来，身在何处；四要加大实践养成力度，打造体验平台，推行经典阅读、礼仪普及、大众讲座等，做到内容鲜活、形式活泼；五要完善弘扬体制机制，夯实保障条件，把软保护和硬约束结合起来，使自觉遵守与立法规定相得益彰；六要优化传承创新环境，营造发展氛围，多管齐下，合力共为，为之注入新动力，展现新景象。立足于此，只要我们加大实践行动力度，不断拓宽转化创新路径，积极探索转化创新方式，就一定能迈出新步伐，跃上新台阶，取得新成就。

新时代贵州精神中所蕴含的中国优秀传统文化，不仅是贵州人民的一笔精神财富，还是全中国人民的一笔精神财富。中华民族的优秀传统文化以其特有的包容性和创新性成为中华民族立于世界民族之林的重要精神支柱。这些优秀的传统文化，不仅属于历史，还属于未来。对待中华民族的优秀传统文化的态度就是要在创造性转化和创新性发展过程中增强文化自信。这里所讲的创造性转化，是在保持原有的思想和原有的主要内涵的情况下，对传统文化中能够有效地反映当今社会中有价值和有意义的思想理论、价值追求等内容进行深入探究和钻研，对这些优秀的传统文化进行推陈出新，使其能够适应当今时代的现实要求，从而达到引领社会思潮、凝聚思想观念的目的。贵州的优秀传统文化在发展的历程中，为我们提供了不竭的精神动力。如果想让这些优秀的传统文化能够不断推陈出新，适应时代的发展需要，就需要对这些传统文化进行现代转型。从一定意义上讲，现代转型就是让优秀的传统文化能够接地气、去糟粕、提精华，也就是让这些优秀的传统文化在具体的实践过程中，体现出其自身的当代价值。在新的历史条件下，对于贵州的优秀传统文化进行创造性转化和创新性发展是文化创新的重要手段，同时也是不断改进和完善新时代贵州精神、增强中国文化自信的一个必由之路。

（三）坚持开放交流思想，在文化的交流互鉴中增强文化自信

增强中国文化自信，不仅需要有文化的内在实力，还需要借助外在力量，在交流互鉴中增强文化自信。从 1840 年以来的中国历史就可以清晰地看到，中国走向衰败的过程有清朝内部腐败的因素、闭关锁国，也与其他国家交流互鉴较少也存在巨大的关系。唯物史观认为：历史、现在、未来是相通的，从这个角度可以清楚地看到，当代中国只有顺应世界历史发展的潮流，顺应历史发展的方向前进，才能够有效增强自身的综合国力，才能够在这个过程中不断强化自身的竞争力。对于文化自信而言更是如此，当今世界是一个开放、多元、交流、互鉴的世界，各国只有相互交往、相互学习才能够取得彼此间的理解和信任，才能够有效提升彼此间的学习互鉴能力。中国文化在封建社会的一个较长历史时期中占据世界文化的重要位置，从当时的情况来看，就可以发现，当时中国同其他国家之间的交流互鉴、交流学习相对较多，使中国文化的内部不断有新鲜血液注入而显得充满活力。到了近代，闭关锁国政策的实施导致文化交流互鉴停滞不前，这也是近代中国落后于西方国家的重要原因。

文明因交流而多彩，文明因互鉴而丰富。任何一种文明，不论产生于哪个国家、哪个民族的社会土壤之中，都是流动的、开放的。这是文明传播和发展的一条重要规律。文明交流互鉴，与人类历史发展相伴而生，与各个国家、民族的进步如影随形，

为世界和平发展提供重要动力，是让世界变得更美好的必由之路。

习近平主席一向高度重视文明交流互鉴，堪称当今中国最优秀的“文明使者”。早在2014年亚洲相互协作与信任措施会议第四次峰会上，习近平主席就首次提出了召开亚洲文明对话大会，推动不同文明、不同宗教交流互鉴、取长补短、共同进步的重大倡议。之后在2015年博鳌亚洲论坛上，习近平主席又一次提出召开亚洲文明对话大会的重大倡议。党的十八大以来，习近平主席以高度的文化自信反复强调文明是多彩、平等和包容的，应该尊重各国各民族文明，维护文明多样性；要加强文明交流互鉴，坚持从本国本民族实际出发，做到取长补短、择善而从；要理性处理本国文明与其他文明的差异，不搞自我封闭，更不搞唯我独尊，等等。这些重要论述，凝结着中华民族在长期文明交往中的思想智慧，反映了我们党、中华民族对人类文明发展规律的深刻把握。在与世界各国交往交流中，习近平主席十分注重用国际社会易于接受的话语和表达，用生动鲜活的中国故事，喻理于事，喻理于情，喻理于史，把中国道路、中国理论、中国制度、中国文化讲清楚、讲透彻。

从当今世界发展的状况来看，当今时代是一个开放的世界，这是中国文化全面复兴、增强文化自信的一个有利契机。因此，在现实的实践过程中，要实现交流的包容互鉴、要促成不同文明之间的交流互动，这样才能够在相互交流学习过程中达到相互学习、取长补短的目的，从而使中国文化能够“走出去”，增强中国文化的传播力和影响力，让更多外国民众能够了解真实的中国、立体的中国，增强中国文化的亲和力和感染力。

参考文献

[1] 白云涛：《长征精神与长征文化》，《中国国家博物馆馆刊》2016年第10期，第7~20页。

[2] 北京知行合一阳明教育研究院编著《醒来：知行合一传习读本》，机械工业出版社，2017。

[3] 本刊编辑部：《贵州历史上四次移民潮》，《当代贵州》2005年第7期，第24~25页。

[4] 李坤：《大力培育和弘扬新时代贵州精神——二论深入学习宣传贯彻党的十九大精神和习近平总书记在贵州省代表团的重要讲话精神》，《当代贵州》2017年第47期，第1页。

[5] 蔡永生：《对大力弘扬贵州时代精神的几点思考》，《理论与当代》2012年第1期，第5~6页。

[6] 陈季君：《论遵义会议的精神财富与现实价值》，《求索》2005年第10期，第216~218页。

[7] 陈季君：《试论长征文化形成的历史特质和当代价值》，《学校党建与思想教育》2014年第2期，第72~73页。

[8] 陈来：《有无之境——王阳明哲学的精神》，人民出版社，1991。

[9] 陈琦：《王阳明“致良知”思想研究》，吉林大学博士学位论

文，2014。

[10] 陈为兵：《论王阳明对贵州文化的影响》，《黑龙江工业学院学报》（综合版）2017 年第 7 期，第 16 ~ 20 页。

[11] 陈先达：《文化自信与中华民族伟大复兴》，人民出版社，2017.

[12] 陈晓阳：《遵义会议的伟大功绩及历史启示》，《党史文苑》2005 年第 12 期，第 23 ~ 24 页。

[13] 谌贻琴：《精神的力量很重要》，《当代贵州》2008 年第 1 期，第 13 页。

[14] 谌贻琴：《政府工作报告》，《贵州日报》2018 年 2 月 5 日，第 1 版。

[15] 大数据战略重点实验室：《中国数谷》，机械工业出版社，2018。

[16]《大力培育弘扬新时代贵州精神　拥抱新时代续写新篇章开创新未来》，《贵州日报》2017 年 11 月 11 日。

[17]《邓小平文选》，人民出版社，1994。

[18] 杜维明：《阳明心学的时代已经来临》，《贵阳文史》2010 年第 4 期，第 33 页。

[19] 段丽娜：《当代传播下的贵州文化》，中国社会科学出版社，2012。

[20] 范同寿：《600 年积淀的文化品牌》，《当代贵州》2010 年第 10 期，第 54 页。

[21] 费侃如：《遵义会议研究论稿》，中共党史出版社，2016。

[22] 费孝通：《费孝通论文化与文化自觉》，群言出版社，2007。

[23] 费孝通：《文化的生与死》，上海人民出版社，2009。

[24] 费宗惠、张荣华：《费孝通论文化自觉》，内蒙古人民出版社，2009。

[25] 高红艳：《贵州省入境旅游市场分析及发展策略研究》，《经

济论坛》2013 年第 12 期，第 68 ~ 70 页。
[26] 龚振黔、赵平略：《论王阳明“知行合一”说对贵州地方文化的影响》，《贵州社会科学》2013 年第 12 期，第 18 ~ 22 页。
[27] 顾久等主编《中国地域文化通览（贵州卷）》，中华书局，2014。
[28] 郭坦：《中国传统文化的新时代担当——王阳明思想的三种革新与当代启示》，《贵州社会科学》2017 年第 12 期，第 45 ~ 49 页。
[29] 韩洪泉：《近十年来长征研究综述》，《党的文献》2016 年第 5 期，第45 ~ 53页。
[30] 郝永：《对儒家义理的体验——阳明“龙场悟道”新论》，《贵州师范大学学报》（社会科学版）2015 年第 2 期，第 46 ~ 50 页。
[31] 何景明：《重塑风景：兼论贵州旅游形象的建构》，《旅游科学》2011 年第 2 期，第 1 ~ 7 页。
[32] 何善蒙：《阳明文化的现代转化》，《孔学堂》2016 年第 2 期，第4、237页。
[33] 黄万机：《客籍文人与贵州文化》，贵州人民出版社，1992。
[34] 黄先荣：《仁行如春——遵义会议期间红军的群众路线》，《当代贵州》2015 年第 2 期，第 26 ~ 27 页。
[35] 黄小俊：《新农村建设中乡村文化建设研究》，《安徽农业科学》2008 年第 30 期。
[36] 季明：《遵义会议光辉永照——论坚持解放思想、实事求是、与时俱进》，《中共贵州省委党校学报》2005 年第 1 期，第 22 ~ 23 页。

［37］蒋建农：《遵义会议后中国革命的历史性转折》，《史学月刊》2007 年第 1 期，第 56～61 页。
［38］蒋建农：《遵义会议确立毛泽东领导地位问题研究》，《党的文献》2016 年第 1 期，第 31～37 页。
［39］解松：《乡村文化建设与社会主义新农村建设——兼谈苏南地区乡村文化建设》，《江南社会学院学报》2007 年第 3 期，第 53～57 页。
［40］《借力世界旅发大会　擦亮贵州旅游品牌——访中共贵州省委书记、省人大常委会主任陈敏尔》，《人民日报（海外版）》2016 年 5 月 19 日。
［41］雷顺群：《论大健康理念形成的立论基础和根据》，《中医杂志》2016 年第 15 期，第 1261～1265 页。
［42］李波：《遵义会议的历史意义与启示》，《党政干部学刊》2010 年第 5 期，第25～27页。
［43］李枫、王兵：《寄望贵州文化跨越发展——刘云山贵州考察工作纪实》，《当代贵州》2011 年第 21 期，第 10～14 页。
［44］李靖：《关于贵州设立“旅游特区”的几点思考》，《中共贵州省委党校学报》2013 年第 4 期，第 91～96 页。
［45］李坤：《继承弘扬阳明文化　构筑贵州精神高地　返本开新》，《当代贵州》2015 年第 46 期，第 6～7 页。
［46］李良明：《论党史文化视阈中的遵义会议精神》，《中国井冈山干部学院学报》2013 年第 1 期，第 63～67 页。
［47］李裴：《构筑贵州“精神高地”为赶超跨越提供强大支撑》，《当代贵州》2012 年第 5 期，第 53 页。
［48］李裴：《在增强文化自信中推动新时代贵州精神扎根、开花、结果》，《贵州日报》2018 年 5 月 10 日，第 6 版。

[49] 李秀芳：《全面建设小康社会进程中的乡村文化建设》，中共中央党校硕士学位论文，2006。

[50] 栗战书：《构筑“精神高地” 冲出“经济洼地”》，《求是》2012 年第 12 期，第 15 ~ 17 页。

[51] 廖申白：《知“道”的良知——对孟子良知论的实践理智的阐释》，《中国人民大学学报》2009 年第 3 期，第 89 ~ 96 页。

[52] 林安梧：《关于朱子“格物致知”及其相关问题之讨论：“继别为宗”或“横摄归纵”》，《人文与价值——朱子学国际学术研讨会暨朱子诞辰 880 周年纪念会论文集》，2010。

[53] 刘博：《“良知”在朱熹理学和阳明心学中的内涵表达》，《内蒙古农业大学学报》（社会科学版）2015 年第 4 期，第 97 ~ 101 页。

[54] 刘畅、赵松婷：《贵州省生态旅游发展规划》，《中央民族大学学报》（自然科学版）2008 年第 S1 期，第 69 ~ 75 页。

[55] 刘凤霞：《王阳明与贵州精神》，《教育文化论坛》2015 年第 6 期，第 34 ~ 37 页。

[56] 刘赫：《建设多彩贵州民族特色文化强省对策试析》，《贵州师范学院学报》2015 年第 11 期，第 45 ~ 47 页。

[57] 刘慧娟：《党对遵义会议历史地位与作用的认识演变》，《中国浦东干部学院学报》2015 年 5 期，第 102 ~ 109、131 页。

[58] 刘美红：《从“格物致知”的争辩看朱子、王阳明的思想差异》，《湖北第二师范学院学报》2009 年 3 期，第 41 ~ 43 页。

[59] 刘学洙、史继忠：《历史的理性思维：大视角看贵州十八题》，贵州教育出版社，2004。

[60] 刘学洙：《贵州精神的历史轨迹》，《当代贵州》2008 年第 1 期，第 14 ~ 15 页。

[61] 刘学洙：《15 世纪中国一次地方政制改革——贵州建省与明清官员客籍化》，《贵州社会科学》2004 年第 2 期，第 103～106、44 页。

[62] 刘振宁：《王阳明视域中的贵州形象研究》，《现代哲学》2015 年第 6 期，第99～106页。

[63] 刘之侠：《民族传统文化与贵州精神文明建设》，《贵州社会科学》1998 年第 5 期，第 42～46 页。

[64] 刘宗碧：《阳明文化在贵州》，《贵州师范大学学报》（社会科学版）2014 年第 5 期，第 5～8 页。

[65] 罗玉达、方彦婷：《用社会主义核心价值观引领贵州精神文化建设》，《学校党建与思想教育》2013 年第 25 期，第 88～94 页。

[66]《新时代贵州精神理论研讨会举行》，《光明日报》2018 年 5 月 10 日，第 4 版。

[67] 麻勇斌：《贵州文化遗产保护研究》，贵州人民出版社，2008。

[68] 马骏琪等：《贵州文化六百年》，贵州人民出版社，2014。

[69] 马宁宇：《以十九大精神为指引推动大数据创新发展》，《贵州日报》2018 年 1 月 9 日，第 9 版。

[70]《毛泽东选集》，人民出版社，1991。

[71] 明秀丽：《贵州民族文化旅游市场的开发与培育》，《贵州社会科学》2013 年第 3 期，第 84～89 页。

[72] 聂华林、李莹华编著《中国西部农村文化建设概论》，中国社会科学出版社，2007。

[73] 欧阳辉纯：《论王阳明“良知”的伦理内蕴》，《贵州师范大学学报》（社会科学版）2015 年第 1 期，第 24～30 页。

[74] 欧阳辉纯：《论王阳明心学之“心”的伦理内蕴及其现代价值》，《宁夏社会科学》2016 年第 2 期，第 21 ~25 页。
[75] 潘健等：《遵义会议精神研究》，《贵州社会科学》2003 年第 3 期，第 2 ~5、8 页。
[76] 钱穆：《阳明学述要》，九州出版社，2010。
[77] 钱理群、戴明贤、封孝伦主编《贵州读本》，贵州教育出版社，2013。
[78] 秦树理：《发掘村落文化资源建设社会主义先进文化》，《河南社会科学》2005 年第 5 期，第 137 ~138 页。
[79] 秦亚青等：《国际体系与中国外交》，世界知识出版社，2009。
[80] 秦元旭：《欧盟一体化对贵州构建跨区域旅游合作的启示》，《贵州师范学院学报》2016 年第 8 期，第 53 ~56 页。
[81] 申满秀主编《贵州历史与文化》，西南交通大学出版社，2015。
[82]《审时度势精心谋划超前布局力争主动 实施国家大数据战略加快建设数字中国》，《人民日报》2017 年 12 月 10 日，第 1 版。
[83] 石文卓：《文化自信：基本内涵、依据来源与提升路径》，《思想教育研究》2017 年第 5 期，第 43 ~47 页。
[84] 石永言：《遵义会议纪实》，解放军文艺出版社，1991。
[85] 石仲泉：《红军长征和长征精神》，《中共党史研究》2007 年第 1 期，第 55 ~63 页。
[86] 石仲泉：《再谈遵义会议——刍议遵义会议精神》，《中国延安干部学院学报》2012 年第 4 期，第 97 ~104 页。
[87] 史继忠：《贵州文化解读》，贵州教育出版社，2000。

[88] 孙绍勇、陈锡喜：《习近平文化强国战略的意识形态逻辑论析》，《思想教育研究》2017 年第 6 期，第 33 ~ 37 页。
[89] 索晓霞等：《贵州：永远的财富是文化》，贵州人民出版社，2009。
[90] 谭建跃：《当前我国乡村文化建设存在的问题及对策——以湖南 X 乡村为例》，《南华大学学报》（社会科学版）2008 年第 4 期，第 15 ~ 19 页。
[91] 汤正：《数据观产业巡礼丨探访“筑民生”：如何用大数据服务民生?》，数据观网站，http：//www. cbdio. com/BigData/2017 – 09/15/content_ 5599609. htm。
[92] 田克勤：《遵义会议精神的当代价值》，《新长征》2005 年第 2 期，第16 ~ 19页。
[93] 田薇：《论王阳明以“良知”为本的道德哲学》，《清华大学学报》（哲学社会科学版）2003 年第 1 期，第 5 ~ 9 页。
[94] 童萍：《文化民族性问题研究》，人民出版社，2011。
[95]《脱贫攻坚助贵州旅游业更上一层楼》，《国际商报》2018 年 3 月 12 日，第 8 页。
[96]《奋力续写新时代贵州发展新篇章——访贵州省委书记孙志刚》，《人民日报》2018 年 2 月 23 日，第 2 页。
[97] 汪枭枭：《坚定文化自信，助力多彩贵州民族特色文化强省》，《当代贵州》2018 年第 3 期，第 24 ~ 25 页。
[98] 汪枭枭：《努力构建多彩贵州民族特色文化强省》，《当代贵州》2017 年第 Z3 期，第 32 ~ 33 页。
[99] 汪政杰：《文化建设：发展贵州旅游的战略方法》，《贵州社会科学》2005 年第 1 期，第 34 ~ 36 页。
[100] 王宏：《遵义会议精神的本质内涵及其价值取向》，《中共贵

州省委党校学报》2015 年第 1 期，第 120 ~124 页。

[101] 王磊：《近十年国内学界关于遵义会议精神研究综述——纪念遵义会议召开80 周年》，《大连干部学刊》2015 年第4 期，第 28 ~31 页。

[102] 王路平：《王阳明“龙场悟道”对现代人精神追求的启示》，《西北师大学报》（社会科学版）2011 年第 1 期，第 7 ~11 页。

[103] 王树增：《长征》，人民文学出版社，2006。

[104] 王熙：《探析 2018 年大数据发展　与实体经济深度融合仍存不均衡现象》，《通信世界》2018 年第 11 期，第 49 页。

[105] 王熙兰：《长征文化的深度挖掘与理论思考》，《世纪桥》2010 年第 7 期，第9 ~11页。

[106] 王阳明：《王阳明全集（新编本）》，浙江古籍出版社，2010。

[107] 王永贵等：《意识形态领域新变化与坚持马克思主义指导地位研究》，人民出版社，2015。

[108] 王远柏《叶小文：新时代贵州精神既有“资本”又有“底蕴”》，《贵州日报》2018 年 5 月 12 日，第 2 版。

[109] 韦兴生：《对培育和弘扬新时代贵州精神的思考与认识》，《贵州日报》2017 年 12 月 13 日，第 6 版。

[110] 吴一文：《培育和弘扬新时代贵州精神三论》，《贵州日报》2017 年 12 月 20 日，第 6 版。

[111] 伍应德：《论“遵义会议”精神及现实意义》，《中共贵州省委党校学报》2012 年第 3 期，第 126 ~128 页。

[112] 习近平：《坚守发展和生态两条底线切实做到经济效益社会效益生态效益同步提升》，《贵州日报》2014 年 3 月 10 日，

第1版。
[113] 习近平：《在文艺工作座谈会上的讲话》，《人民日报》2015年10月15日，第2版。
[114]《习近平谈治国理政》，外文出版社，2014。
[115]《习近平主持召开哲学社会科学工作座谈会强调　结合中国特色社会主义伟大实践　加快构建中国特色哲学社会科学》，《人民日报》2016年5月18日，第1版。
[116]《习近平总书记：增强文化自信贵州很有优势》，《贵阳文史》2015年第1期，第14页。
[117]《习近平总书记系列重要讲话读本（2016年版）》，学习出版社、人民出版社，2016。
[118] 肖贵清、刘玉芝：《中国特色社会主义制度体系的逻辑分析》，《马克思主义研究》2012年第8期，第28~37、159页。
[119] 肖先治、何明扬：《贵州文化出版名人传略》，贵州民族出版社，1999。
[120]《〈省级政府网上政务服务能力调查评估报告（2018）〉显示：全国各地区网上政务服务水平显著提升　实现“一网通办”还需大力破解难题》，新华网，http://www.xinhuanet.com/2018-04/17/c_1122697033.htm。
[121]《贵州省文化厅厅长徐静：干、闯、拼、超，培育和弘扬新时代贵州精神》，《中国文化报》2017年11月15日，第2版。
[122] 徐圻：《新时代贵州精神：历史缘由与现实依据》，《当代贵州》2018年第14期，第80页。
[123] 徐长春：《我国健康产业发展趋势与对策》，《中国经贸导

刊》（理论版）2017 年第 32 期，第 33 ~ 38 页。

[124] 许伟：《朱子与阳明格物致知说之比较》，西北师范大学硕士学位论文，2010。

[125]《续写新时代贵州发展新篇章——新时代贵州精神理论研讨会发言摘登》，《光明日报》2018 年 5 月 15 日，第 6 版。

[126] 杨河、赵军：《遵义会议研究》，北京大学出版社，2015。

[127] 杨善民、韩锋：《文化哲学》，山东大学出版社，2002。

[128] 叶浪英：《贵州少数民族语言的演变与发展试析》，《贵州民族研究》2009 年第 2 期，第 172 ~ 175 页。

[129] 衣俊卿：《文化哲学十五讲》，北京大学出版社，2004。

[130] 于继增：《原始文献〈红军长征记〉揭秘》，《文史精华》2013 年第 4 期，第 11 ~ 19、1 页。

[131] 于立文：《王阳明全集》，辽海出版社，2014。

[132] 余心声：《论构筑贵州“精神高地”》，《当代贵州》2012 年第 12 期。

[133]〔英〕约翰·B. 汤普森：《意识形态理论研究》，郭世平等译，社会科学文献出版社，2013。

[134] 岳振：《改革创新是文化强省动力源——四论建设多彩贵州民族特色文化强省》，《当代贵州》2016 年第 16 期。第 1 页。

[135] 云杉：《文化自觉　文化自信　文化自强——对繁荣发展中国特色社会主义文化的思考（中）》，《红旗文稿》2010 年第 16 期，第 4 ~ 8 页。

[136] 刘珂主编《贵州大数据兴起》，电子科技大学出版社，2017。

[137] 蒋学勤主编《大数据创造商业价值案例分析》，电子科技大学出版社，2017。

[138] 曾加国：《弘扬新时代贵州精神要做到“五个必须”》，《贵州日报》2018 年 1 月 30 日，第 9 版。
[139] 张红梅：《长征精神的时代意义》，《红旗文稿》2006 年第 20 期，第10～11页。
[140] 张明、徐钰：《王阳明“龙场悟道”及其影响：兼论当代阳明学研究概况》，《贵阳学院学报》（社会科学版）2016 年第 1 期，第 19～25、30 页。
[141] 张新民：《本体与方法：王阳明心学思想形成与发展的两个向度——以“龙场悟道”为中心》，《南京晓庄学院学报》2017 年第 4 期，第 62～73 页。
[142]《中国共产党第十九次全国代表大会文件汇编》，人民出版社，2017。
[143] 朱之江：《论长征文化的传承》，《南京政治学院学报》2006 年第 5 期，第18～21页。
[144] 遵义会议纪念馆：《纪念遵义会议五十周年》，贵州人民出版社，1986。
[145] 遵义会议纪念馆：《毛泽东与遵义会议》，中共党史出版社，1992。
[146]（明）王守仁撰、吴光等编校《王阳明全集》，上海古籍出版社，2012。
[147]〔美〕塞缪尔·亨廷顿：《文明的冲突和世界秩序的重建》，周琪等译，新华出版社，2002。
[148]〔英〕罗素：《中国问题》，秦悦译，学林出版社，1996。
[149]《“五大关键词”推动贵州旅游跨越式发展》，《中国旅游报》2018 年 1 月 31 日，第 4 版。
[150]《中国的中医药》，人民出版社，2016。

后　记

《新时代贵州精神与文化自信研究》终于完稿。不经意间，从名城遵义来筑三年已过，让人感叹岁月匆匆！2017 年 10 月 18 日，党的十九大在京召开，其间习近平总书记在参加贵州代表团的讨论时希望贵州的同志全面贯彻落实党的十九大精神，大力培育和弘扬“团结奋进、拼搏创新、苦干实干、后发赶超”的“贵州精神”，守好发展和生态两条底线，创新发展思路，发挥后发优势，决战脱贫攻坚，决胜同步小康，续写新时代贵州发展新篇章，开创百姓富、生态美的多彩贵州新未来。贵州省委十二届二次全会强调，这十六字精神就是新时代贵州精神，是全省各族人民共同拥有的精神支柱和宝贵财富。本研究内容是在贵州省哲学社会科学重大招标课题“新时代贵州精神与文化自信研究”（18GZZB02）研究成果基础上丰富而成。

新时代贵州精神是开创多彩贵州新未来的精神源泉和动力，是决战脱贫攻坚、决胜同步小康的精神引领和实践指导。作为新时代的高校学者，我们响应“倾心把文章写在贵州大地上”的时代呼唤，在第一时间将新时代贵州精神与实践结合，精心阐释。完成这部著作并非易事，其间得到了很多领导、学者的关心和帮助，其中谭向阳博士承担了第四章第一、二节的撰写工作，万英博士负责第二章，杨同飞博士负责第三章的第三节和第五章，张在磊撰写了第三章的第四节、第四章的第三节、孙扬负责第三章第二节。杨清玉、李芹芹、张震、蒋学勤、敖以深等学者也给予了帮助。另外，本书撰写过程中，参考了很多前辈时贤的论文和著作，行文中尽量标明出处，如有疏漏，敬请谅解。我们希望通过自己的努力，为贵州的经济社会发展尽绵薄之力！

贺梦依

2019 年 11 月

图书在版编目（CIP）数据

新时代贵州精神与文化自信研究 / 贺梦依著. -- 北京：社会科学文献出版社，2020.3
ISBN 978-7-5201-5552-6

Ⅰ. ①新… Ⅱ. ①贺… Ⅲ. ①中国特色社会主义-文化事业-建设-研究-贵州 Ⅳ. ①G127.73

中国版本图书馆 CIP 数据核字（2019）第 205419 号

新时代贵州精神与文化自信研究

著　　者 / 贺梦依

出 版 人 / 谢寿光
责任编辑 / 张　超
文稿编辑 / 王春梅

出　　版 / 社会科学文献出版社 · 皮书出版分社（010）59367127
地址：北京市北三环中路甲 29 号院华龙大厦　邮编：100029
网址：www.ssap.com.cn
发　　行 / 市场营销中心（010）59367081　59367083
印　　装 / 三河市龙林印务有限公司

规　　格 / 开　本：787mm × 1092mm　1/16
印　张：16　字　数：202 千字
版　　次 / 2020 年 3 月第 1 版　2020 年 3 月第 1 次印刷
书　　号 / ISBN 978-7-5201-5552-6
定　　价 / 98.00 元

本书如有印装质量问题，请与读者服务中心（010-59367028）联系